江苏省社会科学基金项目（14JD008）成果

江苏高校品牌专业建设工程项目（PPZY2015B167）成果

江苏省政策引导类计划（软科学研究）项目（BR2017025）成果

江苏大学高等教育教改研究项目（2017JGZZ002）成果

江苏省高等教育教改研究立项课题（2017JSJG004）成果

江苏大学高级技术人才科研启动基金项目（11JDG194）成果

U0730690

小微企业创业要素机制耦合与扶持系统研究

——以江苏省为例

赵观兵　万武　著

江苏大学出版社

JIANGSU UNIVERSITY PRESS

镇　江

图书在版编目(CIP)数据

小微企业创业要素机制耦合与扶持系统研究：以江苏省为例 /赵观兵,万武著.—镇江：江苏大学出版社,2018.5
ISBN 978-7-5684-0714-4

Ⅰ.①小… Ⅱ.①赵… ②万… Ⅲ.①中小企业—创业—研究—江苏 Ⅳ.①F279.243

中国版本图书馆 CIP 数据核字(2017)第 310947 号

小微企业创业要素机制耦合与扶持系统研究——以江苏省为例
Xiao Wei Qiye Chuangye Yaosu Jizhi Ouhe Yu Fuchi Xitong Yanjiu——Yi Jiangsu Sheng Weili

著　者/赵观兵　万　武

责任编辑/徐　婷

出版发行/江苏大学出版社

地　　址/江苏省镇江市梦溪园巷 30 号(邮编：212003)

电　　话/0511-84446464(传真)

网　　址/http：//press.ujs.edu.cn

排　　版/镇江文苑制版印刷有限责任公司

印　　刷/虎彩印艺股份有限公司

开　　本/718 mm×1 000 mm　1/16

印　　张/17

字　　数/318 千字

版　　次/2018 年 5 月第 1 版　2018 年 5 月第 1 次印刷

书　　号/ISBN 978-7-5684-0714-4

定　　价/50.00 元

如有印装质量问题请与本社营销部联系(电话：0511-84440882)

序

创业以特有的魅力改变着一个又一个国家或地区的经济发展轨迹,创业已成为这个时代的主旋律和最强音,英雄式创业人物不断催人奋进。新时代政策加上共享经济等带来的机遇,造就了一大批小微企业创业者,他们凭借技术优势和资本市场的力量,以传统经济不可企及的速度,成长为新一代创业英雄。置身事外,谁都可以心平气和;身处其中,谁还可以淡定从容。俗话说得好,万事开头难,创业之路注定筚路蓝缕。对多数人来说,创业是充满未知与挑战的险途,创业需要激情的涌动,也需要理性的成长。一方面,小微企业发展的关键仍然在于自身的努力,要通过自我修炼来提升创业能力和本领,主要取决于内驱要素机制,创业成功与否主要在于创业机会、创业资源和创业者三个因素的动态平衡,机会是创业活动的核心驱动力,创业者或创业团队是创业过程的主导者,资源是创业成功的必要保证;另一方面,小微企业创业初期资源匮乏,生存能力弱,容易失败,这就需要外驱要素机制的扶持,随着众创空间、创业基地、公共服务平台的逐步发展成熟,其不仅为创业者和小微企业提供相应的硬件设施,而且在低成本下供给创业者和小微企业需要的多样化服务需求的同时,也提供了专业化、定制化、客户导向的创业服务载体,无论现在还是将来,众创空间、创业基地和公共服务平台的发展都具有重要意义。

在这样的背景下,本书将小微企业创业过程和绩效影响因素归纳为内驱要素和外扶要素,内驱要素主要是创业资源、创业机会和创业者团队,外扶要素主要是众创空间、创业基地和公共服务平台。在小微企业创业内驱要素机制上,对创业资源、创业机会和创业者团队这3个内驱要素和机制耦合开展理论研究,以及运用结构方程模型等方法,依据江苏省不锈钢产业等领域的大样本问卷调查数据,在3个内驱要素对小微企业创业绩效影响效应上开展实证研究。在小微企业创业外扶要素机制上,对众创空间、创业基地和公共服务平台这3个外扶要素和机制耦合开展理论研究,并运用数据包络分析、结构方程模型等方法,结合江苏省部分创业基地、众创空间等问卷调查数据,在创业基地服务机制、众创空间服务能力对小微企业创业与经营绩效影响效应上开展实证研究,以及基于公共服务平台运行绩效与小微企业创业成长绩效高相关性这一视角,对公共服务平台运行绩效进行实证评价研究。基于小微企业创业内外要素机制耦合的理论和实证研究结果，在直接扶持系统上，通过突出小微企业创业者和团队主导、强化小微企业创业机会驱动和提升小微企业创业资源保障这3个途径，构建小微企业创业内驱扶持系统；在外驱扶持系统上，一是通过实行企业化管理、推进市场化运行，打造小微企业创业基地；二是通过构建驱动战略系统、金融支持系统、资源支撑系统、综合管理服务系统，大力发展众创空间；三是通过构建平台网络系统、规范管理系统、提升自身实力，升级针对小微企业的公共服务平台系统。

本书的创新之处主要表现在：构建了创业资源、创业者、创业机会3个内驱要素与小微企业创业绩效之间关系的结构方程模型和研究假设，并对模型进行了评价和修正，对研究假设进行了检验，结果表明，创业资源、创业者、创业机会在一定程度上都会影响创业绩效；构建了众创空间服务能力、创业基地服务机制对小微企业创业经营绩效影响模型和假设，模型和假设验证结果表明，众创空间多数服务能力、创业基地多数服务功能对小微企业创业经营绩效会产生显著影响；在扶持系统设计方面，提出了构建小微企业创业内驱扶持系统，以及打造小微企业创业基地、大力发展众创空间、升级公共服务平台系统这3个方面的外驱扶持系统。

全书由赵观兵和万武主编，参与本书撰写的人员都是江苏大学的教师和学生，具体分工如下：第1章由万武撰写；第2章由赵观兵撰写；第3章由万武撰写；第4章由赵观兵撰写；第5章由刘冬霞撰写；第6章由赵观兵、范伟撰写；第7章由付鲜凤撰写；第8章由赵观兵、万武撰写；第9章由赵观兵、万武、刘冬霞撰写；第10章由赵观兵、万武撰写；第11章由赵观兵、付鲜凤撰写；第12章由赵观兵、万武撰写；孙亦弛、李梦婷、张凤娇参与了资料数据的收集整理。

本书的出版得到了江苏省社会科学基金项目（14JD008）、江苏高校品牌专业建设工程项目（PPZY2015B167）、江苏省政策引导类计划（软科学研究）项目（BR2017025）、江苏大学高等教育教改研究项目（2017JGZZ002）、江苏省高等教育教改研究立项课题（2017JSJG004）、江苏大学高级技术人才科研启动基金项目（11JDG194）的资助，系上述项目的研究成果。

最后衷心祝愿所有读者都能从本书中领悟到小微企业创业要素机制研究的真谛。

目　录

第1章 绪 论

1.1 研究背景

（1）小微企业创业受到中央和地方政府高度重视

中国经济正处在转型期，传统的依靠高投入、人口红利等推动 GDP 增长的粗放型经济增长模式已经结束。2015 年 3 月，李克强总理用"大众创业，万众创新"的双创理念来迎接经济新常态的到来。推进大众创业、万众创新成为培育和催生经济社会发展新动力的必然选择，是扩大就业、实现富民之道的根本举措，是激发全社会创新潜能和创业活力的有效途径。小微企业是发展与民生的结合点，是投资与消费的结合点，是发展与富民的结合点，是调结构、转方式的重要抓手。随着大众创业、万众创新的广泛开展，从中央到地方各级政府都高度关注小微企业创新创业问题，中央和地方政府积极研究制定各类政策措施，从税收减免、资金补助等多方面采取鼓励措施来发展创业载体，共同引导和扶持小微企业。自此之后，新登记的小微企业、个体工商户出现了井喷式增长，极大地激活了小微企业的活力。国家正在依靠小微企业的力量来寻找新的经济增长点，突破经济发展的瓶颈。据国家工商行政管理总局统计，2016 年平均每天新增 1.5 万户，加上个体工商户等，全年新登记企业增长 24.5%，各类市场主体每天新增 4.5 万户。新动能正在撑起发展新天地。

（2）我国小微企业创业成长迅速

自从 David Birch 在 1979 年证实了美国 1969—1976 年间，2/3 的就业增长是来源于员工少于 20 人的小企业的支持之后，各国就开始越来越关注小微企业的发展。根据我国工商行政管理总局的信息显示，截至 2016 年年底，小微企业活跃度不断提升，带动就业作用愈加显著，全国个体私营经济从业人员实有 3.1 亿人，比 2015 年增加 2 782.1 万人，初次创业小微企业占新设小微企业的

85.8％,新设小微企业周年开业率达 70.8％;截至 2017 年 7 月底,中国小微企业名录收录的小微企业已达 7 328.1 万户,占企业总数的 70％以上。据国家统计局的抽样调查,每户小型企业能带动 7 至 8 人就业,一户个体工商户带动 2 至 3 人就业。由此可见,我国的小微企业数量庞大,俨然已成为国民经济的重要支柱,是经济持续稳定增长的坚实基础。同时,小微企业也是社会就业的主要承担者:同样的资金投入,小微企业可吸纳就业人员平均比大中型企业多 4 至 5 倍。据第二次全国经济普查数据显示,微型企业从业人员超过全国全部法人企业从业人员的 1/3。小微企业吸纳了我国 70％的城镇居民和 80％的农民工。同时,小微企业也是创新、科技成果孵化的摇篮,小微企业敢于创新,促使各类新型行业、新型业态不断涌现,而且小微企业处在市场经济中,宏观环境的变化、消费需求的升级、竞争对手的崛起等各方面的压力迫使小微企业不断地创新,保持活力,迎接挑战。特别是创新型小微企业的大量涌现,成为推动创新发展的活力源泉,为新常态下的结构转换提供了新的动能。

(3)小微企业创业内驱要素和机制相对比较缺乏

由于小微企业处于完全市场竞争环境中,受消费者需求、市场价格、政策因素的影响较大,为了生存下去,企业必须要紧随市场变动进行频繁的业务项目创新,而创业和创新成本较高,资金来源又相对匮乏,银行等正规金融机构普遍对盈利不稳定的小规模企业存在贷款歧视,致使国内小微企业创业成功率更低。根据工商局统计数据显示,2015 年我国注册登记的小微企业中,70％的小微企业寿命仅为 1 年,80％的小微企业寿命在 3 年以下。

另一方面,小微企业创业的失败率比较高,有数据表明,欧洲、日本中小企业的平均寿命为 12.5 年,而在我国,小微企业寿命还不到 3 年,我国小微企业创业的失败率在 70％左右。失败的原因学术界还没有达成共识,有学者归因于创业者自身因素,如缺少创业经验、对创业政策了解不多,在管理、营销、团队建设等方面缺少相关知识;还有人认为小微企业创业失败是由于缺少创业资源,尤其是创业资金的短缺,迫使很多创业计划被扼杀在摇篮里,导致初创企业出现现金流断裂等情况。

(4)小微企业创业外扶要素和机制有待进一步升级提档

就业压力及高素质人才数量的不断增加,使得一种新型就业模式——创业被大众普遍接受,每年创业人数呈现出递增趋势,创业群体规模不断扩大,对众创空间、创业基地等专业化创业服务载体的需求也不断增加。当前,我国小微企业创业载体和服务机构的建设运营在整体上尚处于初步的发展阶段,基础薄弱,在筹建改建、认定培育、管理运营过程中也存在不少问题,制约了小微企业创业载体和服务机构的整体服务效率提升。

各级各类众创空间、创业基地等专业化创业服务载体与其他社会服务资源之间的协同服务机制不成熟,未充分做到资源的整合优化,也使得众扶、共扶资源的整体利用率不高,并提高了小微企业创业服务搜索成本。这有待在政府政策的引导下,形成有效的统筹安排区域创业资源和服务资源的众创空间、创业基地和公共服务平台,以充分利用各种资源,服务更多的新创小微企业,并降低小微企业接受创业服务的交易成本,更好地发挥众创空间、创业基地等专业化创业服务载体促进小微企业创业的效用。

目前,我国众创空间、创业基地等专业化创业服务载体主要是以政府为引导、社会各界广泛参与、市场化运作为主要模式,普遍缺乏市场、服务品牌意识,在发展的初期也存在运营资金难以保障、人才短缺、激励机制不成熟、服务质量不高的困难。在众创空间、创业基地和公共服务平台建设的起步期,大部分众创空间、创业基地和公共服务平台的资金投入是以各级政府为主,有待进一步吸引社会资本投入,并形成众创空间、创业基地、公共服务平台的盈利模式,以及有效的商业模式,以高效的管理团队、积极的服务态度、专业性的服务水平,打造众创空间、创业基地、公共服务平台的集体品牌,为小微企业提供专业性、系统性的创业辅导和服务。

1.2 研究思路和意义

1.2.1 研究思路

本书将小微企业创业过程和绩效影响因素归纳为内驱要素和外扶要素,内驱要素主要是创业资源、创业机会和创业者团队,外扶要素主要是众创空间、创业基地和公共服务平台。

在小微企业创业内驱要素机制上,对创业资源、创业机会和创业者团队这3个内驱要素和机制耦合开展理论研究,以及运用结构方程模型等方法,依据江苏省不锈钢产业等大样本问卷调查数据,从3个内驱要素对小微企业创业绩效影响效应上开展实证研究;在小微企业创业外扶要素机制上,对众创空间、创业基地和公共服务平台这3个外扶要素和机制耦合开展理论研究,以及运用数据包络分析、结构方程模型等方法,结合江苏省部分创业基地、众创空间等问卷调查数据,在创业基地服务机制、众创空间服务能力对小微企业创业与经营绩效影响效应上开展实证研究,还对小微企业公共服务平台运行绩效进行实证评价研究(基于公共服务平台运行绩效与小微企业创业成长绩效相关性高这一视角)。

基于小微企业创业内外要素机制耦合的理论与实证研究结果,在直接扶持系统上,通过突出小微企业创业者和创业团队主导、强化小微企业创业机会驱动和提升小微企业创业资源保障这3个途径,构建小微企业创业内驱扶持系统;在外部扶持系统上,一是通过实行企业化管理、推进市场化运行,打造小微企业创业基地;二是通过构建众创空间驱动战略系统、金融支持系统、资源支撑系统、综合管理服务系统,大力发展众创空间;三是通过构建公共服务平台网络系统、规范公共服务平台管理系统、提升公共服务平台自身实力,升级针对小微企业的公共服务平台系统。

1.2.2 研究意义

(1) 理论意义

在传统创新模式下,大公司根据多数人的需要进行生产,而根据长尾理论,除了大多数人的需求以外,还剩下一个长尾,这些需求无法得到满足。如果需求者自己进行生产,将支付高昂的费用但无法获得规模报酬。随着众创空间、创业基地、公共服务平台的逐步发展,其不仅为创业者和小微企业提供相应的硬件设施,而且在低成本下供给少数创业者和小微企业需要的多样化服务需求的同时,也提供了专业化、定制化、客户导向的服务载体,这不仅加快了科技成果的转化,而且节约了创业资源,无论是现在还是将来,众创空间、创业基地和公共服务平台的发展都具有重要意义。

目前,关于众创空间、创业基地和公共服务平台的研究理论并不成熟,对影响小微企业创业绩效要素的研究主要集中在社会资本、创业环境、创业政策与创业导向等方面,该部分研究的理论相对比较成熟,而将众创空间、创业基地的服务能力与小微企业创业绩效结合的文献数量偏少。另一方面,小微企业创业绩效内部直接的驱动因素识别更多的是从理论层面剖析较多,而从实证层面剖析则相对较少,论据也不够充分,如何有效识别创业资源、创业机会和创业者这3个关键要素对小微企业创业绩效究竟会产生怎样的影响就需要通过大样本的实证分析来进行有效的论述。所以,本书希望能够对相关理论形成一定的补充,为后来的研究者提供理论上的参考。

(2) 现实意义

本课题研究的现实意义在于:第一,判明影响小微企业创业绩效的外部关键影响因子,为众创空间、创业基地和公共服务平台等创业服务载体的资源配置与服务项目的设立提供理论基础,指导江苏的众创空间、创业基地和公共服务平台等创业服务载体建设,以期为江苏的众创空间、创业基地和公共服务平台等创业服务载体的发展提供参考;第二,识别影响小微企业创业绩效的内部驱动因素,从而形成以创业者和创业团队为主导、创业机会为驱动、创业资源为保障的小微企业创业辅导系统;第三,引导创业者积极地利用江苏的众创空间、创业基地和公共服务平台等创业服务载体,能够实现江苏的众创空间、创业基地和公共服务平台等创业服务载体以己之长补己之短,提高创业的成功率,提升小微企业的创业质量。

1.3 研究内容

1.3.1 理论基础和基本内容

本书理论基础主要有 Timmons 理论、市场增进论、目标绩效论和中小企业服务论,基本研究内容主要有 3 个部分。

(1) 理论研究

在现有的研究中,Timmons(1999)对创业过程的研究思路和模型得到大多数研究者的广泛认同,他提出,创业过程应该是创业机会、创业者(团队)和创业资源三者合理匹配的动态平衡过程,创业机会、创业者(团队)和创业资源是创业过程关键的结构性要素;其中,创业机会表现为创业过程的核心构成要素,创业资源是创业过程的支持性要素,是开发、利用创业机会、谋求创业绩效的基础条件,创业团队是在创业过程中识别、开发和利用创业机会,整合创业资源的主体,是新创企业的能动性要素。基于 Timmons 观点,本书在小微企业创业内驱要素机制上,对创业资源、创业机会和创业者团队这 3 个小微企业创业的内驱要素和机制耦合开展理论研究,主要涉及概念界定、要素特征、分类机制、影响因素、主要来源等主要内容。

青木昌彦、凯文·穆文多克与奥野正宽等经济学家在研究东亚经济发展的过程中,提出了市场增进论,基本观点是:在经济活动中,政府失灵也是普遍存在的,因此,除了依靠市场调节以外,还应积极推动不同民间组织在市场调节中的作用,这些民间组织包括企业组织、贸易联合会、金融中介与商业协会等,政府的职能在于更多地促进这些民间组织的发展,并形成一种新的协调制度,而较少地直接干预资源配置。因此,市场增进论认为市场经济的大部分经济活动应由分散的民间组织来协调,政府的活动主要是促进这些民间组织的发展。基于市场增进论的观点,在小微企业创业外扶要素机制上,本书对众创空间、创业基地和公共服务平台这 3 个小微企业创业外扶要素和机制耦合开展理论研究,主要涉及要素特征、功能、分类机制和运营管理机制等主要内容。

(2) 实证研究

目标绩效论主张每个组织都有自身的终极并相对一致的目标,那么就应该用实现组织预定目标的程度来测评绩效(EtZinoi,1964)。创业绩效是创业研究领域的终极解释变量,创业绩效影响因素的现有研究表明,创业是一项复杂的社会活动和经济过程,会受到来自方方面面的权变因素的全面和持续影响,关注创业活动发生的具体环境如创业基地、众创空间等,使得创业研究能走进现实,因为小微企业创业是具体环境内的活动,也使得创业活动向可操作性方面大大迈进。基于上述观点,本书在小微企业创业内驱要素机制上,运用结构方程模型等方法,依据江苏不锈钢产业等大样本调查数据,借助 AMOS、SPSS 等软件,在创业资源、创业机会和创业者团队这 3 个内驱要素对小微企业创业绩效影响效应上开展实证研究,得到了相关研究结果;在小微企业创业外扶要素机制上,运用结构方程模型等方法,结合江苏部分创业基地、众创空间等问卷调查数据,在创业基地服务机制、众创空间服务能力对小微企业创业与经营绩效影响效应上开展实证研究,得到了相关研究结果,同时鉴于公共服务平台主要由政府为引导,并整合了各类专业性、综合性的已有服务资源,能更好地和低收费地服务于小微企业的创业与成长,支撑小微企业的转型与升级,其本身运行绩效与区域小微企业创业成长绩效相关性极高。因此,本书以江苏省部分公共服务平台为调查对象,运用数据包络分析法,对公共服务平台运行绩效进行实证评价研究,得到相关研究结果,从而来论证公共服务平台的发展对小微企业创业成长有积极的意义。

(3) 政策设计

中小企业服务论提出,政府部门应该以相关政府机构为中心,连接社会上的各种中介服务组织,建立起专业化、社会化、市场化和网络化的中小企业服务系统,以引导中小企业的创业和经营行为,从而使中小企业更好地生存和发展。其要点是:第一,中小企业服务系统是落实小微企业扶持政策的有效载体。在市场经济中,政府对小微企业的服务一般不是直接的干预,而应通过中介组织进行间接的引导。这些服务的基本目标是解决小微企业发展的"瓶颈"问题,包括资金融通、技术支持、人才培训、市场开发与信息咨询等方面。第二,服务部门的主体是有政府部门支持的社会化中介服务组织。小微企业的服务是由从事社会化的中介机构实施和完成,但是政府有义务对中介组织的形成和发展给予指导和促进,从而使中介组织体系能够顺利完成各种政策扶持性项目。第三,小微企业发展的关键仍然在于自身的努力。小微企业应该认识到,政府与社会中介服务组织的扶持只是为其自身的经营提供良好的社会环境,但不能取代企业的自我修炼,小微企业应积极地创新与升级,才能不断提高运营能力。基于中小企业服务论的观点,结合小微企业创业内外要素机制的理论与实证研究结果,在直接扶持系统上,通过突出小微企业创业者和创业团队主导、强化小微企业创业机会驱动和提升小微企业创业资源保障这 3 个途径,构建小微企业创业辅导系统;在间接扶持系统上,一是通过实行企业化管理、推进市场化运行,打造小微企业创业基地;二是通过构建众创空间驱动战略系统、金融支持系统、资源支撑系统、综合管理服务系统,大力发展众创空间;三是通过构建公共服务平台网络系统、规范公共服务平台管理系统、提升公共服务平台自身实力,升级小微企业公共服务平台系统。

1.3.2　框架结构内容

第 1 章:绪论。对研究背景、研究意义、研究思路、研究内容、技术路线、研究方法、创新点进行阐述。

第 2 章:小微企业创业的内驱要素和机制理论研究。在创业基本要素和过程机制阐述的基础上,在小微企业创业者团队方面,对其概念、特质、能力、创业团队的优劣势进行分析;在小微企业创业资源方面,对其概念、创业资源与一般商业资源的异同、创业资源整合利用的主要影响因素、创业资源分类机制等方面进行剖析;在小微企业创业机会方面,对其概念界定、基本特征、开发利用的关键影响因素、创业机会来源等进行阐述。

第 3 章:小微企业创业的外扶要素和机制理论研究。在小微企业创业基地方面,阐明其概念、功能和运营机制;在小微企业公共服务平台方面,主要阐述其内涵、特征、功能定位和运营机制;在众创空间方面,则主要剖析其概念、功能定位、分类机制和运营机制。

第 4 章:小微企业创业内驱要素对创业绩效影响的实证研究。基于第 2 章的理论研究内容,本书对小微企业创业资源、创业机会、创业者和创业绩效的量表进行了设计,确定了各个维度所应包含的具体题项数量和内容,并基于江苏不锈钢产业和汽摩配件产业内的新创小微企业为问卷调查对象所获得的两次样本数据,提炼了量表的具体题项,进行了量表的信度与效度检验。基于结构方程模型等实证研究方法,利用 AMOS、SPSS 等统计分析软件,对模型进行了评价,并根据模型评价结果适度地进行了模型修正,对修正后的模型,针对所提出的所有假设进行了显著性检验,从而得到了模型假设检验的结果,在此基础上,对假设检验结果进行了详细讨论。

第 5 章:创业基地服务机制对小微新创企业经营绩效影响的实证研究。基于第 3 章的理论研究内容,本书选取江苏镇江市部分创业基地内小微新创企业为研究对象,将创业基地服务划分为硬件服务、基本服务、专项服务 3 个维度,将创业基地内企业经营绩效分为财务、客户、内部经营过程、员工的学习与成长 4 个维度,运用结构方程模型进行假设检验和模型验证,尝试在创业基地服务对基地内小微新创企业经营绩效的影响作用关系上进行全面分析。实证分析主要探讨的问题包括:一是创业基地服务各维度对基地内小微新创企业经营绩效各维度是否有影响；二是创业基地服务各维度对小微新创企业经营绩效各维度的影响是否存在差异。

第6章：众创空间服务能力对小微企业创业绩效影响的实证研究。基于第3章的理论研究内容，根据相关的理论和文献，划分众创空间的服务维度（基础服务、信息支持、关系支持和融资支持）和小微企业的创业绩效指标（财务指标和成长指标），在此基础上，提出相关假设、构建理论模型，并设计、发放和回收调查问卷，对回收的问卷数据进行整理，运用结构方程模型和 SPSS、AMOS 软件对样本数据进行因子分析、假设检验等，得出相关实证结果。

第7章：基于小微企业扶持视角的公共服务平台运行绩效评价的实证研究。基于第3章的理论研究内容，从相对效率评价的角度，构建了公共服务平台的绩效评价模型，设计了相应的输入和输出指标，借助数据包络分析法，以江苏省12家公共服务平台为对象，对模型进行求解，对其投入产出效率表现进行实证分析，得到实证结果，并对结果进行剖析。

第8章：小微企业创业内驱扶持系统的构建。基于第4章的实证研究结果，小微企业创业的关键仍然在于自身努力和资源禀赋，需建立专业化创业内驱系统，因此本书提出如下政策建议：针对性地通过规范优化小微企业创业者和创业团队的组建、管理、角色行为，强化小微企业创业机会识别、评价，提升小微企业创业资源识别、获取、利用能力，来构建小微企业创业辅导系统。

第9章：小微企业创业基地扶持系统的构建。基于第5章的实证研究结果，构建创业基地服务机制对小微企业经营绩效会产生显著影响，因此本书提出如下政策建议：通过完善创业基地法人治理结构、建立职能清晰的组织部门、建设职业化的管理团队、规范项目管理机制等，来实行企业化管理；通过引入多元化的投资主体、建立合理的赢利模式、实现资源配置的市场化、加强持续服务能力建设等，来推进市场化运行。

第10章：众创空间扶持系统的构建。基于第6章的实证研究结果，众创空间服务能力对小微企业创业绩效会产生显著影响，因此本书提出如下政策建议：通过加快推进众创空间建设主体多元化、加快推进创新创业孵化服务链条专业化、推进众创空间场地设施集群化，来构建众创空间驱动战略系统；通过发挥政府资本的放大器功能、发展股权众筹等互联网金融、加快发展天使投资、创新金融支持模式，来构建众创空间金融支持系统；通过丰富资源生态圈的多样性、优化基础设施平台、优化创客与资源对接的自组织机制，来构建众创空间资源支撑系统；通过促进众创空间的提档升级、专项支持众创空间建设，来构建众创空间综合管理服务系统。

第 11 章:小微企业公共服务平台扶持系统的构建。基于第 7 章的实证研究结果,江苏省小微企业公共服务平台运行绩效总体良好,但还需要进一步升级服务能力,因此本书提出如下政策建议:明确政府宏观微观职能职责定位、政府后续引导重点;构建公共服务平台网络省级平台和窗口平台系统;通过建立统一的服务品、建立自动化的资源匹配体系、建立完善的运营管理制度、建立统一的数据规范、建立稳定高效的技术平台,来规范公共服务平台管理系统;通过减少资源投入和提高服务收入,来提升公共服务平台自身实力。

1.4 研究方法和技术路线

1.4.1 研究方法

(1) 调查研究

主要是对江苏省不锈钢产业、汽摩配件产业、部分创业基地和众创空间内的新创小微企业进行问卷调查。第 1 阶段主要通过对相关文献资料的查阅形成量表的基本构想,然后通过实际访谈研究,对所构建的量表进行修订,再通过产业内新创企业的小样本测试,优化和调整测量题项;第 2 阶段主要开展产业内新创企业的大样本问卷调查,前后分两次进行,从而取得有价值的第一手样本数据,并对样本数据进行辨别与筛选。

(2) 结构方程模型

以现有理论文献和半结构化访谈方法为基础,构建小微企业创业绩效与其内驱因素(创业者、创业资源、创业机会)和外扶因素(创业基地、众创空间)之间关系的概念模型,以及这些要素内部之间关系的理论模型,提出相关关系假设,基于设计的创业者、创业资源、创业机会、创业绩效、众创空间服务能力、创业基地服务机制等量表及其各维度的分量表,以调研的样本数据为基础,利用AMOS、SPSS 等统计软件,进行探索性和验证性因子分析,同时进行信度与效度检验,以及路径系数的显著性检验,验证所提出的研究假设。

(3) 文献查阅与规范分析

首先,以创业理论、市场增进论和中小企业服务论等为理论基础,探讨创业研究其影响因素研究的进展;其次,基于对小微企业创业绩效及其影响因素的访谈研究,并结合相关文献资料的梳理,研究小微企业创业者、创业资源、创业机会、创业基地、众创空间对创业绩效的作用机制,以及各个要素内部机制,提出各个要素相关关系的研究假设,构建理论模型。

1.4.2 技术路线

本书所遵循的技术路线如图 1-1 所示。

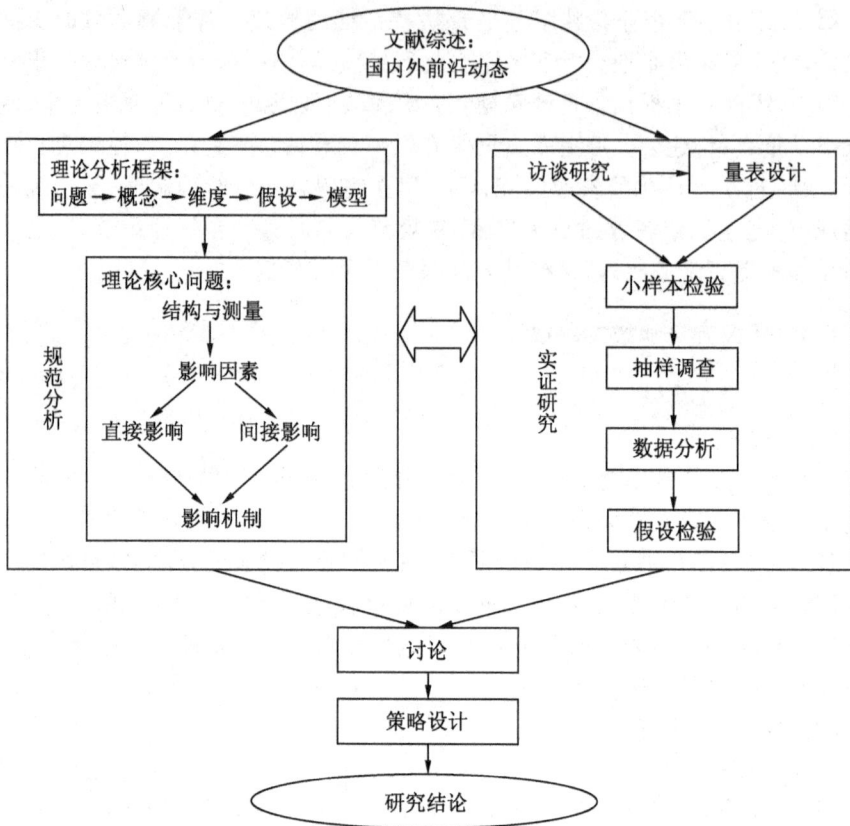

图 1-1　技术路线图

　　基于国内外现有文献资料,以及江苏省不锈钢产业、汽摩配件产业、部分创业基地和众创空间内新创小微企业的现实状况,本书选择以规范调查和实证研究为主、理论研究为辅,对小微企业创业绩效及其内驱外扶因素的相关研究命题进行分析和验证的研究方法,选用 AMOS、SPSS 等统计分析软件对调查所获得的样本数据进行分析、处理,同时验证所提出的所有研究假设,并对假设检验结果展开讨论,进而构建小微企业创业内驱外扶系统。

1.5　创新点

　　(1) 构建了小微企业创业资源、创业者、创业机会 3 个内驱要素与创业绩效之间关系的结构方程模型和研究假设,并对模型进行了评价和修正,对研究假设进行了检验,结果表明,创业资源、创业者、创业机会在一定程度上都会或多或少影响创业绩效。

本书以小微企业创业绩效的内驱因素为主线，把创业资源维度、创业者维度、创业机会维度与创业绩效维度有机地纳入一个整体的框架体系范围内，提出了兼具理论逻辑与现实操作性的要素间关系假设，从而更加全面、系统地构建了小微企业创业绩效 3 个内驱因素的分析模型；参考了 Chrisman 和 Hofler 等国内外学者有关创业绩效及其影响因素研究的经典量表，结合半结构化访谈等方法，基于规范的量表编制程式，开发了小微企业创业资源、创业者、创业机会 3 个内驱要素和创业绩效的量表；基于所收集的江苏省不锈钢产业和汽摩配件产业内创业调查的两次样本数据，运用探索性和验证性因子分析、信度与效度检验、相关分析等测量工具，进行了模型评价和修正，并对研究假设进行了路径系数的显著性检验，证实了 3 个内驱因素和创业绩效的量表可靠性和有效性，多数研究假设得到支持的结果证实了小微企业创业资源、创业者、创业机会 3 个要素对创业绩效存在驱动作用。

（2）构建了众创空间服务能力对小微企业创业绩效影响模型，模型验证结果表明，众创空间多数服务能力对小微企业创业绩效会产生显著影响。

本书提出了众创空间的 4 个服务维度，即基础服务、信息支持、关系支持和融资支持，以及小微企业创业绩效的 2 个维度，即财务指标和成长指标，进而设计了相应的量表，构建了理论模型和研究假设，运用结构方程模型，结合江苏省部分众创空间问卷调查数据，进行了模型评价和假设检验，结果证实了以下假设：信息支持会对小微企业的成长绩效产生正向作用，关系支持对小微企业的财务绩效和成长绩效产生积极作用；融资支持与小微企业创业绩效的财务指标和成长指标呈正相关关系。

（3）在直接扶持系统上，提出了构建小微企业创业内驱扶持系统；在间接扶持系统上，提出了打造小微企业创业基地、大力发展众创空间、升级公共服务平台系统 3 个方面的政策举措。

基于理论研究和实证研究的结果，针对性地进行了小微企业创业扶持的政策设计，主要政策包括：在直接扶持系统上，通过突出小微企业创业者和创业团队主导、强化小微企业创业机会驱动和提升小微企业创业资源保障这 3 个途径，构建小微企业创业辅导系统；在间接扶持系统上，一是通过实行企业化管理、推进市场化运行，打造小微企业创业基地，二是通过构建众创空间驱动战略系统、金融支持系统、资源支撑系统、综合管理服务系统，大力发展众创空间，三是通过构建公共服务平台网络系统、规范公共服务平台管理系统、提升公共服务平台自身实力，升级针对小微企业的公共服务平台系统。

第2章 小微企业创业内驱要素和机制的理论研究

2.1 创业基本要素和过程机制

2.1.1 创业定义

纵观创业学术研究史,不难发现创业已经充斥到社会的各个领域,学者们对创业的定义也是见仁见智,其中有两大学派的定义被广泛接受。以斯蒂芬森(Howard H. Stevenson)为代表的哈佛商学院派认为:创业是不拘于当前所控制资源而探寻机会并创造价值的过程;以蒂蒙斯(Jeffry A. Timmons)为代表的百森商学院派认为:创业是一种思考、推理和行动的方法,它不仅要受机会制约,还要求创业者有缜密的实施方法和讲求高度平衡技巧的领导艺术。哈佛商学院学派强调了创业的本质,即创业的本质在于把握机会,不是等到资源齐备后再去寻找机会,是机会在先,资源整合在后;百森商学院派既强调机会的重要性,同时强调创业者如何实现创业并创造价值的方法。因而,两种定义各有所长,各有侧重。

本研究认为,创业是创业者积极地探寻机会、整合资源,充分利用机会,实现价值创造的过程。创业具有以下特点:第一,创业是创造具有"更多价值的"新事物的过程,这个过程不是有能力、资金、头脑就可以达到的,还需要运气;第二,创业作为创建一个新的事业,个人需要投入大量的时间、精力,付出巨大的努力;第三,创业需要承担风险,风险不仅仅源自经济方面,还来源于精神、社会及家庭等方面;第四,创业有回报,不只是金钱的回报,还能实现自我价值、远大理想,带来无穷的欢乐与分享不尽的幸福。

2.1.2 创业要素

在现有的研究中,Timmons(1999)对创业过程的研究思路和观点得到大多数研究者的广泛认同。Timmons(1999)提出,创业过程要素应该是创业机会、创业者(团队)和创业资源三者合理匹配的动态平衡过程,创业机会、创业者(团队)和创业资源是创业过程关键的结构性要素。其中,创业机会表现为创业过程的核心构成要素;创业资源是创业过程的支持性要素,是开发、利用创业机会及谋求创业绩效的基础条件;创业者(团队)是在创业过程中识别、获取和利用创业机会,整合创业资源的主体,是新创企业的能动性要素,见图 2-1。Timmons 模型为创业过程研究构建了全新范式,奠定了创业领域规范研究的重要理论基础,是当前最贴近创业过程特征的理论模型。因此,本书借助 Timmons 模型来界定创业过程要素的内涵。本研究认为创业过程要素是广义创业过程含义,即创业者从一个创业构想的产生,到创业机会、创业资源的识别和利用,再到新创企业的创办成功的全过程,具体可以理解为创业机会、创业者和创业资源 3 个要素的结合体。

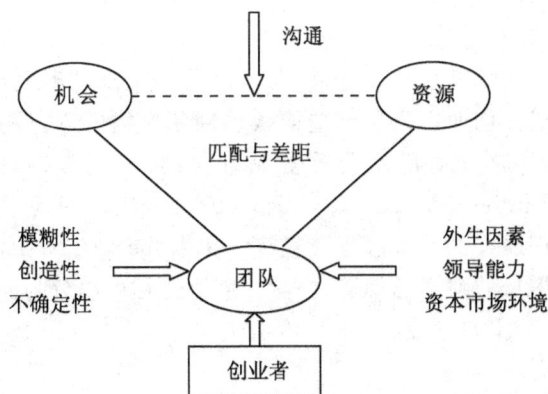

图 2-1　Timmons 创业要素模型

第一,创业机会是创业过程的核心驱动力,创业者(团队)是创业过程的主导者,资源是创业成功的必要保证。创业过程始于创业机会,而不是资金、战略、网络、团队或商业计划。开始创业时,创业机会比团队的能力和资源更重要。在创业过程中,资源与机会间经历着一个"适应→差距→再适应"的动态过程。成功的创业者和投资者都知道,一个好的思路未必是一个好的机会。实际上,以创业计划等形式呈送给投资者的每 100 个创业思路中,通常仅有 1 至 2 个最后会成为投资对象。所以,对创业者和投资者来说,学会快速估计是否存在真正的创业潜力,以及决定该在上面花费多少时间和精力是一项重要的创业技能。

第二,创业过程是创业机会、创业者和创业资源 3 个要素匹配和平衡的结果。处于模型底部的创业者(团队)要善于配置和平衡,借此推进创业过程,必须经历的核心过程是对机会的理性分析和把握、对风险的认识和规避、对资源的合理利用和配置及对团队适应性的分析和认识。

第三,创业过程是一个连续不断地寻求平衡的行为组合。在3个要素中绝对的平衡是不存在的,但初创企业要保持发展,必须追求一种动态的平衡。保持平衡的观念展望企业未来时,创业者必须思量的问题是:目前的团队能否领导公司未来的成长、资源状况,以及下一阶段成功所面临的陷阱。这些问题在不同的阶段以不同形式出现,牵涉到企业的可持续发展。

总之,创业者(团队)必须在推进业务的过程中,在模糊和不确定的动态创业环境中要具有创造性地捕捉机会、整合资源、构建战略和解决问题的能力,要勤奋工作、勇于牺牲。创业者(团队)在创业过程中的情绪就像一个杂技表演者,一边要在平衡线上跳上跳下,保持平衡,一边还要在动荡的处境中进行各式各样的表演。

2.1.3 创业过程机制

创业不是一个独立的事件而是一个过程,是一个随着时间的延长而各个阶段紧密相连的过程。创业本质是创造或认识到新事物的商业用途(识别它是一个机会),并积极采取行动将机会转变成可行的、有利可图的企业(夏清华,2007)。这里引用 Robert A. Baron 和 Scott Shane(2005)关于创业的概念,创业是一个随着时间而展开的动态过程。经济学家 Robert C. Ronstadt 提出,"创业是一个创造不断增长的财富的动态过程"。创业过程可以分为团队组建、机会识别、资源整合这3个主要阶段。

(1) 团队组建

创业者是即将创办企业或是刚刚创办企业的领导人,具有正向外部性、试错反馈性、价值扩散性等价值特点。从在创业过程中所处的角色来看,创业者可以分为独立创业者和团队创业者,还可按创业者的人格特质、创业内容、创业者所处创业领域等来对创业者进行分类,其在心理、行为、背景、知识、能力等方面拥有一些与众不同的特征和能力。创业者的创业动机有多种类型,如兴趣驱动型、职业需求型、就业驱动型等,创业者选择创业的动机受诸多直接和间接因素的影响,如胜任需要、自主需要、关系需要等。

创业团队是由一定数量的创业者组成的,为了实现共同的创业目标,能彼此担负责任的群体。创业团队的领袖是创业团队的灵魂,是团队力量的协调者和整合者,在团队管理中发挥重要作用。创业团队的组建是一个相当复杂的过程,大致的组建程序包括明确创业目标、制订创业计划、招募合适的成员、职权划分和团队的调整融合。

（2）机会识别

创业机会的识别是创业过程的起点和核心，也是创业管理的关键环节。创业机会是由经济、技术和社会这些处于持续变化状态的因素产生的，所以创业者在机会识别时应具备敏锐的嗅觉，把握稍纵即逝的机会。对创业者来说，机会识别旨在识别能为市场创造或增加新价值的产品或服务，创业机会意味着创造价值和财富的可能性。创业者识别机会的过程实际上就是搜集处理信息的过程，创业者凭借其以往对市场、产业或技术知识的积累等对搜集的信息进行正确地分析与判断。

大多数创业者都是把握了商机而成功创业，例如，蒙牛的创始人牛根生看到了乳业市场的商机，好利来的创始人罗红看到了蛋糕市场的商机。在现实生活中，这样的例子不胜枚举。在这个阶段中，新创小微企业还是一个朦胧的状态，通常没有具体的创业经营计划，产品或者服务和营销模式还没有完全确定，各种资源没有落实，创业者之间仅仅有初步的合作意向而已。创业机会识别最重要的是机会发现和机会评估两个环节。这其中有许多问题需要研究，比如：创业机会来自哪里？为什么某些人能够发现创业机会而其他人却不能？通过什么形式和途径识别创业机会？等等。

不是所有的机会对创业者都有同等的价值，因为创业者资源有限，不可能去追逐他所面临的每一个机会，因此必须选择回报潜力大并且有能力去利用和好利用的机会。对机会进行认真细致的评估对于创业者而言是至关重要的。在进行机会评估时最重要的是建立获取信息的有效渠道并有效利用信息。

（3）资源整合

如果说机会识别是把泛泛而谈的创意打造成较具体的商业概念的过程，那么资源整合就是创业者开始有创办企业的意向，并将必要的资源引入自己控制的资源的过程。这与拥有产品或服务的创意是两个完全不同的概念。很多新创小微企业在几年之内就失败的根本原因就在于没有做好这方面的准备工作。

当把握住能够创造价值的机会时，这仅仅是创业的开始，还必须采取积极的行动。创业过程之所以产生就是有特定个体做出了创业决策并采取了行动。此时创业者必须整合一系列的必要资源，如人力、物力、财力等。如果不能很好地整合各种资源，那么再好的机会也是不能充分发挥的。

筹集、整合创办企业的资源事关重要，人、财、物是任何企业都必须具备的基本要素，创业活动也是如此。对于打算创业并识别到机会的创业者而言，想要成就一番事业，就要凝聚一批志同道合的人，共同承担创业风险，共享创业成果。

创业者需要整合的另一种重要资源就是资金,在创业过程中称为创业融资,这就需要拟定一个正式的创业计划书,对如何利用这些资源创建一家企业,并为将来经营企业提供指导。

2.2 小微企业创业者与创业团队

2.2.1 小微企业创业者与创业团队界定

（1）创业者界定

创业者是什么样的人? 从词源来看,创业者英文为 entrepreneur,和企业家为同一词,意为在没有或较少拥有资源的情况下,锐意创新,发掘并实现潜在机会价值的个体。

创业者一词由法国经济学家 Cantillon 于 1755 年首次引入经济学。1880年,法国经济学家 Say 首次给出了创业者的定义,他将创业者描述为将劳动、资本、土地这 3 项生产要素结合起来进行生产的第 4 项要素,是把经济资源从生产率较低、产量较少的领域转移到生产率较高、产量较大的领域的人。管理大师彼得·德鲁克给创业者所下的定义是:创业者就是赋予资源以生产财富的人,创业者善于创造或发现机会,然后抓住机会,并创办起有高度发展潜力的企业,其思想和行为与众不同。还有些学者认为,创业者是一种主导劳动方式的领导人,是一种无中生有的创业现象,是一种需要具有使命、荣誉、责任能力的人,是一种具有思考、推理、判断能力的人,也是一种能使人追随并在追随的过程中获得利益的人。

在企业界,创业者通常被定义为组织、管理一个生意或企业并承担其风险的人,有两个基本含义:一是指企业家,即在现有企业中负责经营和决策的领导人;二是指创始人,通常理解为即将创办企业或是刚刚创办企业的人。

一般来说,国内外有关创业者的定义可分为狭义和广义两种。狭义创业者是指参与创业活动的核心人员,该定义避免采用领导者或组织者的概念。因为在当今的创业活动中,技术含量越来越大,离开了核心技术专家,很多创业都无法进行,核心技术专家理应成为创业者,事实上,很多创业活动最早都是由拥有某项特定成果的技术专家发起的。广义创业者是指参与创业活动的全部人员,创业者可能更多地以团队的形式出现,在创业过程中,狭义创业者将比广义创业者承担更多的风险,也会获得更多的收益。另一方面,把创业者与职业经理人作为对比概念加以区分。创业者指一种开办或经营自己企业的人,他们既是员工,又是雇主,对经营企业的成功与失败负责;职业经理人通常不是他们所管理公司的所有者,而是被雇来管理公司日常运作的人。

创业者是新创企业的人力资源总体中最为核心的部分,那么将创业者作为新创企业的人力资源总体中的特殊部分开展研究在理论和实践上就很有意义,但就目前而言,其概念仍相对宽泛,总的来说是从特质和能力两个维度开展创业者的研究。

(2) 创业团队界定

有一些企业是由独立创业者创立且拥有的,也有不少企业是由两个或两个以上的人共同创立的。显然不乏个人创业成功的案例,不过一般而言,独立创业者创办的小微企业成长较为缓慢,因此,风险投资者通常不愿意考虑这种独立创业者创办的小微企业。当然也并非采取团队创业方式就一定会获得成功,但人们普遍相信,纵然创业团队成功的概率不一定高,但创业团队成功后所产生的价值一定相对较高。

不同的学者从不同的角度界定了团队的定义。Lewis 认为,团队是由一群认同并致力于达成共同目标的人所组成,这一群人相处愉快并乐于一起工作,共同为达成高品质的结果而努力。Katezenbach 和 Smith 认为,一个团队是由少数具有"技能互补"的人所组成,他们认同于一个共同目标和有一个能使他们彼此担负责任的程序。Chandler 和 Hanks 认为,创业团队是指当企业成立时执掌企业的人或是在新创小微企业营运的前两年加入的成员,对于公司没有所有权的雇员并不算在内。

由此可见,创业团队是指由两个或两个以上具有一定利益关系的,彼此间通过分享认知和合作行动以共同承担创建企业责任的,处在新创小微企业高层主管位置的人共同组建形成的有效工作群体。狭义创业团队是指有着共同目的、共享创业收益、共担创业风险的一群创建企业的人;广义创业团队则不仅包括狭义创业团队,还包括与创业过程有关的各种利益相关者,如风险投资家、专家顾问等等。一般而言,创业团队需具备 5 个重要的组成要素:

① 目标。小微企业创业团队应该有一个既定的共同目标,为团队成员导航,没有目标,创业团队就没有存在的价值。目标在小微企业的管理中常以新企业的远景、战略的形式体现。

② 人。人是构成创业团队最核心的要素。两个及两个以上的人就能形成一个群体,当群体有共同奋斗的目标就形成了团队。在一个创业团队中,不同的成员通过分工来共同完成创业团队的目标。

③ 定位。小微企业创业团队的定位包含两层意思:一是创业团队定位,包括创业团队在新创小微企业中处于什么位置,创业团队最终应对谁负责等;二是创业团队成员定位,包括个体作为成员在创业团队中扮演什么角色等。

④ 权限。创业团队当中主导人物的权限大小与其团队的发展阶段和新创小微企业所处行业相关。一般来说,创业团队越成熟,主导人物所拥有的权限相应越小,在创业团队发展的初期阶段,领导权相对比较集中。

⑤ 计划。计划有两层含义:一是创业目标最终的实现,需要一系列具体的创业行动方案,可以把计划理解成达到创业目标的具体工作程序;二是按计划进行可以保证创业团队的顺利成长,只有按照计划,小微企业创业团队才会一步一步地贴近创业目标,从而最终实现目标。

2.2.2 小微企业创业者特质

创业者特质是一种特殊个性特征,这种个性特征往往影响创业活动的效率和创业的成功与否。长期以来,对"谁是创业者"的话题讨论很多,人们一直试图识别创业者与非创业者间的差异性,剖析创业者独特的人格心理特质,挖掘成功的创业者所需具备的异质性特质。Allport(1996)提出,特质是人格的根本,是心理组织的基础构成单位,是每个个体以其生理为基本所形成的具有稳定性的性格特征,可分成共同特质与个人特质。Mitton(1997)长期从事以创业者为主题的研究,其通过对典型创业者的持续跟踪调查,并结合切身的创业经历,得出创业者虽然没有极相似的人格特征,也不是简单的衍生复制品,但他们却拥有惊人的共同点的结论:系统的思考和行为、喜好竞争、累积经验、愿意接受挑战、持续追求变革、行动果断。Timmons 和 Spinelli(2005)提出,在成功创业者所做的事情及其方式中出现了一些共性的人格特质,这些特质分别为责任和决心、领导力量、商计、不确定性的容纳度、胜出动机等。

在本书作者已出版的《创业案例集》一书中,通过对江苏省许多优秀创业者的研究,也发现他们身上具有独特的个性特征:创业者是组织、整合资源、管理企业、做出决策、承担企业风险的人;创业者能够敏锐地捕捉市场机会,并采取行动从中获利;创业者在经营过程中,有正确预测市场发展趋势的能力,能带领企业发现新机会;创业者具有超凡的毅力,重承诺,守信用;在团队中,创业者是领袖人物,其人格魅力感染着企业中的每一个人。

(1)创业者心理特质

根据成就动机理论,那些拥有创业心理特质的人员比不具备创业心理特质的人员具有更高的实施创业行为的倾向,成功可能性也更大。创业者一般要具备如下心理特质:成就需要、控制源、风险承担倾向、不确定性容忍度、创业精神及团队意识等。

① 成就需要。小微企业创业者对创业成功有强烈的意愿,而成功创业不是为了获得社会承认或声望,而是为了达到个人内在自我实现的满足感。对于任

何一位创业者来说,"渴望"创业其实首先就是希望获得金钱,使自己摆脱对贫穷的恐惧,并由此上升为一个自由的、不受金钱控制的人。因此,金钱、健康、家庭、亲友、地位等,都是小微企业创业者成功的条件,但其中一个更重要的条件就是——"渴望创业的野心"。

② 控制源。控制源是指小微企业创业者相信自己控制人生的程度能帮助创业者克服创业道路上的各种艰难险阻,将创业目标作为自己的人生奋斗目标。研究表明,小微企业创业者相信通过自己而不是他人来决定自己的创业成功与否,他们经常有很强的控制欲,对创业活动中的事件过程有一定的影响,总是希望把创业过程掌握在自己手中。和控制源相关的是创业者的个人独立性,创业者往往喜欢独立思考和行动,渴望独立自主。

③ 风险承担倾向。在扑朔迷离、纷繁复杂的经济环境中,机会和风险并存,既有成功的机遇,也有失败的危险。承担风险,无论是财务方面、社会方面的风险,还是心理方面的风险,都是创业过程中不可分割的一部分。但是,在市场风险中,无疑还会有许多突破点,关键在于小微企业创业者如何面对机会和风险,并以充分的准备去迎接机会的到来,躲避风险的侵害。只要是创业者,肯定会遇到各种各样的困境,对此创业者必须要有充分的思想准备,敢于承担风险,不被困难击垮,并坚韧不拔地朝着既定的目标前进,终究会有成功的一天。

④ 不确定性容忍度。在创业过程中会遇到各种意想不到的困难,如资金周转困难、员工管理不到位等,一定程度的不确定性容忍度可以对一个创业者的成功起到积极的影响作用。对这些问题处理不当就有可能导致经营失误。因此,创业者要做好随时应付困难的思想准备,迎着不断出现的挑战,始终朝着既定的目标,坚持不懈地努力。作为一个小微企业创业者要勇于承担困苦、艰难、阻挠,并保持旺盛的斗志。

⑤ 创业精神。创业精神是创业者的精神状态和对事业所持的态度。新创小微企业不论规模大小,归属哪个行业,创业精神始终与某些普遍适用的创业行为特质相关联。创业要发扬创业精神,没有创业精神的创业者通常不会成功,也不能称之为创业者。创业精神主要表现为自信、自强、自主、自立等。

⑥ 团队意识。在创业道路上,创业者必须摒弃"同行是冤家"的狭隘观念,学会合作与交往。通过语言、文字等多种形式与周围的人进行有效的交流与沟通,可以提高办事效率,增加成功的机会。在创业过程中,小微企业创业者需要与客户、公众媒体、外界销售商、企业内部员工打交道,这些交往和沟通可以排除障碍、化解矛盾、增加信任度,有助于创业事业的发展。

（2）创业者行为特质

创业者在行为方式上主要有勤学好问、执着、灵活应变、商业道德和责任感等特质。

① 勤学好问。创业者往往不满足于现状，经常意识到能将事情做得更好，渴望并从不放弃学习和改进的机会。现代社会需要学习型的企业，创业者在创业初期更需要学习行业内的领先企业、标杆企业的成功经验。小微企业创业者的学习为新创小微企业的发展提供了源源不断的智力源泉。

② 执着。一个心理健全的人，他的一切有目的的活动和行为都是意志活动。在日常带目的性和方向性的活动和行为中，意志因素表现得并不明显；然而，在创业活动中，目的性和方向性就显得异常强烈、鲜明。如果存在巨大的障碍和困难需要创业者去克服，此时人的精神就处于高度紧张的状态，意志因素起着异常重要的作用。可以说，小微企业创业者的创业活动也就是复杂的意志活动。渴望成功的意志是创业者不可缺少的。

③ 灵活应变。灵活应变指的是创业者对创业方法和路径的选择，要一切从实际出发，根据环境的变化对创业活动做出相应调整。

④ 商业道德。诚信、诚实、诚恳是一个新创小微企业生存和发展的根基，也是对小微企业创业者的商业道德要求。创业者没有良好的商业道德，而时刻只为自己的个人利益，肯定不会创立起企业；即使能够创办企业，最终也难免昙花一现，生命力不会长久。只有小微企业创业者对顾客、员工诚信，顾客和员工才会为新创小微企业的发展锦上添花。

⑤ 责任感。在创业过程中，创业不仅是为了实现自己的价值，更重要的是承担很多社会责任。一开始创业，小微企业创业者可能是为了家庭。当新创小微企业越来越壮大的时候，创业者是否可以对更多的人负责，是否可以通过创业让身边的人也可以在物质上有所提高和回报，这才是一个真正的创业者应该有的动机。

（3）创业者背景特质

① 教育。教育对于创业者的成长是至关重要的，教育的重要性体现在创业者是否具备解决问题的能力和特质，并不是指一个或若干个正规的学位。美国福特汽车公司创始人亨利·福特、美国钢铁大王安德鲁·卡内基、美国微软公司创始人比尔·盖茨，这些中学、大学辍学者的成功就说明了这一点，但是毫无疑义的是，教育能够为创业者形成一个极有说服力的个人背景，特别是所接受的教育与创业领域有关的时候，更是如此。教育解决的是认识论和方法论的问题，一个人通过教育的手段和渠道，取得文化、技术和创业等方面的一些资格，教育除

给予接受教育者知识、方法和体会之外,还给予他们平台和团队,同时给予接受教育者许多无形的光环。

② 个人价值观。个人的需求包括生理需求和心理需求,也就是自然性需求和社会性需求。心理需求是高层次的终极需求,个人需求的满足最终必然通过心理需求的满足来实现,而心理需求往往与社会和他人的肯定密切相关,因而创业者个人的满足是与服务社会紧密联系的。我国作为发展中的社会主义国家,在发展水平上,需要创业者树立大局意识和为国服务意识,以使我们尽快地追赶世界先进水平;在社会性质上,人与人之间、人与社会之间的根本利益是一致的,创业者只有将个人价值的实现融入为祖国服务中去才符合国家、社会及个人的长远利益。个人价值的实现建立在国家和人民承认的基础之上,创业者只有树立了这种正确的长远价值观,才有可能树立正确的人生信念和人生理想。所谓的坚定人生信念和明确人生理想就是能够确认自己为什么创业,只有具备了这一点,创业才能一往无前,遇到挫折也不后退,否则容易见异思迁、摇摆不定。

2.2.3 小微企业创业者能力

Boyatzis 等(1992)率先构建了能力理论,提出个体对任务的胜任力或完成工作的绩效产出往往是知识、技术和能力等多因素产生的综合效果,能力是当中的关键性要素,并阐明能力蕴藏在个体的具体行为中,经由个体的行为进行观察。随后,很多研究基于不同的视角和侧重点,对能力进行了各种概念界定,现在有关能力的界定各个领域还没有达成一致性的解释。Mirabile(1997)认为,创业者能力是与扮演不同角色的创业者的高绩效产出相关联的知识、技能和能力。Shane(1996)将能力与创业机会有机联系在一起,提出创业机会探索和开发的能力是创业者最为重要的能力。冯华和杜红(2005)提出了创业胜任力的概念内涵,即指在企业创业过程中,一个绩效优秀的创业者所具备的能够胜任企业创业任务并取得高的创业绩效所要求的知识、技能和能力集中表现为在创业过程中能够不断识别、利用创业机会,获取和匹配创业资源的综合性能力。

(1)组织领导能力

① 战略管理能力。创业者的战略管理能力表现在,创业实施的第一步是找准方向、严密论证,进而做出战略决策。创业环境总是复杂的,在这个环境中,政治、经济、文化的各种要素相互联系、错综复杂,任何方案都不是完备的和确定的,这就需要全局的战略管理能力和决断特质。古人云:"不谋全局者,不足谋一域;不谋万世者,不足谋一时。"在今天这样一个新生事物层出不穷的时代,必须能够正确认识知识经济的发展规律、敏锐地分析市场的发展变化、准确地把握国家的政策法规才能够正确地估价创业机会和创业方案,从全局的高度认识和

把握问题是全面分析把握创业方向的基本要求。

②领导能力。领导能力就是指导和统率的能力。在创业过程中,创业者的领导能力通常通过如下几个方面体现:第一,活力。巨大的个人能量,对于行动有强烈的偏爱,干劲十足,意味着不屈服于逆境,不惧怕变化,不断学习,积极挑战新事物的充满活力的人才。第二,鼓动力。激励和激发他人、员工的能力,能够活跃周围的人,善于表达和沟通自己的构想与主意。第三,实施力。提交结果,能够将构想和结果联系起来,将构想变成切实可行的行动计划,并能够直接参与和领导计划的实施。

③协调整合能力。良好的协调能力有利于信息的沟通,对于加强相互理解和利益共享有着切实的好处。创业者与竞争者之间、与客户之间都存在这样或那样的摩擦,高超的协调能力能够化解矛盾,使小微企业创业者能够获得良好的形象,提高可信程度,为合作打好基础。协调能力还可以融洽相关主体间的感情,增加合作的愿望和机会。协调能力体现在团队内部就是如何促使团队能够积极、高效地开展工作。协调能力一方面能够使团队成员之间关系融洽、化解矛盾、相互支持,另一方面使得工作有序、配合协调,使得整个团队的工作效率达到最高。创业需要资金、技术、人际关系等条件,但并不是全部具备这些条件才可以创业。创业路上的成功者往往不是那些条件好的人,而是善于调用资源为我所用的人,所谓"拥有资源不如善用资源"。社会上有音乐学院毕业的大学毕业生在家闲着找不到工作,也有很多家长想让孩子学音乐却找不到老师,一个不懂音乐的下岗职工看到这一市场需求,借钱以加盟的形式办了一所古筝培训学校,一边聘老师,一边招学生,很快挣到了属于自己的"第一桶金"。这就是最简单的通过整合资源来创业的例子。善用资源是小微企业创业成功者最核心的能力,它能够巧妙地把各种创业要素整合到一起,创造性地解决各种瓶颈问题,进而满足顾客需求,自己获得财富。

④亲和力。亲和力是一种个人魅力,小微企业创业者富有亲和力可以更好地团结同事和朋友,为交际、协调等带来便利。一个人的亲和力一方面来自于其观点、主张和处事原则,使得人们感觉到他可以信任和依赖,另一方面亲和力来自行事作风和气质风范,能够给人一种莫名的亲切感。

(2)业务能力

①经营管理能力。经营管理能力是指小微企业创业者对人员、资金及新企业的内外部运营的能力。经营是对外的,追求从企业外部获取资源和建立影响,追求的是效益,是扩张性的,要积极进取、抓住机会。经营能力是创业成功的关键。创业者一般也是新企业的经营者,新创小微企业的发展在很大程度上取决

于创业者的经营能力,它是新创小微企业能否成功的重要因素之一。管理是对内的,强调小微企业创业者对内部资源的整合和建立秩序,追求的是效率,是收敛性的,要谨慎稳妥、评估和控制风险。管理能力主要包括营销管理能力和财务管理能力等。其中创业团队组建能力十分重要,一个企业需要细致的"内管家"、战略的"设计师"、执行的"工程师"、发散思维的"开拓者"、内敛倾向的"保守派",创业者既需要能够把不同专长、不同个性的团队成员凝聚在一起,更要能够让他们在一起融洽地、愉快地工作,组成优势互补的创业团队,形成协同优势。可以说,经营管理能力是解决新创小微企业生存问题的第一要素。

② 专业技术能力。专业技术能力是小微企业创业者掌握和运用专业知识进行专业生产的能力。专业技术能力的形成具有很强的实践性。许多专业知识和技巧要在实践中摸索,逐步提高、发展、完善。小微企业创业者要重视创业过程中知识积累的专业技术经验和职业技能训练,对于书本上介绍过的知识和经验在加深理解的基础上予以提高、拓宽;对于书本上没有介绍过的知识和经验要积极探索、认真分析、进行总结,形成自己的经验特色,只有这样,专业技术能力才会不断提高。

③ 交际能力。交际能力包括表达能力和反应能力。表达能力是充分、有效地将自己的观点阐释给对方的能力,尤其作为小微企业创业者对客户充分有效的表达能够使客户充分理解企业的产品情况,有利于推销自己,对创业团队充分有效的表达能够使大家领悟新创小微企业的目标、面临的环境和要采取的对策,能够使大家更加有效地为完成共同的目标而努力。反应能力是交际能力的另一个方面,是表达能力的补充。在交际过程中,良好的反应能力能够帮助创业者随时领会和把握表达对象的需求和对表达内容的理解,有效调整表达的方式和内容。表达能力分为口头表达能力和书面表达能力。口头表达能力是创业者将自己的思想、观点以最生动有效的方式传递给听者,以对听者产生最有效影响的能力。书面表达能力是创业者将自己的思想、观点运用文字表达方式,使之系统化、科学化和条理化的能力。

④ 创新能力。创新的实质是通过科学研究、生产活动和管理实践,创造新的理念、产品或服务成果并转化为生产力,以促进社会经济的发展。不论是知识创新、技术创新还是管理创新,创新的主体是人,创新的成果都要靠人来完成。创新能力是创业人才的核心。在创业者的创业过程中,无论是发现新创意、捕捉新机遇、寻找新市场,还是撰写一份有潜质的创业计划,以至于创业融资、创办公司和企业运作、管理和控制,都包含着创新的内容。所以,作为一个创业者或创业团队,必须具备市场、技术、管理和控制的创新能力。创新能力又来源于创造

性思维,一个成功的小微企业创业者一定具有独立性、求异性、想象性、新颖性、敏锐性等人格特质。

⑤ 学习能力。相当数量的创业者所从事的是未程序化的创新工作,需要以新的知识来解决新的问题。同时,创业者现在所面临的是一个日新月异的社会环境,知识的爆炸和技术更新速度的加快,决定了新企业面临的竞争环境异常激烈,只有具备较高的学习能力的创业者,才能驾驭创业的理想,驶上成功的航程。学习能力是现代社会里任何组织、任何人都必须努力具备的,只不过小微企业及其创业者在企业的孕育期要求更为强烈。因此,现代管理最时髦的术语就是学习型组织、学习的革命、终身学习等有关提高学习能力的问题。学习能力不只是学习已存在的知识的能力,更重要的是搜集外部信息并进行总结、提高、创新的能力,这种能力在实际运用中往往表现为当事人良好的做事"直觉"。直觉是知识,也是学习的结果。小微企业创业者在企业的孕育阶段更多的是依赖这种直觉来行事,因而需要具备较高的学习能力。

应该特别指出的是,并非每种关键性特质、能力都具备的人才能创业成功。观察那些创业成功者就会发现,他们和普通人一样有这样或那样的毛病,只不过他们身上一定有某种关键性特质异常突出,只要有突出的优点压过缺点就足以让人成事。这表明了组成创业团队的必要性和重要性,也表明在选择创业团队成员时要考虑其是否具备这些特质,特别是小微企业团队成员之间具有互补性,把自己的优势发挥出来是创业成功的关键。同时还应该知道,人是可以通过学习不断改变的,关键性特质、能力也是可以通过学习和实践来培养的,创业成功的过程也是完善个人创业特质的过程。

综上所述,本书可将小微企业创业者特质界定为创业者以其生理为基本组织而形成的具有稳定性的特征,具有支配创业行为的能力,使创业者在创业环境中给以步调一致的反应;而将小微企业创业者能力界定为创业者所具备的,为了能顺利完成创业过程,且对创业绩效会产生影响的能力特征。

2.2.4 小微企业创业团队的优劣势分析

在美国硅谷流传着这样一条"规则":由两个 MBA 和 MIT 博士组成的创业团队,几乎就是获得风险投资的保证。虽然,这有些夸大其词,却蕴含这样的事实:如今,创业已非纯粹追求个人英雄主义的行为,团队创业成功的概率要高于个人独自创业,尤其对小微企业更是如此。一个由研发、技术、市场、融资等各方面组成的优势互补的创业团队,是创业成功的法宝,对高科技新创企业来说,更是如此。小微企业创业团队的优势主要体现在"一个好汉三个帮",一群人同心协力,集合各自的优势共同创业,其产生的群体智慧和能量将远远大于个体。创建团队时,最重要的是考虑成员之间的知识、资源、能力或技术上的互补,充分发挥个人的知识和经验优势,这种互补将有助于强化团队成员间彼此的合作。一般来说,小微企业团队成员的知识、能力结构越合理,团队创业的成功率就越大。

小微企业创业团队主要劣势就是对成员个性的压抑。领导创业者的发心是希望团队形成一股凝聚力,希望成员朝着共同的目标努力,但是如果领导创业者太重视团队,强行将成员扭成一团的话,反而容易产生反效果。任何让成员感到个性受到压抑的团队,成员都会本能排斥,最终可能会导致团队解散。

2.3　小微企业创业资源

2.3.1　小微企业创业资源界定

常言道:"巧妇难为无米之炊"。同样,没有资源,小微企业创业者也只能望(商)机兴叹。资源就是企业作为一个经济主体,在向社会提供产品或服务的过程中,所拥有或者所能够支配的能够实现企业战略目标的各种要素及要素组合,主要涉及流程、资产、知识等(Barney,1991 和 1995)。目前关于一般性资源的讨论较多,而针对创业资源特征及其整合的关注则不够充分。

创业资源是创业者所拥有的或能掌握的各种资源的总和。创业资源是创业过程中的关键性要素,是新创企业的创办和成长的基础性条件(Brush 等,2001),创业者的一项主要行为就是识别、获取、利用、配置有关创业资源。Shrader 和 Simon(1997)将创业资源界定为资产、资金和知识等要素的组合。创业资源能够对新创企业的创业机会识别和利用产生重要影响,同时会影响创业资源有效整合的过程(杨俊和张玉利,2004)。创业者创办企业的过程中,有价值的创业资源会是重要的力量,一般包含资金、硬件设备和诸如市场营销、创业融资方面的独占性技能。拥有具有稀缺性和有价值的创业资源的新创企业一般都要比缺少这类创业资源的新创企业拥有更加显著的竞争优势,而这些创业资源的竞争优势往往都可以诱导创新行为,进一步使得新创企业渐渐成长为市场上的先行者(Barney,1991)。

综上所述,创业资源有其内在独特性,与一般性资源应该是有所不同的,需要从小微企业创办和成长的视角加以探索,把握最为关键的资源。本书主要是基于 Shrader 和 Simon(1997)、林强(2003)和林嵩(2009)等对创业资源的界定,将创业资源界定为小微企业创办和成长过程中所需要的各种生产、经营要素和支撑条件,新创小微企业不仅要努力地识别创业资源,还要了解创业资源的利用,通常要涉及识别、获取、利用等过程环节。

2.3.2　小微企业创业资源与一般商业资源的异同

（1）相同点

创业资源作为商业资源的一种,具有商业资源的普遍特征。

首先,两者都具有稀缺性。资源相对于小微企业创业需求是稀缺的,这里所说的创业资源的稀缺性,既不是说这种资源不可再生或可以耗尽,也不是说与这种资源的绝对量大小无关,而是指与成熟企业相比,新创小微企业少了时空上的资源积累,即在给定的时间内,与小微企业创业资源的需求相比,其供给量相对不足。

其次,两者包涵内容相同。小微企业创业资源和商业资源在包涵内容上都涵盖了包括厂房、场地、设备等有形资源,以及企业名称、商标、专利、营销能力、管理制度、信息资料、企业文化等无形资源。

（2）不同点

创业资源作为一种特殊的资源有其典型的特点。

首先,创业资源多为外部资源。小微企业创业资源短缺,意味着其直接控制的内部资源不足。创业者选择的途径是使外部资源内化（股权安排、战略联盟、专业化协作、信用贸易等）。利用外部资源解决创业资源的短缺问题,能大大减少新企业的风险与固定成本,加上新创小微企业本身的市场地位和市场空间都并不稳固,所以利用外部资源可以避免将来废弃这些资源的风险。

其次,创业者在创业资源中的作用举足轻重。Bird(2012)指出,创业家开创事业的意图与开创事业前的决定都是之后新企业目标、策略与结构的成型因素,并且对日后新公司的存活、成长与获利都有所影响,所以创业者是创业过程中最重要的创业资源。当然,员工的素质也是一种特别重要的人力资源,创业者可以应用市场力量（报酬、竞争等）和个人人格力量（如承诺、经验、品格等）影响员工的投入。

最后,专有化高的知识在创业资源中至关重要。创业所需要的资源中,知识是非常重要的一项,它为新企业实施差异化战略提供了基础,一般是新企业核心竞争力的根源所在,可为新企业在某些方面建立一定的竞争优势。这种竞争优势一方面取决于这种资源本身的价值,另一方面也和新企业对于这项资源的运用方式和其他相关资源的配合密切相关,而且专有知识不容易交易,比显性知识更容易建立起竞争优势。

2.3.3　小微企业创业资源整合利用的主要影响因素

（1）小微企业创业资源识别的影响因素

① 初始资源。初始资源对资源识别过程有重要影响。新创小微企业根据

当前拥有的初始资源识别所需资源,不仅包括识别所需资源类型、数量、质量、时间,也包括识别所需资源的来源。初始人力资源对资源的识别有重要的影响作用,因为创业者或创业团队的教育背景、经验和行业知识有利于准确识别出企业发展所需的重要资源。初始财务资源影响新创小微企业识别所需资源的数量、质量、获得的先后顺序及资源的提供者,而初始网络资源则有利于新创小微企业识别所需资源的来源。

② 创业者素质。成功的创业者一般具有风险承担力、创新性、市场应对知识和能力、责任、决心、胜出动机等素质,这些创业者素质对于新创小微企业资源识别至关重要。一方面,面对不断变化的创业环境,创业者必须加强自身对市场变化的敏感度;另一方面,在企业创建初期,创业网络还不稳定,资源识别很大程度上依赖于创业者的某些素质。创业者根据创业环境的变化、自身的异质性素质不断地调整理念、思想、行为,不断地获取稀缺的、有价值的及不可替代的资源,以保持企业的竞争优势。

③ 创业环境动态性。企业所处环境变化是不确定的,这种不确定性在创业者进行决策时会产生影响。创业环境动态性表现为创业环境随时间不断变动的程度,以及在创业环境中创业者可用和需要资源的稀缺或充裕程度,具体包括顾客、增长机会、竞争者、创新的不可预测性。创业者要想获得独特竞争优势,必须及时有效了解动态环境的变化,在动态环境下提高关键资源的识别力。

④ 创业网络。创业网络是新创小微企业获取信息、资源、社会支持以便识别和利用机会或资源的一种特殊途径,包括正式网络和非正式网络。通过创业网络,创业者可以直接将亲友等的资金、创业者相互关系人的个人能力或人力资源、初创时的组成人员带进企业。很多成功的创业者都特别愿意花费更多的精力在关系的维护上,比如亲戚、朋友、供应商、经销商、顾客、合作伙伴、中介结构、大学机构、政府等。

(2) 小微企业创业资源获取的影响因素

① 创业者才能。如何获取资源、获取何种资源以及能否获取资源,在企业初创期有着关键的作用。创业者管理才能在此过程中扮演了重要的角色。如果创业者能有效协调好创业团队内部人际关系,就会揭示创业团队凝聚力,促进共同行动,获取必要的外部资源;如果创业者能够有效激励团队成员,有效和创业团队成员合作,将提升新创小微企业综合能力,产生团队外溢效果,获取必要的外部资源;如果创业者有较强的行政管理能力,便能将各种资源进行较完美的匹配与组合,新创小微企业的运作将会更有效率,也能够吸引更多的人力资源和其他无形资产;如果创业者的学习能力越强,新创小微企业的创新行为就越频繁,

这便加大了新创小微企业对无形资源的需求,因而客观上促使新创小微企业获得诸多有价值的资源;如果创业者的外部协调能力越强,与合作者(如供应商、销售商等)达成一致的可能性就越大,创业者就可以利用外部资源为新创小微企业服务。

② 创业者先前工作经验。先前工作经验分为创业经验和行业经验两大类。创业经验是指先前创建过新的组织(包括商业企业、非营利性组织或社会企业等),是创业者在此过程中所获得的感性和理性的观念、知识和技能等,它提供了诸如机会识别与评价、资源获取和公司组织化等方面的信息。行业经验是指创业者在某行业中的先前工作经历,它提供了有关行业规范和规则、供应商和客户网络及雇佣惯例等信息。创业者的创业经验和行业经验将有利于新创小微企业人力资源、资金资源、技术资源等创业资源的获取。

③ 集聚经济效应。集聚经济对新创小微企业的作用在于其能够使创业者更容易获取资源。选择在现有企业集聚区域创业,是因为已经集聚的领先企业对新创小微企业具有孵化作用,一方面,从要素市场看,集聚经济能够提供更丰富的创业资源;另一方面,许多创业者曾经是集聚区中企业的员工,这些员工的行业经验及与集聚区中的企业和机构之间的网络关系,使其更容易接近资源所有者并说服其提供创业资源。

④ 社会网络。社会网络对于创业资源获取具有重要意义,这是因为社会网络是隐性知识传播的重要渠道,它能通过促进信息(包括技能、特定的方法或生产工艺等)的快速传递而协助组织学习,同时还可以大大降低新创小微企业的交易成本,帮助获取与新创小微企业需求相匹配的资源。由于新创小微企业的实力和声望等方面都显得较为薄弱,很难通过传统的市场关系获取自身所需要的资源。因此,新创小微企业通常会利用创业者自身的社会关系网络获取所需的相关资源,用以弥补通过市场关系获取资源的不足。

⑤ 信息。信息是指新创小微企业所获取的有关资源所有者的显性和隐性信息,显性信息包括资源及其所有者的基本信息,隐性信息通常以经验和技能的形式存在,对新创小微企业的资源积累和资源整合具有重要作用。信息资源作为一种特殊的战略性资源在新创小微企业资源获取过程中发挥着杠杆作用,但新创小微企业在获取创业资源过程中常常会遇到信息不对称的困境。首先,创业者掌握较多的企业层面、产品技术层面和团队能力层面的信息,出于防止他们利用同样机会的考虑,往往不愿向资源所有者公开全部信息,因此用以评估的信息很可能是不完备的,这种信息不对称导致资源所有者都不愿投资新创小微企业。其次,创业者可能采取机会主义行为,因为他们掌握资源所有者所不具备的信息。

（3）小微企业创业资源利用的影响因素

新创小微企业如果不能有效配置拥有的创业资源，价值创造就不可能实现，资源转化后形成的能力只有满足市场需求，才能实现利润回报。对新创小微企业来说，资源是稀缺的，而新创小微企业若要生存、发展下去，拥有匹配当前竞争优势的能力，才能利用创业机会创造价值。新创小微企业在匹配内、外部能力的过程中，通过创业资源利用形成竞争者难于观察和模仿的能力配置结构。

① 风险偏好。风险偏好是影响新创小微企业资源利用的关键影响因素。资源和能力的转换过程受着外部环境的强烈影响。创业者对风险的态度会影响其行为，风险承担性会影响企业实现资源向能力转化的方式选择。在不确定的情况下，具有较强风险偏好的创业者可能会选择具有较高产出潜力的产品或服务，但需承担较高风险，而具有较低风险承担性的创业者则可能会选择承担较低风险。在能力匹配过程中，风险承担会影响匹配机制的选择，风险承担性强的新创小微企业有制定风险较大、但可能带来较高绩效战略的趋向，而风险承担性弱的新创小微企业则与之相反。

② 超前行动。超前行动是影响新创小微企业资源利用的另一个因素。超前行动主要指新创小微企业通过先动行为对外部环境产生积极的影响，从而引导市场变化，创造市场需求。在资源向能力转化过程中，超前行动会影响新企业进行资源利用的相对时间，有许多新创小微企业是由于发现一个新的市场机会而创立的，其利用创业资源的行动在行业中一般是超前的，会对环境和市场产生一定影响。

③ 创业者自身素质。创业者自身素质也是影响资源利用的重要影响因素，包括创业者的受教育程度、行业认知度、社会声誉、社会关系网络和社会阅历等。创业者自身经历和历史经验都会影响创业者利用资源的选择。从先前创业经验中转移来的知识能够提高创业者有效识别和处理创业机会的能力，有助于发现、汲取、利用创业资源。创业者对拥有和掌握的资源越是了解，他就会掌握更多的资源利用方式，选择最优的使用方式。

2.3.4　小微企业创业资源分类机制

目前对创业资源进行分类主要有以下几种。

（1）直接资源和间接资源

按照资源要素对小微企业战略规划过程的参与程度，创业资源分为间接资源和直接资源。财务资源、管理资源、市场资源、人才资源是直接参与新创小微企业战略规划的资源要素，可以把他们定义为直接资源；政策资源、信息资源、科技资源这 3 类资源要素对于新创小微企业的影响更多的是提供便利和支持，而非直接参与新创小微企业战略的制定和执行,因此对于新创小微企业战略规划是一种间接作用,可以把它们定义为间接资源。根据上述分析,创业资源的概念模型如图 2-2 所示。

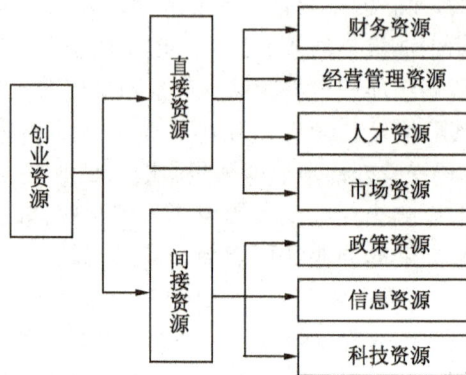

图 2-2　创业资源细分概念模型

其中,财务资源主要考虑是否有足够的启动资金,是否有资金支持新创小微企业最初几个月的亏损;经营管理资源主要考虑凭什么找到客户,凭什么应对变化,凭什么确保企业运营所需能够及时足量地得到,凭什么让新创小微企业内部能有效地按照最初设想运转起来;人才资源条件考虑是否有合适的专业人才来完成所有的任务;市场资源包括营销网络与客户资源、行业经验资源、人脉关系,凭什么进入这个行业,这个行业的特点是什么,赢利模式是什么,是否有起码的商业人脉,市场和客户在哪里,销售的途径有哪些;政策资源主要考虑可不可以有一个"助推器"或"孵化器"推进新创小微企业,比如某些准入政策、鼓励政策、扶持政策或优惠等;信息资源包括依靠什么来进行决策,从哪里获得决策所需的信息,从哪里获得有关创业资源的信息;科技资源主要考虑新创小微企业凭什么在市场上去竞争,为社会提供什么样的产品和服务。

(2)人力和技术资源、财务资源、生产经营性资源

从 Barney(2002)的分类出发,创业时期的资源就其重要性来说,可以细分为组织资源、人力资源、物质资源。由于企业新创,组织资源无疑是 3 类中较为薄弱的部分,而人力资源为创业时期中最为关键的因素,创业者及其团队的洞察力、知识、能力、经验及社会关系影响到小微企业整个创业过程的开始与成功。同时,在小微企业新创时期,专门的知识技能往往掌握在创业者等少数人手中,因而此时的技术资源在事实上和人力资源紧密结合,并且两种资源可能成为小微企业竞争优势的重要来源。在物资资源中,创业时期的资源最初主要为财务

资源和少量的厂房、设备等。因此,细分后的创业资源可以重新归纳(见图 2-3)为:① 人力和技术资源,包括小微企业创业者和团队的能力、经验、社会关系及其掌握的关键技术等;② 财务资源,即以货币形式存在的资源;③ 其他生产经营性资源,即在小微企业新创过程中所需的厂房、设施、原材料等。

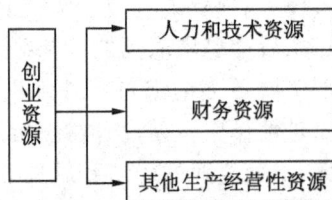

```
         ┌──────────────────┐
     ┌──→│   人力和技术资源   │
创 ──┤   └──────────────────┘
业   │   ┌──────────────────┐
资 ──┼──→│     财务资源       │
源   │   └──────────────────┘
     │   ┌──────────────────┐
     └──→│  其他生产经营性资源 │
         └──────────────────┘
```

图 2-3　Barney 的创业资源细分概念模型

(3) 核心资源与非核心资源

根据资源基础论,创业资源可分为核心资源与非核心资源。

核心资源主要包括技术、管理和人力资源。这几类资源涉及新创小微企业有别于其他企业的核心竞争力,是创业机会识别、筛选和运用等阶段的主线。创业者必须以这几类要素资源为基点,扩展新创小微企业发展外延。人力资源对于企业来说,主要是一种知识财富,是企业创新的源泉,高素质人才的获取和开发是现代企业可持续发展的关键。管理资源又可理解为创业者资源,创业者自身素质对新创小微企业的成长有至关重要的作用,创业者的个性、对机遇的识别和把握、对其他资源的整合能力都直接影响创业成败。技术资源是一种积极的机会资源,对于新创小微企业来说,主动引进和寻找有商业价值的科技成果,是企业的立身之本和市场竞争之源。

非核心资源主要包括资金、场地和环境资源。如何有效地吸收资金资源,并保持稳定的资金周转率,实现预期盈利目标,是创业成功与否的瓶颈。场地资源指的是企业用于研发、生产、经营的场所。良好的场地资源能够为小微企业大幅度降低运营成本,提供便利的生产经营环境,使其短期内累积更多的顾客或质优价廉的供应商。而环境资源作为一种外围资源影响着新创小微企业的发展。例如,信息资源可以提供给创业者优厚的场地资金、管理团队等关键资源,文化资源可以促进管理资源的持续发展等。

识别核心资源,立足核心资源,发挥非核心资源的辐射作用,实现创业资源的最优组合,这就是创业资源运用机制的基本思路。

(4) 自有资源和外部资源

自有资源是来自内部机会积累,是创业者自身所拥有的可用于创业的资源,如创业者拥有的可用于创业的自有资金、自己的技术、自己获得的创业机会信息、自建的营销网络,以及控制的物质资源或管理才能等。有的时候,创业者所发现的创业机会就是其所拥有的唯一创业资源。

外部资源可以包括朋友、亲戚、商务伙伴或其他投资者、投资人资金,或者包括借到的人、空间、设备或其他原材料(有时是由客户或供应商免费或廉价提供的,或者是通过提供未来服务、机会等换取到的),有些还可能是社会团体或政府资助的管理帮助计划。外部资源更多的来自于外部机会发现,而外部机会发现在小微企业创业初期起着决定性作用。创业者在开始创业的时期面临的一个重要问题即资源不足。一方面,小微企业的创新和成长必须消耗大量资源;另一方面,小微企业自身还很弱小,无法实现资源的自我积累和增值。所以,小微企业只有识别机会,从外部获取充足的创业资源,才能实现快速成长,这也是创业资源有别于一般企业资源的独特之处。对小微企业创业者来说,运用外部资源是一种非常重要的方法,在小微企业的创立和早期成长阶段尤其如此。

自有资源的拥有状况将在很大程度上影响甚至决定创业者获取外部资源的结果。"打铁还要自身硬",立志创业者首先要致力于扩大、提升自有资源。自有资源的拥有状况(特别是技术和人力资源)可以帮助创业者获得和运用外部资源。

2.4　小微企业创业机会

2.4.1　小微企业创业机会界定

创业机会尽管是创业研究领域最为关键的概念,但大部分研究都视创业机会为理所当然的构念,没有对其进行更加详细的探讨(Shane 等,2000)。近几年来,越来越多的学者开始对创业机会的性质与内涵加以重视,所形成的基本观点是:创业机会往往产生于社会经济系统中的供需矛盾当中,孕育于不协调和变化源的创业机会在物理性质上有所差异,即创业机会并非完全相似。

Kirzner(1973)认为,创业机会的初级形态是未明确界定的某种市场需求,或未得到利用,也可能是未得到充分利用的资源和能力,后者可能包含基本的技术创新、新产品或服务的创意,或未找准市场的某种发明创造的可行性。Bhave(1994)将创业机会识别过程称为机会阶段,在内外部各种因素诱导之下,最初的创业构思被过滤或提炼成创业机会,创业者的社会背景在创业机会识别过程中也发挥着重要支撑作用。Schumpeterian(2003)提出,创业机会是被创造出来的而非创业者发现的,在创业机会被创造出来的过程中,创业者特质和动机是最为重要的力量,而个体知识扮演了重要角色。林嵩等(2007)提出,创业机会来源于供需均衡的各种因素,一方面,供给方的变化可能会对市场产生影响(比如新技术的出现和新生产工艺的开发等);另一方面,需求方的变化同样会带来许多创业机会(比如新需求的出现和需求方式的变化带来的赢利性等)。

可以看出,小微企业创业机会受到来自两方面的因素影响。外部因素主要体现为所处产业的均衡性不断被打破,存在供求矛盾(可以理解为机会的可行性)。内部因素是创业者的创造和创新行为,在其特质、知识、能力及自身所拥有的产业资源禀赋作用下,对创业资源的整合利用而创造出机会,或去发现供需中存在的矛盾(可以理解为赢利性)。据此,本研究认为,小微企业创业机会是指在产业内的社会经济活动过程中所形成和产生的有利于成功创业的关键因素,是一种带有可行性和赢利性,并能被创业者识别、开发和利用的契机。

2.4.2　小微企业创业机会基本特征

创业机会作为企业创办的原点,其所带有的异质性特征,不仅为每个潜在的和正在创业的创业者所关注,而且还是创业研究领域的热门话题。

(1)可行性和赢利性

创业机会应该是一个多维度结构,赢利性主要是度量在产业内出现的创业机会对小微企业所带来的赢利能力和规模,与相关利益者关系的紧密性;可行性主要度量产业内的新创小微企业实现创业机会赢利的把握度,即对成功开发机会的可能性。

(2)客观性和偶然性

创业机会是客观的,无论新创小微企业是否意识到,它都会客观存在于一定的市场环境之中。然而,对某个新创小微企业来说,创业机会并不是每时每刻都显露,机会的发现具有一定偶然性,关键是新创小微企业要努力寻找,从市场环境变化的必然规律中预测和寻找创业机会。

(3)均等性和差异性

创业机会在一定范围内对同类新创小微企业是均等的,但不同新创小微企业对同一创业机会的认识会产生差别。而且,由于新创小微企业的素质和能力不同,利用同一创业机会获益的可能性和大小也难免产生差异。另外,对某类新创小微企业来说是创业机会的环境变化,但对于其他新创小微企业则可能构成环境威胁。

2.4.3　小微企业创业机会开发利用的关键影响因素

创业机会开发利用的影响因素可分为两方面:一是内部因素,主要指的是创业者,包括个人和团队;二是外部因素,主要指创业机会开发利用的环境,包括技术环境、市场环境和政策环境。

（1）内部因素

① 创业者。创业者的人格特质是影响小微企业创业成败的关键因素，尤其是创业者的人品与道德观。在业界具有良好声誉，重视诚信、正直、无私、公平等基本为人处世原则的创业者，在识别创业机会方面通常都具有显著的加分效果。在创业机会识别的过程中，其主观识别的标准或个性化识别的标准一般包括目标和适合性、机会成本、正面与负面相关议题、欲望、风险与收益承受度等项目。小微企业创业过程中遭遇的困难与风险比较大，因此有必要了解创业者的创业动机，以判断其愿意为创业活动付出代价的程度。一般认为，创业机会与个人目标的契合程度越高，创业者的投入意愿与风险承受意愿就会越大，创业目标最后获得实现的概率也相对越高。因此，一个具有吸引力的创业机会，应该是与创业者的个人目标相契合的。

② 创业团队。创业团队特质和能力既包含团队的总体能力，也包含团队成员的生产及技术经验、正直性、个人诚信等方面。创业者与团队成员对于所要投入产业的相关经验、知识与了解程度的多寡，也会影响创业机会的识别。

（2）外部因素

影响创业机会识别的外部因素主要为环境，环境影响因素包括技术环境、市场环境和政策环境 3 个部分，其中任何一个环境因素或多个环境因素的变化，都可能对创业机会的识别造成影响。尤其是从经济转型的视角来看，政策、市场、技术等环境因素的一个或多个发生变化，就可能使经济体产生非均衡状态，从而产生创业机会。与发达经济体相比，由于转型经济体环境各要素的变化具有独有的特征，因此在转型过程中也将形成独特的创业机会。

① 技术环境。技术的进步难以预测，从某种意义上说，技术是变化最为剧烈的环境因素。因为技术的进步可以极大地影响到新创小微企业的产品、服务、市场、客户、供应商、竞争者、分销商、营销方法及竞争地位等。因此，创业者应对所涉及行业的技术变化趋势有所了解和把握，应考虑一定时间和空间的技术需求。技术需求作为人的技术活动的内部条件，引导和调节人的技术活动，创造新工艺和新产品，提高劳动生产率，满足人的物质生产需求。因此，无论是从质的方面，还是从量的方面，人的物质需求都将直接或间接地、历史或最终地转化为技术需求。

技术进步往往意味着创业机会的不断涌现。技术进步是人类社会不可逆转的趋势，它又包括技术变革、技术重新组合等，它们都可能让创业者识别某种创业机会。例如，当某一领域出现了革命性的新技术或新工艺时，这种新技术就会对旧的技术或工艺具有替代作用，而这种替代本身就意味着新的创业机会，创业者对这种新技术或新工艺的准确识别,是创业机会的重要来源。当市场上现有的技术通过新的组合方式得到新的运用时,往往也可能催生新的产品或服务,从而创造新的创业机会,如当年红桃 K 创始人在创业之初,就是运用了市场上早已存在的生命科学技术,对其进行新的组合,开发出了红极一时的红桃 K 补血新产品,获得了巨大的成功。

② 市场环境。在现有的市场中发现创业机会,往往是创业者最先做出的选择。这主要是因为现有市场是现实存在的,创业者能够通过自己的行动真实地感知和识别,从而使创业者有"逼真"的感觉,减少创业行动的盲目性。同时,对现有市场的深入分析和认识,有助于创业者降低对创业机会信息的搜寻成本,进而减少创业风险,增加成功概率。

市场环境的分析可以从市场开放程度和市场吸引力等方面来进行。市场开放程度对创业机会的影响主要有:第一,"市场上出现了与经济发展阶段有关的新需求",相应地,就需要有新创小微企业去满足这些新的需求,创业者可以识别出这些可利用的创业机会。第二,"当期市场供给缺陷产生的创业机会"。非均衡经济学认为,市场是不可能真正出现供求平衡的,总有一些供给不能实现其价值。因此,创业者如果能发现这些供给结构性缺陷,就可以识别出可利用的创业机会。第三,"从中外比较中寻找差距,差距中往往隐含着某种创业机会"。通过与先进国家或地区比较,看看他人已有而我们还没有的,没有的就是差距,其中就有可能识别某种创业机会。

市场吸引力是产品或服务在市场上吸引消费者、获得销售份额的能力。从消费者的角度看,产品的市场吸引力是其竞争能力的最主要标志,其衡量指标是性价比和满足个性化需求的程度。在一般情况下,产品的性价比是消费者购买决策的基础。特殊的消费者还要考虑产品满足其特定需求的性能,比如,高技术产品的市场吸引力表现为包括客户核心利益在内的主要功能与使用价值,与相关产品的适配性能——兼容性、模块化/集成化程度及歧异化产品在组装线和运输过程中的区分位置(区分延迟能力),改进、升级与换代的难易程度与成本,多功能兼容与新功能增值能力,使用与维护的便利性等 6 个方面,其中最重要的是对客户核心利益的满足与创造能力。

③ 政策环境。政策环境主要指政府的政策、法律法规、制度等相关因素。政府的政策规定、法律法规等都可能直接或间接地对创业机会的识别过程造成影响。介于政策的多元化,仅从创业政策的角度对政策环境进行分析。

创业政策的范畴涵盖从中央到地方,甚至国家以外的多级政府活动,支持创业意味着促进创造和创新,因此创业政策对创业机会识别影响包含两层含义:

一是定量方面,如激励更多的人创建小微企业、提高初创企业的存活率;二是定性方面,即塑造更好的创业环境,为新创小微企业提供更好的创业机会等。如何认识和把握国内外经济发展趋势与经济政策,是发掘和识别创业机会的关键方面。

2.4.4 小微企业创业机会来源

创业机会来源包括技术变革、社会和人口因素的变化、市场需求条件、产业差异等。

（1）技术变革

技术变革带来的创业机会,主要源自新的科技突破和社会经济的科技进步。一般来说,技术上的任何变化,或多种技术的组合,都可能给创业者或创业团队带来某种创业机会,具体表现在3个方面。

① 新技术替代旧技术。在某一领域出现了新的科技和技术突破,并且它们足以替代某些旧技术时,通常随着旧技术的淘汰和新技术的未完全占领市场而暂时出现创业机会。例如,当人类基因图像获得完全解决,可以预期必然在生物科技与医疗服务等领域带来很多的创业机会;又如随着健康知识的普及和技术的进步,围绕"水"就带来了许多创业机会,上海就有不少创业者加盟"都市清泉"而走上了创业之路。

② 实现新功能。创造新产品的技术出现无疑会给创业者带来新的创业机会,比如互联网的迅速发展伴随着一系列与网络有关的创业机会的涌现。

③ 创造发明。创造发明产生了新产品或服务,能更好地满足消费者的需求,同时也产生了新的创业机会。

④ 新技术带来的新问题。许多新技术的产生都有两面性,即在给大家带来某种新的利益的同时,也会带来某些新的问题,这就会迫使创业者为了消除新技术的某些不利影响,再去开发新技术并使其商业化,比如汽车的消声器和楼房的避雷针,这也会带来新的创业机会。技术变革使人们可以从事新的事业或者以更有效率的方式从事以前的事业。研究发现,小规模、个性化生产的柔性制造技术和数字技术更适合于小微企业的建立。

（2）社会和人口因素的变化

社会和人口因素的变化同样会创造出创业机会。市场需求是不断变化的,不同阶段的社会和人口因素变化会产生相应不同的市场需求。随着当前社会和经济发展的加快,这种社会和人口因素变化带来的市场需求更加明显。社会和人口因素是紧密相连的,有时社会文化的变革也是创业机会生成的引擎,比如随着中国国家实力的不断增强,中国文化产业的相关市场也相应地蓬勃发展起来,越来越多的其他国家的人开始学习太极拳、中医等,唐装、中餐和中国结等中国文化产品在国外的市场规模也越来越大。

社会和人口因素的变化影响了消费者对产品和服务的需求,而这种需求的变化就生成了创业机会。例如,欧美人口逐渐减少的趋势引发了国外一些大学吸收来自发展中国家的留学生的需求,从而产生了一些针对国际学生的服务项目。

社会和人口因素的改变也生成了针对新的市场需求所要求的新问题解决方案,这些方案会比现有方案更加有效。如西方国家的母亲节、情人节、圣诞节等节日,也越来越多地渗透到中国人的生活中,并逐渐成为年轻人追求的一种时尚,从而生成了或将要产生出许多新的创业机会。

(3)市场需求条件

市场需求条件表现为某个产业里消费者对产品和服务的偏好特性。市场需求条件产生的创业机会,通常有以下 4 种。

① 新需求。市场上产生了与经济发展阶段相适应的新需求,相应地,就要有新创小微企业去满足这种新的市场需求。

② 市场供给缺陷。非均衡经济学认为,市场供给是不可能真正地完全均衡的,总会有一些市场供给不能充分满足,因而,如果创业者能够发现这些市场供给的结构性缺陷,同样也能找到可资利用并成功创业的机会。

③ 先进国家(或地区)产业转移。从历史上看,世界各国、各地区的社会经济发展进程有快有慢,即便同一国家的不同区域的社会经济发展速度也不尽相同。因而,一个发展的级差在发达国家或地区与不发达国家或地区之间就产生了,当这个级差大到某种程度时,由于国家或地区相互之间存在一定的成本差异,再加上社会经济发展到一定程度时,诸如环境保护等问题往往会先被发达国家或地区提到议事日程上来,发达国家或地区就会向外转移某些产业,这就有可能为不发达国家或地区的创业者创造新的创业机会。

(4)产业差异

研究发现,创业者生成小微企业的能力在不同产业中是有较大差异的,形成这些差异的原因通常包含 4 个方面:产业生命周期、知识条件、产业结构和产业动态性。

① 产业生命周期。新创小微企业在产业的成长期比其在产业的成熟期表现通常更好。彼得·德鲁克认为 20 世纪末的成长性产业主要包括卫生保健、教育和休闲产业,21 世纪的成长性产业主要是金融服务。小微企业创业者可以更有倾向性地选择这些产业来创业。

② 知识条件。知识条件表现为某个产业中支持产品和服务形成的知识类型。产业知识条件中有 3 种类型对新创小微企业有利。第一，创新源促进小微企业的创造。由公共机构(比如政府部门、大学、科研机构等)组织生成新技术的产业比由企业组织生成新技术的产业通常会形成更多的小微企业，其中一个原因是大学、政府部门等公共机构对知识外溢并不敏感。第二，具有更高研发强度(单位销售额中企业投入的研发费用，可用来表明企业在新知识创造方面的投入)的产业通常更有利于小微企业的生成。第三，创新过程的性质影响小微企业的形成。如果创新和新技术开发要求有较大的资金投入和业务规模，那么往往只有成熟的大型企业才能进行，汽车产业是其中的典型代表。相反，在一些诸如软件这样的产业，对初始规模要求很低，新创的小微企业在这些产业里则具有很好的生存能力，能比大企业提供更灵活的服务。

③ 产业结构。不同的产业结构具有不同的发展空间，决定了进入某个产业的小微企业实施不同的经营决策和行为，并最终导致不同的经营绩效。由此可见，在选择创业机会的过程中，对于产业结构特征的准确判断尤为重要，"男怕入错行"，如果对于产业结构出现了错误的判断，必将导致创业所进入的产业空间变得狭隘，成功概率下降。从某种程度上说，选择一个合适的市场或产业作为创业的方向，是创业成功的重要保障。

④ 产业动态性。动态性的产业一般是指技术变革速度较快的产业，如 IT 产业等。通常，成长或动态的产业能创造出更多的创业机会，催生出大量新创小微企业。

总的来说，对新产品(或新服务)、新原料或新管理方法的发明、探索和创造催生出大量的创业机会，它有别于一般性的基于提高现有产品、原料和管理方法的效率和效果的获取手段。它需要创业者更多地注意、预测和分析动态的技术、人口、政策和需求等的变化规律，从这些复杂、不确定的社会经济变化中发掘创业机会信息，从而确定能与之匹配的机会类型。

第3章 小微企业创业外扶要素和机制的理论研究

3.1 小微企业创业基地

3.1.1 小微企业创业基地定义

创业基地的概念最初多见于政府机关的文件中,比如国家工信部中小企业司在2007年下发的文件《关于印发支持中小企业技术创新的若干政策的通知》中指出"各地可利用闲置场地建立小企业创业基地,为初创小企业提供低成本的经营场地、创业辅导和融资服务",2016年下发的文件《国家小型微型企业创业创新示范基地建设管理办法》中指出"国家小型微型企业创业创新示范基地(以下简称示范基地)是经工业和信息化部公告的小型微型企业创业创新示范基地,是由法人单位建设或运营,聚集各类创业创新服务资源,为小微企业提供有效服务支撑的载体和场所。示范基地具有基础设施完备、运营管理规范、商业模式清晰、创新链完整、产业链协同、服务功能齐全、服务业绩突出、社会公信度高、示范带动作用强等特点"。浙江《关于开展小企业创业基地试点工作意见》中指出创业基地的定义是"以工业园区和工业区块为依托,采用市场化运作的方式,规划集中建造一批或利用一批规模较大的旧场地,或集中规划一个培育区块为小企业创业提供小额工业用地,通过厂房低价租赁和优惠土地价格及提供优良服务等,对小企业进行培育"。江苏省经贸委在2008年下发的文件《关于印发〈关于加快全省小企业创业基地建设的意见〉的通知》中指出,小企业创业基地是指"政府或社会投资兴建,为创业者或初创企业提供生产经营场所、配套公共设施和相关服务,具备孵化与培育企业功能的特定区域"。

结合上述定义,本书将小微企业创业基地定义为:由政府统筹规划布局,政府或社会组织投资兴建,为初创小微企业提供价格优惠的生产经营场所、公共配套设施和相关公共服务,有效降低创业成本和创业门槛,提高创业成功率,集经营性和公益性于一体的综合载体。

3.1.2 小微企业创业基地功能

一般来说,创业基地可以为创业基地内小微企业提供的服务项目分为厂房设备服务、一般商业服务、专业商业服务、管理支持服务等四大类。叶文(2000)等认为与创业基地类似的孵化器主要提供综合性基础设施、资金支持、良好的创业环境、完善的咨询培训服务共四项功能。马金城(2009)通过与美国企业孵化器所发挥的功能比较,认为我国小微企业创业基地的功能过于单调,提出了要充分考虑各地区产业环境特点,突出区位优势,并且表示综合服务、增值服务、虚拟服务、平台服务等方面的功能是小微企业创业基地功能改进的重点。

从宏观层面来看,小微企业创业基地的设立一方面可以带动地区创业就业,另一方面对地区经济发展、维护社会稳定也发挥着一定的作用。此外,创业基地作为一种孵化和培育新创小微企业的平台组织,这个平台组织中的小微企业自身也具有一定的社会化网络,围绕这个社会网络,可以将其他企业、第三方服务机构、大学科研机构及政府机关等有机地连接在一起,从而更好地促进彼此之间的互惠合作。从微观层面来看,创业基地可以为创业者提供创业初期急需的场地和设备等,帮助创业者快速高效办理企业成立的一系列相关手续,解决有志创业者的后顾之忧。

小微企业创业基地要想得到良好的运作,在日常的经营管理中必须遵循一套规范的科学管理体系。这套管理体系以入驻小微企业为核心,关注的焦点是创业基地所提供的服务如何更好地满足和保证小微企业的服务需求。从小微企业进入创业基地到培育完成整个阶段,创业基地的运营机制应该包括筛选机制、融资机制、收益机制、激励机制和毕业机制,而从创业基地建设的现状及存在问题来看,缺乏一套行之有效的运营机制正是阻碍创业基地提升培育水平、提高培育效率的关键。因此,在理论上对小微企业创业基地的运营机制进行整体的规划,十分有必要。

3.1.3 小微企业创业基地运营机制

(1)培育机制

分析创业基地的运营机制,首先要对创业基地的培育机制进行设计。创业基地的培育机制是指小微企业从进入创业基地开始,在创业基地内部接受创业培育,到最后完成培育退出创业基地的整个过程,如图 3-1 所示。

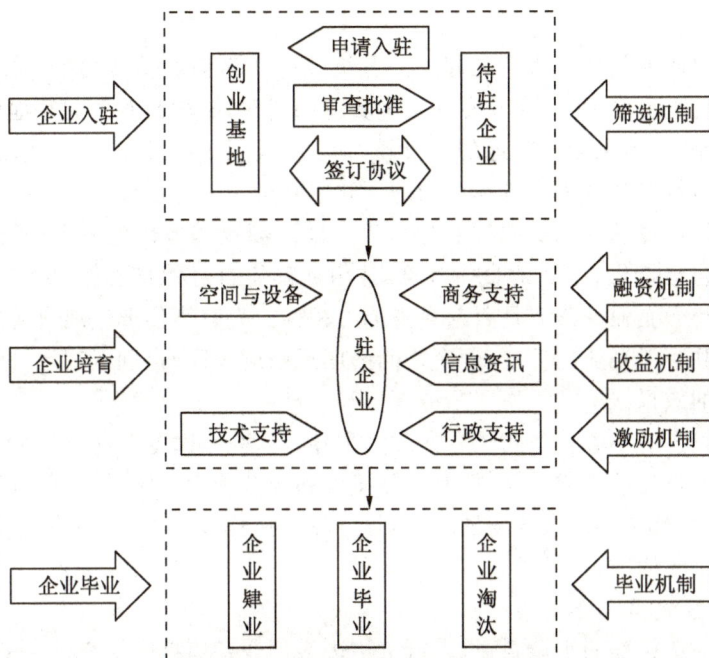

图 3-1 小微企业创业基地培育流程

如果把培育看成是一种帮助小微企业成长的运作机制，创业基地就是执行培育机制的社会组织。这种运作机制的初级形态是为入驻小微企业提供一些硬件设施和优惠政策，比如办公场地和办公设备等；中级形态是为入驻小微企业提供一些与创业者有关的中介、培训和管理服务，比如法律服务和管理咨询等；高级形态是形成创业基地自身的商业运作模式和企业文化，使创业基地和入驻小微企业能够形成良性的互动成长。一般来讲，这三种形态是随着创业基地的实践发展过程而逐步出现的，并且高一级形态包含低一级形态的功能。

（2）筛选机制

入驻是小微企业在创业基地中接受培育的第一步。但是由于新创小微企业往往具有很大的风险性，同时创业基地本身的容纳能力和培育能力有限，因此，创业基地在选择入驻企业时必须进行严格的筛选，这不仅是保证培育质量的条件之一，也是保证资源有效使用的重要前提。创业基地的筛选机制，可以从筛选标准和筛选流程两个方面进行分析。

1）筛选标准

创业基地在选择入驻企业时，必须从政府、自身及小微企业 3 个角度去设立筛选的标准：

一是以政府的硬性规定为起点。各级政府作为创业基地的主导创建者，在对创业基地进行政策、税收及专项资金支持的同时，必然会对创业基地的经营行为做出限制，以确保创业基地的发展符合地方、国家的大方向。因此，创业基地只能在政府规定的范围内选择相应的入驻小微企业进行培育。

二是以创业基地自身的核心能力为基础。创业基地作为一个经营机构，首先要清楚自己能做什么，适合做什么，并由此确定自身的核心能力，在此基础上分析入驻小微企业的需要是否与自身能力相称。只有当创业基地自身的能力能够满足入驻小微企业的需要，两者之间的匹配程度较高时，创业基地的培育才能取得较大的效果。

三是以入驻小微企业的综合素质为主导。入驻小微企业拥有自主知识产权或有市场前景的技术或产品，拥有产品研发和经营管理团队，拥有可以赢利的商业模式，这些都是小微企业发展壮大不可或缺的要素，也是评价入驻小微企业发展前景的重要标准。

2) 筛选流程

满足筛选标准的小微企业，才有资格进入创业基地接受培育。一般来讲，创业基地筛选入驻小微企业应该按照以下 3 个步骤进行：

第一，企业提出申请。创业基地应备有一套"进驻指南"，详细介绍创业基地的性质、任务、对入驻小微企业的要求、申请者应提交的文件、租金标准等，供小微企业查询。符合筛选标准的小微企业，按照"进驻指南"的要求，向创业基地提交一份入驻申请，内容包括企业的基本情况和技术水平、项目开发状况、市场前景、法人情况等，以及对创业基地的要求，如用水、用电、办公设施及其他软硬件服务要求。

第二，创业基地对企业进行评估。根据申请企业提交的材料，创业基地组织专家对企业的下列内容进行评估。

技术评估：入驻小微企业的技术是否切实可行，是否符合国家制定的政策要求，科技成果不能有知识产权纠纷。

经济评估：一是资金评估，即入驻小微企业是否有适当的注册资金，是否有补充资金的渠道；二是财务评估，即评审入驻小微企业的财务规划、项目投产后的年产量及利润计划；三是无形资产评估。

市场评估：评估入驻小微企业拟开发产品的市场需求、销售渠道及价格情况等。

第三，签订培育协议。经过评估后，获准入驻的小微企业和创业基地签订协议。协议的文本应包括培育协议书、房屋租赁协议书、安全责任书等。双方签订协议后，入驻小微企业按照约定支付租金，创业基地将场地交付小微企业使用并提供相应的服务，入驻小微企业正式开始经营。

（3）融资机制

对于成功通过筛选进入创业基地进行培育的入驻小微企业来讲，这只是迈开了万里长征的第一步，接下来更为重要的是借助创业基地的设施、人力、服务等资源实现自我成长。与传统企业不同的是，入驻小微企业最主要的资源是它所掌握的智力资源，其固定资产和流动资产的数量相对较少，处于初创期的入驻小微企业在技术和市场方面面临的风险都很大，主流融资渠道处于隔离状态，这是小微企业最需要资金却又最难得到资金的时期。因此，各类创业基地应根据各个小微企业的实际情况，为其灵活地提供资金的融通服务，帮助小微企业顺利度过初创期进而得到发展壮大。

一般来讲，创业基地的融资渠道有以下 4 种：

一是政府支持资金。各级政府作为创业基地的主导创建者，会对创业基地投入一定的科研经费和培育种子基金，并实行特殊的财政优惠政策和税收政策。虽然各级政府资金的投入数额不大，但对初创小微企业在资金紧缺时，能起到事半功倍的效果，对小微企业今后的发展壮大产生积极的推动作用。

二是创业基地"自身造血"。对于大多数创业基地而言，在发展的初期，不具备直接投资的能力。但随着创业基地的发展壮大及其自身实力的增长，创业基地可以利用自身的资金积累从事入驻小微企业的融资活动。

三是商业银行的贷款。随着国家和省里对创业基地的重视，对小微企业的关注，央行的信贷政策鼓励商业银行增加对小微企业的贷款。商业银行逐渐走进小微企业，推出针对小微企业的金融业务品种，对处于初创期的小微企业起到了很好的扶持作用。

四是风险投资公司的投入。风险投资一般是由若干个投资者以集合的投资方式设立"母基金"，"母基金"委托专业性的创业投资公司进行管理和运作。创业投资公司会去主动寻找那些处于种子期或初创期的小微企业，或者负责审查主动联系的小微企业，对具有发展潜力的项目或企业提供权益性资本（指投资方能够参与公司管理，对经营决策有投票权的资本），并通过资本经营服务直接参与企业创业的过程。在创业基地进行培育的小微企业相对具有较好的发展前景，因而风险投资也是创业基地的一个重要融资渠道。

（4）收益机制

虽然创业基地在各级地方政府的主导下建立，是以扶持初创小微企业成长为目的的公益性组织,其本身的运营不以赢利为目的,但维持创业基地的日常运作需要大量的资金,如办公费用、服务设施费用等,创业基地只有在保证自身生存和发展的前提下,才有可能培育出健康的具有成长性的小微企业,才能实现其建立的目标。同时,通过经营实现赢利,能够激发创业基地管理者的积极性,从而增强培育功能,提高培育效率,实现创业基地的可持续发展。因此,创业基地必须建立合理的收益机制,其收入来源可以分为基础服务收入、政府拨款收入、财政返还及税收优惠收入、投资收入和对外部企业的服务收入。

① 基础服务收入。基础服务收入是指创业基地通过向入驻小微企业提供基础性服务所获得的收入,包括租赁场地收入、管理费收入等。这类收入是创业基地建立初期的主要收入来源之一,但是由于基础服务的附加价值低、增长空间有限,同时出于扶持新创小微企业的目的,这类基础性服务的定价不可能太高,因此创业基地依靠基础服务所获得的收入非常有限。

② 政府拨款收入。由于创业基地是在各级政府的主导下建立的,在建设初期,能从各级政府方面得到一定的启动资金。同时,由于创业基地的公益性,也可以定期得到政府或上级单位的拨款和扶持基金,用于创业基地的日常运营和人员开销。政府拨款收入虽然来源稳定,但是由于政府的财政能力有限,不可能对创业基地进行持续的、大规模的资金支持。

③ 财政返还及税收优惠收入。创业基地吸引小微企业入驻进行生产经营活动,从而增加了当地的财政收入。因此,为了认可和鼓励创业基地,地方财政一般都会将入驻小微企业的纳税贡献按一定比例返还给创业基地,同时创业基地也能享受到地方财政给予的自身房产税返还收入、自身所得税返还收入及差额租金补贴等税收优惠政策。在创业基地建立的初期,由于入驻小微企业的不成熟,纳税规模有限,所以创业基地所能实际获得的财政返还和税收优惠收入有限。但是,如果入驻小微企业在创业基地的强力支持下迅速成长,其纳税规模会明显增长,创业基地所能得到的财政返还及税收优惠收入也就越多。因此,此项收入是创业基地发展成熟后的重要收入来源。

④ 投资收入。对于具有较大发展潜力且具有高成长性的技术项目或初创小微企业,创业基地可以以提供特殊的专项服务的方式取得小微企业的股份,或者直接出资购买小微企业的股份。随着小微企业的成长,创业基地既可以得到企业分派的红利收益,也可以通过出让股份取得资本收益。这种收入方式是创业基地的长期收益机制。

⑤ 对外部企业的服务收入。创业基地所服务的对象不仅包括在其内部进行培育的小微企业,也应包括创业基地外部的企业。外部企业主要有两种:一

种是不能进入创业基地进行培育的新创小微企业,这类企业由于受到某些因素的制约无法通过创业基地的筛选,但是创业基地扶持初创小微企业的各项措施却是其所需的,因此创业基地可以向该类企业提供服务以获得一定的收入;另外一种是已经毕业的企业,该类企业由于早期在创业基地内部形成的经营管理习惯,在毕业后还是需要创业基地提供技术、管理、营销等方面的支持,从而为创业基地带来一定的收入。这种收入方式是创业基地的额外收益机制。

(5) 激励机制

人力资源是知识经济时代最重要的资源,对于创业基地来说,积极有效的人才激励和考核机制,是吸引优秀人才和留住优秀人才投身创业基地事业重要的一环。

1) 员工激励

创业基地对入驻小微企业的培育都是通过创业基地内部员工向入驻小微企业提供相关服务措施来实现的。对员工进行激励的目的是为了激发他们的工作热情,以便于向入驻小微企业提供更优质、更高水平的培育服务。同时,在创业基地的运营管理中,每个人承担着不同的任务,扮演着不同的角色,需求也不一样,所以对不同的员工应采取不同的激励方式。

① 对关键员工的激励。关键员工包括创业基地的主管人员、部门主任等高级管理人员,以及技术专家、营销专家、法律专家等提供专业服务的技术性人才。前者的工作涉及创业基地的日常经营状况,后者的工作对创业基地提供给入驻小微企业的专业性服务的水平有很大的影响。因此,除了一般的加薪、升职、精神奖励之外,还可以给予两者一定的股权收益予以激励。如前文所分析,创业基地占有入驻小微企业的股份而取得的投资收入是创业基地的长期收益机制。因此,对于高级管理人员和技术性人才的股权激励,既应包括创业基地的股权,也应包括入驻小微企业的股权。这样,就使得创业基地的高级管理人员和技术性人才的收入与创业基地的运营绩效及入驻小微企业的培育绩效结合在一起,创业基地运营的效果好,入驻小微企业发展得顺利,他们就可以得到较高的收入,从而能够激发他们的工作激情和服务热情,在探索创业基地优化管理的同时,能够保证向入驻小微企业提供高质量的服务。

② 对一般员工的激励。一般员工是指处于基层地位,从事维持创业基地日常运作的具体工作和向入驻小微企业提供非技术性支持服务的创业基地员工。对于一般员工的激励,应从以下几方面考虑:一是推行绩效管理,以员工的业绩作为员工加薪、晋升的标准;二是造就人尽其才的环境,给予员工充分的发展空间,激发他们的工作热情;三是营造温馨、融洽的人际氛围,激励员工的奉献精神。

2）员工考核

有激励机制就要设立相应的考核机制。对员工进行考核的目的主要有两方面：一是为了检查员工胜任工作的情况。如果员工达不到本岗位的考核标准，说明员工不适合该岗位的工作，不能完成在该岗位上对新创小微企业的扶持任务，需将其换岗或辞退，让其他适合该岗位工作的员工接替。二是为了加强激励机制的实施效果。通过考核，对成绩好的员工通过精神奖励（晋升、嘉奖等）及物质奖励（加薪、股权等）的方式加强激励，提升其工作热情，更好地为入驻的新创小微企业提供各类创业服务。

同时，对员工的考核要更加注重来自入驻小微企业的意见。创业基地建设的目的是为了扶持新创的小微企业，一切工作中心都是围绕如何促进新创小微企业的发展。创业基地工作开展得有没有效果，关键就是看入驻小微企业能否在创业基地的扶持下有更好的经营绩效。因此，对员工进行考核，除了内部评价的方式外，还应提升入驻小微企业对员工评价在考核体系中的比重。

（6）毕业机制

创业基地的主要任务是对新创的小微企业进行扶持。当小微企业的生产、经营步入正轨，有能力自立时，就应该离开创业基地去谋求更大的发展。这样不仅有利于后续的新创小微企业进入创业基地接受培育，也有利于创业基地通过股权回购或股权转让的形式实现其收益。

1）毕业企业分类

并不是所有的入驻小微企业在离开创业基地的时候都能称之为毕业，有些只能称其为肄业或者淘汰。

一是毕业企业，是指在规定的培育期内完成了既定的培育目标，并且通过了创业基地毕业标准的考核的企业。严格来讲，只有这类企业才能称为创业基地的毕业企业。二是肄业企业，是指在创业基地内经过一段时间的培育，没有达到毕业企业的标准就离开创业基地的企业。企业肄业有两种情况：在培育期限内，入驻企业主动离开创业基地，经审核未达到毕业条件，根据双方入驻前的有关规定，办理离开手续；到达约定的培育期后，小微企业未达到毕业的标准，但双方都认为没有继续接受培育的必要，小微企业离开创业基地。三是淘汰企业，是指小微企业由于自身在资金、开发、管理、信誉等方面的重大问题被创业基地依照有关规定，淘汰、清理出去的小微企业。淘汰的目的是为了腾出培育场地，优化创业基地的培育结构。

2）毕业标准

目前,对于小微企业培育成功的衡量,尚没有统一的标准,但可以从以下 5 个方面加以考核:

① 培育时间。创业基地内小微企业的培育时间一般以 3 年左右为宜。一个小微企业组建之后,从具体科研成果到商品形成要有一个开发过程,经过市场反馈后,产品要不断完善,企业内部管理也要不断完善,这一般最少需要两年左右的时间。在实际运作中,一般将培育期规定为不超过 5 年。当然,培育时间并不是一个固定的规定,创业基地可以根据自身和入驻小微企业的特点进行协商。

② 成果商品化。在培育期内,入驻小微企业应该完成科技成果的转换,制成样机或样品。企业内部的技术人员和开发人员在完善产品的过程中对市场有了进一步认识,有能力开发系列产品或其他新产品,使企业得以不断有新产品投入市场。

③ 相当稳定的市场。小微企业离开创业基地之前,应在某一行业或地区有了一定的知名度,其产品的销售有了比较固定的渠道,销售网络初步建立。

④ 管理完善。创业基地内的企业创业者对所从事技术、经营领域相关的法律法规比较熟悉,企业的各项制度,包括财务制度、用工制度等都已建立,制定了切实可行的企业发展计划。

⑤ 资金充裕。经过几年的运转,创业基地内的小微企业的资金有了积累,可以扩大生产规模,或者有了一定数额的固定资产可用于抵押贷款,或是有了有效的筹资渠道,为规模发展准备好了条件。

3.2　小微企业公共服务平台

要使公共服务平台很好地发挥服务小微企业的职能,并在原有的中小企业服务体系基础上有所提升,其除了要有完善的物质基础、设备设施投入外,还需要有引导公共服务平台的有形“硬件”充分发挥作用的能动因素,即运行机制。把这两者结合起来,才能真正地有效运营一个为小微企业提供所需服务的公共服务平台。本书在对江苏省企业公共服务平台进行实地调研的基础上,结合我国企业公共服务平台的发展概况及存在问题的梳理,从理论上为其设计运行机制。本书认为公共服务平台的公益性特征及运营的实际需要要求其运行机制不仅包括自身视角的组建机制、功能定位、资源保障机制、经营管理模式、收益机制,还要包括在政府层面的认定机制、评估机制等。

3.2.1　小微企业公共服务平台内涵

现有的关于企业公共服务平台的文献比较少,在这些较少的文献中,主要以研究科技研发类公共服务平台为主。学者们在对科技公共服务平台、研发公共服务平台进行研究时,所用的定义主要是引自刘继云(2005)和蒋坡(2006)的概念界定。刘继云(2005)对科技研发公共服务平台的定义强调了政府在构建公共服务平台过程中的职责,蒋坡(2006)所给的定义主要强调的是科技公共服务平台的功能和作用。然而公共服务平台的功能并不只是局限在对小微企业的技术支撑上,还包括对小微企业在发展过程中的运营管理、市场开拓、人力资源、技术援助、投资融资等方面的服务支持,所以一些学者在对部分针对小微企业的专业性或综合性公共服务平台进行研究时也给出了相应的内涵界定。公共服务平台不仅包括科技研发类公共服务平台,还有科技创业公共服务平台、人力资源公共服务平台、文化创意产业公共服务平台、财务咨询公共服务平台等。夏太寿和倪杰(2006)、程正中(2008)、颜毅(2007)、缪蓓蓓和谢富纪(2009)所给的定义都指出了在构建公共服务平台之时有必要对已有服务资源进行整合。刘继云(2005)在定义中指出,科技研发公共服务平台的实质是物质和信息保障服务系统,公共服务平台的载体形式既可以是物质实体平台也可以是网络平台;程正中(2008)也指出了公共服务平台既可以是物质平台,也可以是信息服务平台;王惠舫(2009)和颜毅(2007)更多的是对网络平台的强调;缪蓓蓓和谢富纪(2009)则关注完善基础设施建设,更为重视物质平台。

综合学者们和工信部、发改委等部委的发文中有关企业公共服务平台的各种定义,可以得到两点一般性启示:① 公共服务平台的依托载体有3种情形,一是以有形的办公大楼作为与外界联系窗口的实体平台;二是利用现代信息技术搭建的网络平台,以虚拟平台的方式运转;三是物质平台和虚拟平台相辅相成、协调一致为小微企业服务。② 公共服务平台不仅包括科技研发类的公共技术服务平台,一些地区根据当地战略性支柱产业的发展要求或现有的优势服务资源而搭建培育的一些公共服务平台只提供某一领域内或是有关特定行业的专业性服务,或专业性服务是其提供的主要特色服务,也有的公共服务平台提供综合性服务。

3.2.2 小微企业公共服务平台特征

在搜集回顾公共服务平台的相关文献时,发现有一些文献总结了公共服务平台的特征。夏太寿和倪杰(2006)认为区域科技创业公共服务平台的特征是基础性、公共性、非营利性、共享性、协调性、开放性、特色性、综合性。他们认为区域科技创业公共服务平台提供的主要是经营场地、网络设施、创业指导等基础服务,所以具有基础性;公共服务平台的搭建以政府为主导,因此具备公共性特征;平台为小微企业提供低收费或免费创业服务,从而具有非营利性特点;公共服务平台的资源在承建单位、合作单位、创业企业间进行共享,具有共享性;公共服务平台与子平台之间等需要进行协调,所以具有协调性;平台不仅对本区域内的科技型企业服务,还为区域外的科技型小微企业服务,因而具有开放性;因为区域间经济、服务能力、小微企业发展状况的差异,公共服务平台有地区的特色性;公共服务平台是多主体、多需求、多因素的,所以具有综合性。程正中(2008)在对文化创意产业公共服务平台进行研究时指出,共享性是平台的本质属性,它是供应共享服务的物质或非物质载体。曹徐升(2008)认为科技研发公共服务平台具有公益性、专业性、综合性特点,他认为政府是平台的建设主体的同时,还鼓励社会其他力量的参与,所以具有公共性;公共服务平台在某一专业领域内开展服务,具备专业性特征;公共服务平台具备公共物品属性,需满足不同主体对服务的多元化需求,因而是综合性的。王嘉鎏(2009)指出科技服务平台是公益性的,但也具竞争性。其认为公共服务平台不能一直依赖于政府的支持,而应以自身竞争优势吸引客户,从而具有竞争性特点。缪蓓蓓和谢富纪(2009)在研究区域公共服务平台研发资源共享的有效性时,在定义中指出其具有公益性、开放性特征。

　　目前对公共服务平台的特征还没有一致性的定论,本书通过整合各位学者的观点及前述的各位学者对公共服务平台内涵的相关界定,认为公共服务平台具有公益性、开放性、共享性的基本特征。政府资源(补贴或优惠政策)介入公共服务平台的筹建和发展过程中,这些资源具有明显的公共属性,再加上平台是面向广大小微企业的,具有公共的基本属性,这也是公共服务平台冠以"公共"的由来,因为平台的"公共性",公共服务平台的运行是以非营利原则为指导的,所以公共服务平台具有公益性的特点。公共服务平台不仅自身拥有物质条件、信息资源、智力资源为小微企业提供服务,同时还能联结科研机构、企业、高校等合作单位组成服务支撑网络对外共享仪器设施等资源以满足小微企业的各种需求,这体现了公共服务平台是一个开放性的"基础构件",若匹配开放性连接标准,能为小微企业提供所需的服务就可以与这一基础平台联结组建合作网络,这不仅充分体现了"平台"的基本属性,也说明了公共服务平台的开放性特征。不仅公共服务平台所在区域内的企业可以寻助于公共服务平台,相对落后地区的企业也可以利用现代信息传播技术使用公共服务平台提供的服务支撑,同时,大型企业也可以利用公共服务平台提供的服务与资源,甚至接受服务的企业既可以是平台的客户也可以是平台的合作单位,这体现了公共服务平台的共享性特征。

　　基于公共服务平台的概念综述和得到的一般性启示,以及根据各位学者的观点所总结的公共服务平台的基本特征,本书在对企业公共服务平台进行研究分析时,选择工信部、发改委等部委《关于促进中小企业公共服务平台建设的指导意见》中的有关定义,即按开放性和资源共享性原则,为小微企业提供信息查询、技术创新、质量检测、法规标准、管理咨询、创业辅导、市场开拓、人员培训、设备共享等服务的实体。这一定义强调公共服务平台的运营主体是法人实体,包含了3种情形的公共服务平台依托载体;同时,这一定义既包含了提供某一专业服务的公共服务平台,也包括提供某些服务的综合性公共服务平台机构;该定义对开放性和资源共享性原则的指出与本书整合的公共服务平台具有公益性、开放性、共享性的基本特征最为接近。

3.2.3　小微企业公共服务平台功能定位

（1）单一特色功能

结合区域和公共服务平台的实际情况,公共服务平台可以定位为单一职能,为小微企业提供某一方面的服务,如人力资源服务、市场开拓服务、信息查询服务、管理咨询服务、投融资服务、创业辅导服务等。公共服务平台根据区域内少数小微企业的需求,或是在服务过程中公共服务平台的资源、能力可以同时满足小微企业的其他服务需求的情况,公共服务平台也可以适当辅助性地开展相应业务,如创业辅导公共服务平台可以为当地的小微企业提供投融资业务,公共技术服务平台除了为小微企业提供技术创新、工艺创新、产品创新支持外,服务内容还可涉及小微企业转型升级咨询、管理咨询等,促进小微企业的商业模式创新,只是技术服务是其主要的特色服务。功能定位为单一特色服务的公共服务平台,在某一服务方面的专业性,使平台易于塑造服务品牌、开拓市场,服务更多的小微企业。

（2）综合功能

综合性的公共服务平台,如依托某一行业的公共服务平台,提供的主要服务内容涉及市场开拓、创业辅导、技术创新等服务的两种及以上。综合性公共服务平台在虚拟载体上的线上服务负责咨询、信息发布、客户沟通、服务跟踪,在办公场所实体平台形式下解决在线服务无法满足的服务需求。提供综合性服务的平台所覆盖的小微企业面更广,容易产生较大的社会效益及影响力,但是对公共服务平台本身的能力要求也更高。

3.2.4　小微企业公共服务平台运营机制

（1）组建机制

① 发起方式。小微企业公共服务平台的公益性特征及非营利性要求,决定了其是以政府为主导发起的,所以公共服务平台在目前的发展阶段,是在国家、省（区）、市（县）、甚至乡镇中小企业管理部门的政策引导下进行的。各级政府提

供的政策引导应该包括政府拨款、各项补贴、税费减免等,激励政府有关部门、中小企业服务机构、科研院所、行业协会、管委会等根据小微企业的实际需求、当地优势资源及产业集群、园区基地、地区特色产业,通过新建、改建、申请认定的方式,承建公共服务平台项目,并由政府注入公共资源。公共服务平台可由不同机构整合各自优势联合承建,或是某机构单独发起建设,组建企业法人、事业法人或是社团法人进行独立运行,以保持经营的灵活性。

　　② 载体形式。从小微企业公共服务平台的理论研究和发展现状来看,它对外提供服务的载体既可以是具有服务场地的实体办公场所,也可以是运用网络技术的虚拟平台,或者两者皆有,形成实体服务资源与虚拟服务系统的协同服务。区域内、区域间小微企业公共服务平台网络化发展趋势、服务机构之间资源共享协同服务及服务平台自身市场开发的需要,使得运用现代信息技术的虚拟平台应该是公共服务平台所具备的载体形式,以形成小微企业服务网络的互联互通和一体化建设。如图 3-2 所示,对于只提供信息查询服务、管理咨询服务的咨询类公共服务平台可以只采用虚拟平台为服务载体,用以发布信息、提供在线服务等,这样能节约实体资源,提高虚拟资源的利用率,并拓宽服务的小微企业群体,对其提供即时服务。而对提供创业辅导服务、技术创新服务或者综合服务的公共服务平台则要求虚拟平台和实体平台两种载体形式并重,虚拟平台载体用来发布信息,解决小微企业在线服务就能满足的需求,以及在实体平台载体形式下进行线下服务的前期沟通与后期反馈,从而降低小微企业接受服务的成本,使更多的小微企业购买服务。

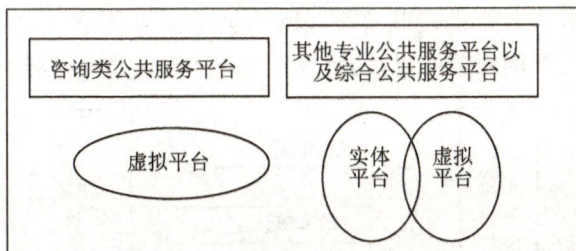

图 3-2　小微企业服务网络的互联互通和一体化

　　③ 融资机制。政府在公共服务平台的整个生命周期中都发挥引导作用,为其注入公共资源,并指导其运行。但是,从政府公共资源介入程度的角度,本书将公共服务平台区分为两类:一是市场主导下的公共服务平台,由民间企业、以市场为主导的行业协会、以民间企业为依托的现有服务机构新建或改建,并由政府相关机构认定为公共服务平台;二是政府主导下的公共服务平台,由政府相

关部门或以政府为主导的行业协会、已有服务机构新建或改建。两类公共服务平台在服务市场打开后的后续营运资金以自筹为主，以尽量保持公共服务平台在经济上的独立性，激励公共服务平台提高服务绩效并获得更多的收入，而政府财政则给予适当的支持资金补贴、税费减免及其他优惠政策，以保障公共服务平台的公益性特征，并保持公共服务平台为小微企业提供优质服务的积极性。

（2）认定机制

不管是在政府主导下由政府相关机构或以政府为主导的服务机构新建、改建的公共服务平台，还是以民间企业为背景的服务机构或民间企业本身新建、改建的公共服务平台，都与政府有一定的联系，它们都由政府相关主管部门认定为"公共服务平台"。从图 3-3 可以看到，申请是由服务机构自愿提出的，政府相关主管部门审核通过后会注入配套资金、补贴等公共资源，并享受当地给予公共服务平台的优惠政策。

新建或改建的公共服务平台，应在搭建与改建之前向主管部门提出申请，在审核通过之后，在主管部门的指导下进行搭建与改建工作。现有的服务机构自愿申请为公共服务平台的，直接向政府主管部门提出申请，在审查通过之后注入公共资源成为公共服务平台，并享受相关优惠政策。政府主管部门的审核则需综合考虑当地的小微企业发展状况、服务需求、已有服务基础、项目承建机构的服务能力与服务资源、公共服务平台建成后的预期效益等方面因素。从这一点来看，对公共服务平台发挥引导作用的政府部门应掌握所在区域内小微企业的创业服务实际需求，在引导当地新建、改建、认定公共服务平台时，避免重复建设，并引导公共服务平台提供既符合当地的创业服务需求，也与平台自身的优势、服务能力相匹配的服务内容，以获得预期的社会效益和经济效益。

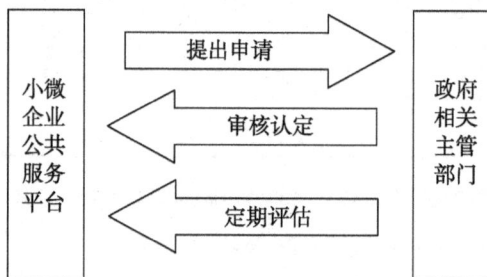

图 3-3 公共服务平台与政府相关部门的关系

（3）资源保障机制

任何一个机构为了生存和发展，其在日常运营过程中的资源供给就需要得到保障。公共服务平台也一样,在营运的过程中需要保证所需人、财、物、信息的持续性。

① 政府主导下的公共服务平台。以政府为主导新建的公共服务平台在筹建时,承建单位为政府相关部门或以政府为主导的行业协会、服务机构,组建独立的事业法人、社团法人,项目总负责人一般来自于政府机构或以政府为主导的行业协会、服务机构,这样易于使平台的搭建和发展能按政府对公共服务平台的规划方向发展,并体现扶持小微企业创业的政策精神。在搭建阶段以及初步发展阶段的资金投入以政府财政拨款、项目拨款为主导,当地政府对公共服务平台实行税费优惠政策;设备设施以财政投入、社会捐赠为主。以政府为主导将服务机构改建为公共服务平台的,项目负责人由熟悉小微企业创业服务业务及服务机构内部情况的改建服务机构原有负责人担任,改建初期的资金投入结合服务机构的自主投入与政府财政安排的项目拨款,并对改建成的公共服务平台实行税费优惠政策;设备设施则充分利用服务机构原有的内部资源,并根据服务内容的更新变化进行施工或采购。以政府为主导将服务机构直接认定为公共服务平台的,服务机构原负责人负责项目的实施,开展的业务可在政府的引导下在原有创业服务内容的基础上有所更新,并享受给予公共服务平台的税费优惠政策及项目资金补贴,鼓励机构积极为小微企业创业提供服务。

政府主导下的公共服务平台在后续运营中财政的补贴投入应按公共服务平台的发展实际而进行适当减少,但是要持续供应平台的税费减免政策,充分保障公共服务平台服务小微企业创业的公益性特征。公共服务平台根据业务发展的实际需要及公共服务平台的服务能力提升计划,采用特聘专家、社会招聘员工的方式,充实人才队伍、服务团队,对于符合条件的公共服务平台员工,相应政府部门给予补贴支持,以保持公共服务平台队伍的稳定性。公共服务平台在后续发展阶段的仪器设施配备,则以机构内部资金投入为主。政府主导下的公共服务平台的政策、法律信息更新,由政府机构负责供给;其他信息,如市场供需变化、企业管理动态等,则由公共服务平台运行主体负责。

② 市场主导下的公共服务平台。民间企业、以民间企业为依托的服务机构或以市场为主导的行业协会,新建、改建并自愿申请认定为公共服务平台的,组建成企业法人或社团法人,在筹建阶段的人员配备、资金投入、设施仪器以承建单位的自筹资金及社会捐赠为主导,政府会有相应的配套资金投入,鼓励各方社会力量对小微企业创业服务事业的积极性及投入。以市场为主导搭建的公共服务平台在后续营运的人员、资金、设施投入主要由运行主体获得的服务收入及投资收益负责,公共服务平台与高校、科研机构、企业、其他小微企业创业服务机构

形成的合作支撑网络也是公共服务平台后续营运的人、财、物、信息等资源的来源保障。市场主导下的公共服务平台同样享受政府提供的有针对性的税费优惠政策,而各级政府给予的补贴及项目拨款随着平台运营的稳定可适当减少,尽量实现公益性事业市场化运作。市场主导下的公共服务平台的政策、法律信息由政府机构供给,其他信息由公共服务平台运行主体负责。

(4) 经营管理模式

① 组织管理机制。实现公共服务平台的市场化运作,管理运营主体应按现代企业管理模式设立相应的组织管理体制。首先,应有健全的各项管理制度,如财务管理制度、技术管理制度、绩效考核制度、部门规章制度等,使公共服务平台管理严谨,并做到职责清晰、严格考核、奖惩分明。其次,公共服务平台合理的组织架构设置是服务业务顺利开展的保障,公共服务平台应根据提供的服务内容及公共服务平台的营运要求完善职能部门设置,并清晰各部门员工的职责,部门分工明确的同时,各部门进行紧密合作,以较强的执行力满足小微企业创业的服务需求。

② 业务开展模式。专业性或综合性的公共服务平台在提供创业服务时,按照依托的载体形式不同,服务业务开展的方式也不一样。咨询类公共服务平台载体形式主要是虚拟平台,其他公共服务平台也具有虚拟载体形式。因公益性特征,公共服务平台的部分服务是免费的,而为了保障平台的收入甚至盈利,使其独立运行,有些服务内容则以低于市场价进行适当收费,所以在虚拟载体形式下的服务业务开展需要实现费用在线支付模块。

其他专业公共服务平台及综合公共服务平台的实体载体形式和虚拟载体形式都是可以对中小微企业提供服务的,根据实际情况提供的服务,可以是相同的服务内容,也可以是不同的服务内容。诸如实验设备共享、研发设计、检测检验、现场培训等服务,只能在公共服务平台的实体载体形式下提供,虚拟载体负责信息的发布宣传及服务的前期沟通、后期跟踪;而创业辅导、市场开拓等服务,则既可以在虚拟平台下提供,也可以在实体载体形式下服务,这可依据具体服务内容、距离远近、企业的偏好而定,如图3-4所示。

小微企业按照与公共服务平台的距离远近以及自身偏好,或在虚拟载体形式下或在实体载体形式下提出服务需求,一般而言具备两种载体形式的公共服务平台在其实体办公场所之下是都能开展所提供的服务业务的,网络平台则不然,当小微企业服务需求的是一些只能采取线下服务方式的服务功能时,那么小微企业在网络平台进行前期沟通之后,仍需亲临公共服务平台的办公场所。

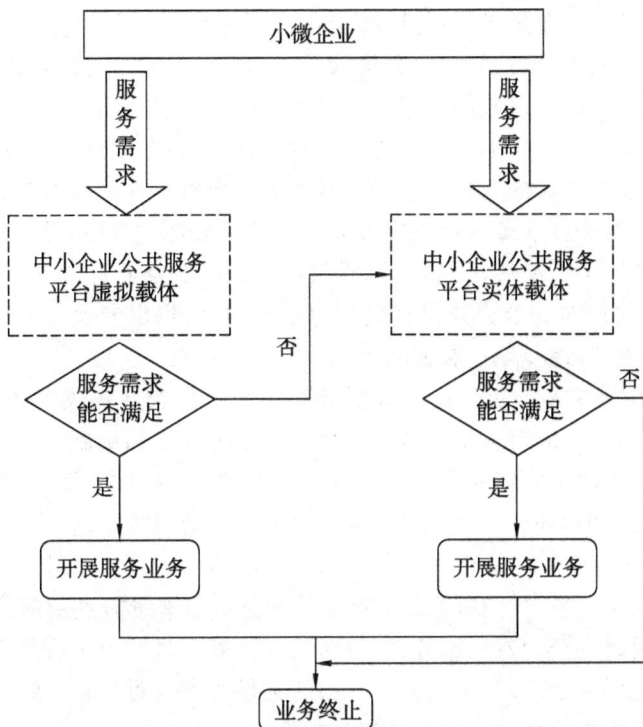

图 3-4　具备实体载体形式和虚拟载体形式的公共服务平台业务模式

③ 市场开拓机制。政府引导、市场化运作的公共服务平台在市场开拓方面，可从两方面做出努力。

公共服务平台是在政府引导之下，致力于为小微企业营造良好的发展环境，小微企业间接扶持政策使得向小微企业推介公共服务平台是政府服务职能的一方面。依靠政府的形象及公信力，小微企业更容易信赖公共服务平台，也更容易理解它提供的服务内容。各级政府相关部门，尤其是服务平台的当地主管部门，有责任向区域内小微企业群体宣传所在区域内的公共服务平台以及各自提供的创业服务内容。政府部门可以利用特色优势服务宣传手册、服务成果展示、小微企业服务案例集等形式，将平台开展的业务及创业服务绩效向小微企业群体宣传。

公共服务平台的市场化运作使公共服务平台自身有市场推广的责任，以扩大客户基础，获得稳定的服务收入来源。首先，公共服务平台应充分利用其虚拟载体的信息发布、宣传推广的潜能，发挥网络推广的作用，不仅使本区域的小微企业了解公共服务平台的业务及业绩，区域外小微企业也能知晓平台的特色服务和绩效,为平台打造知名度。其次,公共服务平台在实际运行中与企业、科研院所、其他公共服务平台、其他服务机构等联结的合作网络可以具体在市场开拓方面达成合作关系,形成共同的客户基础的同时,不断壮大合作网络每个成员的客户群体,形成市场开发的合力。再者,公共服务平台在生产性服务业的自主经营趋势,使得业务开展的客户满意是公共服务平台持续性经营的基础,所以公共服务平台在开展服务业务时需注重服务的跟踪反馈,使客户满意,并根据客户的意见改进服务质量。最后,公共服务平台要贴近小微企业群体的现实创业服务需求,真正以他们的需求为导向打造创业服务项目,提供专业化、个性化创业服务,并延伸服务链,逐步培育服务品牌。

④ 员工激励机制。员工是公共服务平台为小微企业提供服务业务的一线人员,是决定其业绩的最重要资源。有效的员工考核激励机制,不仅可以吸引优秀人才投身于小微企业创业服务事业,保障平台的永续经营,还能激发员工为小微企业提供优质创业服务的积极性,从而提高平台的服务质量,充分实现其社会效益,并产生一定的社会影响力。但是对员工的激励不能盲目进行,需要有与之相应的考核机制。平台存在的目的是为小微企业提供所需创业服务,工作重心是如何为他们的生存和发展服务,所以对公共服务平台的员工进行考核,除了进行组织的内部评价之外,员工的服务对象所提供的评价意见也需纳入考核体系,以提高对员工能否胜任岗位的评价的科学性。

对员工考核的目的是为了激励强化,不同公共服务平台的服务内容不同,员工承担的职责也不一样,同时,公共服务平台的不同员工所扮演的角色不一样,激励需求不同,所以采取的激励方式也应不同。提供创业辅导服务及投融资服务的公共服务平台,其收入来源之一是因持有企业股份而获得的投资收益,所以对负责公共服务平台管理运营的高层管理人员,以及影响公共服务平台功能发挥的关键人员,如技术专家、法律专家等,除了职位升迁、薪资增加、表彰鼓励之外,还可以给予一定的股权激励,包括平台的股权、服务企业的股权,其他类型公共服务平台的高层管理者及关键专业人才,也应适当给予平台的股权收益,从而使高层管理人员、专业人才的所得与平台的经营状况结合起来,激发他们完善管理,保持平台整体运行的健康及可持续。而对各类型公共服务平台的普通员工,他们从事服务业务开展以及公共服务平台日常运营的具体工作,对他们的激励根据其绩效而进行,考核优秀的员工给予加薪或升职的机会,使公共服务平台的人力资源得到优化配置,并促使服务的专业性水平提升。其次是营造良好的环境氛围,激发员工对公共服务平台的认同感及归属感,激发其工作热情;同时,公共服务平台可以为员工提供不同的发展通道,给予他们充分的发展空间,使其创造性得到进一步发挥。

（5）收益机制

公共服务平台是在政府引导的基础上搭建发展而来的具有公益性特征的机构,其运行具有不以营利为目的的要求,但是平台服务小微企业目标的实现,必须以自身的生存和持续发展为前提。实现盈利的收益机制,能够对社会资本参与公共服务平台事业产生莫大的吸引力,并能激励现有公共服务平台的高层管理者改善经营的积极性,从而从多方面改善为小微企业提供的创业服务,进一步激发小微企业的创业服务需求,从而实现平台持续发展的良性循环。

1）政府引导下的收入

① 项目拨款收入。为了发挥各级政府对小微企业服务事业的引导作用,公共服务平台在筹建、改建阶段,可以从政府获得一定的启动资金拨款,并且在营运过程中还可以从政府获得一定数额的项目资金及补贴,缓解平台的开销投入压力。但是政府财力有限,无法一直主导支撑大量公共服务平台的日常运行,平台在后续运营阶段获得的拨款收入可能会有所减少,所以从公共服务平台的长期运行及持续性发展来看,需要摆脱对政府拨款的依赖。

② 税费优惠收入。在扶持公共服务平台发展的政策导向下,地方财政会相应的安排税收优惠及税收返还政策。由于公共服务平台在发展初期所获得的自主经营收入有限,所以获得的税费优惠收入规模不大。为了保障公共服务平台的公益性特征,政府的税费优惠政策应是持续供应的,所以在公共服务平台运营稳定之后,税费优惠收入将会越来越多。

③ 差价返还收入。公共服务平台的公益性特征及非营利性要求使得其为小微企业提供的服务或者是免费的,或者是以低于市场价的价格供给,政府为提高公共服务平台的服务热情,并鼓励平台对所提供的服务进行持续改善,政府相关主管部门给予公共服务平台开展部分服务业务的差价返还,由政府填补部分服务收费和市场价的差距。

④ 社会捐赠收入。在政府引导发展之下的具有公益性特征的公共服务平台获得社会各界的关注与认可之时,社会力量为支持公共服务平台的发展,鼓励平台持续提供优质服务,将会为公共服务平台提供仪器设施、资金等的捐赠。

2）市场化运作下的收入

① 服务收入。公共服务平台通过虚拟载体或实体载体向本区域以及区域外小微企业开展创业服务业务时,提供的收费服务项目将为平台带来收益,这一类收入是公共服务平台在发展成熟后的主要收入来源。因为要达到扶持小微企业生存发展的目的,公共服务平台附加值较低的一般性服务项目的定价不会太

高,所以公共服务平台应打造特色优势服务项目,并提高这类服务收入在总收入中的比例,成为公共服务平台独立运行的基础。

②投资收入。公共服务平台可以在双方合作的基础上以取得小微企业股份的方式为其提供所需创业服务,尤其针对成长性高、发展前景好的创业企业及科技型小微企业,平台以持有企业股份的方式,为其发展提供各种专业化创业服务。伴随着小微企业的壮大,公共服务平台可以获得红利收益,也可以出让股份收回投资并获得投资回报。

3.3 众创空间

3.3.1 众创空间概念

国外称众创空间为创客空间,将众创空间界定为一个具有加工车间、机械加工室及工作室功能的、存在于现实的物理空间或开放交流实验室,如 Hackerspace、Makerspace 等。

Barbrook 和 Cameron(1996)认为创客空间是连接实践与学习的空间:一个专门的、以社区为重点的空间,感兴趣的当地人可以在这里参与制作和分享技术。在"加利福尼亚意识形态"的辩论中,这些部门被评为"罗纳德·里根与嬉皮士"。John T. Sherrill(2014)在访问了苏格兰邓迪附近的 3 个创客空间——Tin Roof(自定义为艺术家工作室的集合)、MAKE Aberdeen(自定义为数字制作工作室)和 57North(自定义为一个 hacklab)后,认为每个创客空间都应该在物理配置、会员资格和目标等基本功能方面存有自身特色,除此之外每个空间在提供设备、社区感和教育咨询时也应突出差别,而"创客空间"代表了所有类型空间的所有共性与细节。Kroski. e(2013)根据开放教育数据库给出的定义,认为"创客空间是创意、DIY 的空间,人们可以聚集创造、发明和学习。在这里,创客们可以使用 3D 打印机、软件、工艺和硬件用品等各种工具。"

李同月(2016)认为众创空间是传统孵化器向企业孵化前段的延伸,类似于"企业试管婴儿"的培育作用,其不仅为创业者提供完善的工作空间和交流空间,也从技术、信息、政策等多个角度为他们提供创业培训、资金融通、团队合作、工商税务等的全方位创新创业服务。陈夙、项丽瑶、俞荣建(2015)则认为众创空间作为促进大众创业、万众创新的新兴载体,具有无边界、自组织与客户化等创业生态系统特征,因此他们基于创业生态系统的角度,对众创空间做出了新的界定:众创空间是众多具有相同或相似兴趣和爱好的创客或创业者在某一特定物理空间的集聚所形成的复杂的创业生态系统。

目前对于众创空间的概念解释尚无统一定义,根据国务院办公厅《关于发展众创空间推进大众创新创业的指导意见》(国办发〔2015〕9 号)中有关众创空间的概念表述如下:众创空间是顺应网络时代创新创业特点和需求,通过市场化机制、专业化服务和资本化途径构建的低成本、便利化、全要素、开放式的新型创业服务平台的统称。

众创空间的发展经历了 5 个时代,众创空间 1.0 时代:其功能主要体现在提供办公室、物业等基础办公服务;众创空间 2.0 时代:提供人力、法务、财务、注册等服务;众创空间 3.0 时代:提供创业导师、企业咨询等服务;众创空间 4.0时代:提供种子基金、融资等服务;众创空间 5.0 时代:在上述版本上,众创空间还拥有一定的产业资源,为创业团队提供早期生存的基础。

一般认为,众创空间是由 8 个要素组成,分别是空间及设施、行政支持、技术支持、物业管理、金融支持、信息支持、关系网络支持和经营支持。

3.3.2　众创空间功能定位

众创空间是在"大众创业、万众创新"国家战略的提出下,在小微企业创业者的活力被极大地激活、社会闲散资金的流动性和使用效率大大提升的背景下诞生出来的新颖名词。众创空间致力于打造创业生态圈,为小微企业创业者提供创业所需服务,提高创业企业的存活率。本书将从众创空间服务主体的组成要素角度来探讨众创空间的服务功能机制。众创空间的服务功能主体包括创业导师、咨询机构(会计师、律师事务所等)、投资人、媒体等。

在辅助创业者创业的过程中,众创空间除了担当创业资源的联络者外,还为创业者提供了其他方面的服务,包括帮助小微企业办理各种证件、提供共享的办公场地与设备、物业服务及其他基础设施服务,并协助小微企业招聘各类伙伴与人才等。通常情况下,创业项目一旦入选,众创空间会为小微企业配备创业导师,并邀请成功的创业者或企业高管举办创业培训活动,在这一过程中,为创业者灌输企业运营意识,给小微企业传授运营管理、市场开发等经验,达到减少创业阻碍,降低创业风险目的,从而实现小微企业创业者和投资人的双赢。

众创空间平台上汇集了各类创投机构、投资人等,并与之保持密切联系,有的众创空间直接邀请创投机构长期驻场,以节省小微企业创业者的时间,增强融资的高效性。众创空间平台上所汇集的咨询机构,可以帮助新创小微企业解决初创时的财务问题、法律问题和运营中出现的其他问题,降低小微企业犯错误的机会,让小微企业集中精力于公司的运营和产品等方面。

但是众创空间并不是完全新兴的行业,可以把它看成传统的孵化器在双创和互联网背景下的改造升级。同孵化器相比,众创空间的新颖之处有三点:

首先,众创空间的形式更加灵活。从创立的门槛看,传统孵化器一般是以政府或社区为主要的投资人，与各个高校或机构合作，为小微企业的创业成长提供所需的各种综合服务。这种孵化器的建立需要大量的资金、土地、人脉等资源，但是众创空间的创立主体可以是小微企业或社会团体，甚至是个人，创立的启动资本比较低，一间咖啡厅即可，这就大大降低了众创空间的创立门槛。从规模上看，目前众创空间整个行业处于整合阶段，大小不一，与孵化器的传统大规模不同。从类型上看，众创空间的表现形式多种多样，尤其是互联网的发展，实现了跨地区的交流和及时沟通，有利于虚拟众创空间的打造。

其次，众创空间提供的资源和服务更偏向于无形资产，包括融资支持、管理培训、信息支持等，淡化了厂房、办公空间、设施设备等这些要素在创业过程中的重要性。众创空间在这个过程中更多地充当一个平台，平台的一方集聚着大量的创业资源，包括创业资金、人才、咨询机构等，平台的另一方则是大量寻求资源的创业者，众创空间在这个过程中充当中介的角色。

最后，同孵化器相比，众创空间所汇集的资源更丰富，要素更齐全。除帮助创业者寻求低廉的办公场地、设施设备等有形资产外，众创空间同时为小微企业创业者提供了交流的平台，该平台汇集了大量的社会资源和人际关系，扩大了小微企业创业者的社会资本，为个人或团体创造良好的创业环境，有利于帮助小微企业创业者更好地识别创业机会，抓住创业机遇。

3.3.3 众创空间分类机制

在众创空间的发展类型上，王佑镁、叶爱敏（2015）认为国内众创空间从功能和特征的角度可分为 7 种模式：媒体驱动型、活动聚合型、投资驱动型、培训辅导型、产业链服务型、地产思维型、综合创业生态体系型，见表 3-1。

表 3-1　国内众创空间分类

类型	特点	举例
培训辅导型	大学生创新创业孵化平台，也是利用大学的教育资源和校友资源的平台	北大创业孵化营、亚杰会
活动聚合型	定期举办项目的展示、路演等创业活动，增进入驻企业的交流沟通	深圳柴火空间、上海新车间
投资驱动型	聚集天使投资人、各类投资机构，为初创企业提供融资服务	车库咖啡、天使汇、创新工厂
媒体驱动型	利用媒体优势为小微企业提供包括投资、信息等各种资源在内的线上和线下综合性创业服务	36氪、创业家

续表

类型	特　点	举　例
地产思维型	由地产商开发的租赁办公空间,类似 We-Work 模式	优客工场、SOHO 3Q
产业链服务型	为小微企业提供产品打磨、产业链上下游机构的合作交流、成立基金进行投资等产业链服务	创客总部
综合创业 生态体系型	为初创企业提供全方位、多角度的创业服务,包括资金、技术、法律和行政等	创业公社

资料来源:王佑镁,叶爱敏.从创客空间到众创空间:基于创新 2.0 的功能模型与服务路径.电化教育研究,2015(11)

创客总部合伙人陈荣根从众创空间的服务机制角度将国内众创空间分为 4 种。第 1 种众创空间是联合办公区,只负责为众创空间内的小微企业提供办公空间以及相关配套设施。第 2 种众创空间,除了提供传统的物理办公空间之外,还为小微企业提供对接资金融通、财务法务等第三方服务机构,让初创企业能够把更多时间和精力聚集在发展自身业务上。第 3 种众创空间,是在第 2 种众创空间所提供的创业服务的基础上,提供更加深入的创业服务,比如创业辅导、业务对接等,该类众创空间的核心作用体现在通过深层次的"增值服务"来促进创业者的业务发展和能力提升。第 4 种众创空间,提供的是更加专业的"增值服务"支持,而不是硬件空间,帮助小微企业建立人脉、对接资源,并选择合适的项目直接投资。

Travis Good(2015)以不同的运行模式为依据,将众创空间划分为协同工作型、自主创业型和集中开发型。kroski. e 和 Apodaca(2016)认为众创空间(国外称为创客空间)可分为 3 类(见表 3-2):一是社群化空间型。该类众创空间起源于黑客运动爱好者,为具有共同爱好的社群提供一个创新场域,创客们以兴趣为出发点,专注于自己手中的作品。二是创新实验室型。专注于使用数字化的科学技术实现个人制造,以用户为中心,秉承教育和社会创新理念。三是营利性空间。通过会员制或是空间出租的方式聚集创客,并为他们提供开发硬件和软件等服务。

表 3-2 国外创客空间分类

类别	名称	成立时间	国别	特 点
创新实验室型	Chaos Computer Club	1984	德国	特色是揭露重大的计算机技术安全漏洞。创客们聚集一起分享各类思想和技术,通过使用 3D 打印机等设备,将创意转为新产品
	Access Space	2004	英国	配备有激光切割设备、3D 打印机等,涉及电子、艺术、科技等多领域的多媒体实验室
社群化空间型	Mctalab	2006	奥地利	是一个为艺术创意爱好者们提供的、涉及黑客文化、IT 和数字艺术等领域合作交流的物理空间
	Noisebridge	2007	美国	为创客提供相关课程和研讨会,追求自由、互助的创客文化
商业营利空间	Techshop	2006	美国	通过教学和支持人员为入孵企业提供创业课程盈利同时收取一定的会员费,提供所需焊接设备、金属板材加工设备等工具
	WeWork	2011	美国	会员制,为会员提供办公场地、配套服务和资金融通,主打共享办公场地租赁服务的房地产公司

资料来源:王佑镁,叶爱敏.从创客空间到众创空间:基于创新 2.0 的功能模型与服务路径.电化教育研究,2015(11)

3.3.4 众创空间运营机制

(1)全过程创业服务机制

服务机制就是把需集中办理的、有内在关联性的事项进行最大限度地调度,形成完整的服务链。服务是指为第二者做事,并使他人从中获取利益的一种无偿或有偿的活动。机制指其内部组织运行变化的规律,广泛应用于社会现象和自然现象。

"互联网+"是创新 2.0 推动下的互联网形态演进及其催生的经济社会发展新形态,可理解为"互联网+各类传统产业",但并不是两者的简单相加,而是互联网在社会资源配置中的优化和集成作用的充分发挥,也是互联网思维进一步的实践成果。将互联网的创新成果与经济社会中的各领域实现深度融合,提升全社会的生产力和创新力,推动经济形态不断演变,从而带动社会经济实体的发展,为创新创业提供广阔的线上网络平台,形成更广泛的以互联网为技术基础和实现工具的经济发展新形态。

增值服务,即是将某项服务和商品通用新形式加以完善,以创造更高的效用,针对特定客户、活动,在基础服务上提供的专业化、定制化服务。从更深层次的延伸服务来讲,增值服务通过引进第三方企业,可以产生有别于其他竞争对手的专业化、个性化特色服务。

为提高小微企业的成功率和满足初创企业不断升级的专业化需求,众创空间开始形成涵盖从寻找发现到快速成长的全过程创业服务机制。

由图 3-5 可见,在 Web 2.0 及由此催化诞生的创新 2.0 背景下,众创空间的创业服务能力无论是硬性服务还是软性服务,均以互联网为依托,帮助互联网时代的创业者突破传统行业的局限性,实现互联网与传统行业的完美融合,促进创业者的业务发展和能力提升,释放中国在"双创"时代的巨大能量。

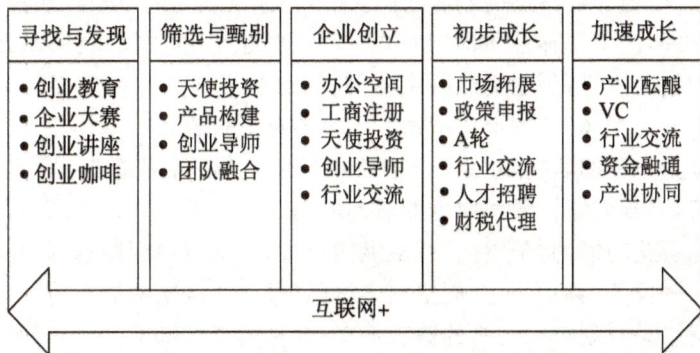

寻找与发现	筛选与甄别	企业创立	初步成长	加速成长
● 创业教育 ● 企业大赛 ● 创业讲座 ● 创业咖啡	● 天使投资 ● 产品构建 ● 创业导师 ● 团队融合	● 办公空间 ● 工商注册 ● 天使投资 ● 创业导师 ● 行业交流	● 市场拓展 ● 政策申报 ● A轮 ● 行业交流 ● 人才招聘 ● 财税代理	● 产业酝酿 ● VC ● 行业交流 ● 资金融通 ● 产业协同

互联网+

图 3-5　众创空间全过程创业服务机制

（2）生态系统代谢机制

生态系统代谢机制完成众创空间创客群落与创业资源的优胜劣汰与优化功能,确保众创空间保持持续的生态活力。创客生态圈方面,创客作为众创空间中最核心的角色,是众创空间生态活力与发展的动力中枢,新的创客不断加入、也有创客不断地离开众创空间。在众创空间文化吸引力、社会网络吸收力、平台资源吸纳力等多种力量的作用下,社会大众创业项目向众创空间集聚,经过路演、比赛与评选,获取入驻资格;资源生态圈方面,众创空间面向社会的资源边界是开放性的,众创空间与社会各种力量进行十分通透的资源交互,这是众创空间生态资源基础保持生态活力的根本特征。社会资源进入众创空间、获取稳定的空间运营资格席位,需要两种机制:门槛遴选机制与市场竞争机制。门槛遴选机制要求众创空间的运营方,对各类资源设置入门门槛、入驻标准与行为准则,规划各类服务企业入驻数量。在达到门槛标准的服务企业之间,通常采取定向邀请、招投标等竞争性遴选方式,吸引优质资源入驻空间;运营期间,功能互补的服务企业之间面向创业项目进行资源集成,功能替代的服务企业之间则按照市场规则进行竞争;空间运营方根据入驻空间的服务企业经营与服务表现,基于门槛标准对服务企业的空间资格进行周期性的动态考核,达不到考核标准的限期整改或取消空间资格。通过资源遴选与竞争机制,保持众创空间生态资源基础的持续活力与动态优化。

(3)创业网络多层次嵌套机制

众创空间中的诸多创客与创业资源,相互编织形成纵横交错、相互嵌套的网络联结,是众创空间的生态组织方式。众创空间的生态组织采取"网络"这种自组织和无边界的中间型组织形式,确保众创空间的资源整合效率与生态柔性。从横向上来看,创客群落里的创客之间,采取信息交流、知识分享、精神传递及业务往来等方式,产生各种性质的"M位创客—M位创客"式的网络联结,形成整体网层面的创客网络;创业资源各主体同样如此,形成整体网层面的"N位资源主体—N位资源主体"式的资源网络。创客与创业资源各种主体之间的结合,是众创空间最为重要的联结,正是通过"N位资源主体—1位创客"方式的创客自我中心网络,实现创业资源面向创业活动的集成与滋养。众创空间中,还存在某些具有特殊孵化功能的"子空间"。从纵向上来看,众创空间中的网络具有"创客自我中心网—群落局域网—众创空间整体网"等多个层次的嵌套特征,其中创客自我中心网络是众创空间网络的微观形态;各种群落内部节点之间的交叉互联,构成创客网络、资源网络及子空间自我中心创业网络等中间层的"局域网",最终涌现成为宏观层面的众创空间整体网络。

(4)异构创业资源整合机制

众创空间创业生态系统集聚角色多样、资源丰富的创业相关者,包括各类创业投资家、创业导师、专业技术人才(包括律师、会计师、知识产权专家等)及产业链相关主体,为众创空间提供战略性创业知识、技术性创业知识及创业服务与资金等创业资源,构成众创空间的资源生态圈。众创空间通过创业网络的组织方式,面向特定的创业项目或者创业项目群,完成两个层面的异质性资源整合。

①"战略性创业知识—新技术或新模式"的聚合。资源生态圈中蕴含的战略性知识与创客生态圈中蕴含的新技术与新商业模式之间,进行双向的探索、聚合与创造,形成商"道"层面的创业战略与创业项目商业模式。天使投资、创投机构等不仅仅是创业资金提供者,其宽阔的产业视野、深刻的战略洞察及丰富的创业投资经验,更是对创客们进行创业战略指导和商业模式优化的教育者与创业导师。战略知识与新技术新模式的聚合,不仅高度隐秘导致转移成本高,需要建立创投机构与创客之间紧密互动、相互信任的合作关系,而且高度异质性导致聚合难度大,能否有效整合来自各方的战略建议和模式指导,形成逻辑一致、内核

聚焦的创业战略,对创客的战略潜质和学习能力具有很高的要求。

②"技术性创业知识与资源—创客商业运营能力"的集成。资源生态圈中蕴含的技术性知识、资金及各种服务等资源,与创客生态圈中创客们初始的商业运营能力,面向创业项目通过网络的方式相互集成,并在集成的基础上再开发,形成创业企业的核心能力,表现为具体的技术能力、市场营销能力及创业团队管理能力,并形成差异化、不可模仿的核心竞争优势。众创空间的战略性知识聚合与技术性资源集成,具有开放式和分布式创新的基本特征,且都是针对具体的创业项目或某一类创业项目群落构成的子空间与孵化器,进行客户导向的定制,从而形成相对稳定的战略知识与创业服务提供机制,是众创空间客户化价值创造的第一阶段。

(5)盈利机制

① 收取租金差价。众创空间首先需要有一个物理载体(通常是写字楼),众创空间的收入来源之一是通过对写字楼"整批零租"的方式来赚取租金差价。

② 服务性收费。众创空间的核心竞争力在于其提供的专业化服务,这是众创空间与普通写字楼租赁不同的地方。通过专业化的服务向创业公司收取一定的服务费,这是众创空间可持续的一种盈利模式。

③ 投资收益。众创空间里聚集了数量众多的创业团队,众创空间在为创业团队提供各种服务的过程中深度了解创业团队的创业项目并进行评估,从中选取具有成长性的创业团队,以种子投资的方式获取初创公司一定比例的股权,待创业项目进入快速成长期,被其他企业收购或者上市后退出以获得丰厚的投资收益。

④ 政府的专项资金。随着中央支持众创空间政策的出台,江苏省也密集出台了一系列支持众创空间的优惠政策。这些政策除了简化工商注册、税收优惠等之外,还通过补贴、专项资金等方式直接对众创空间进行支持。通过获取政府的专项资金或补贴,众创空间可以弥补一部分成本费用以增加盈利。

获取租金差价的盈利模式的特点是比较稳定,但增长空间有限,因为入住众创空间的是初创企业,他们的租金承担能力有限。通过获取政府专项资金或补贴的方式虽然不需要众创空间付出成本便可获得,但是这种方式也不具有持续性,原因就在于市场经济下,政府在初期可能会有一些扶持众创空间的专项资金或补贴,但这些资金也只是引导性的,政府更多地还是要通过市场化的手段来引导众创空间的发展,众创空间还需要能够有自我造血的功能才能在激烈的市场竞争中生存并发展起来。因此,众创空间通过专业化、差别化的服务来吸引创业团队,让创业团队在众创空间迅速成长壮大,通过专业服务收费并进行种子投资获得投资收益才是众创空间可持续发展的盈利模式。

第4章 小微企业创业内驱要素对其创业绩效影响的实证研究

4.1 维度划分

4.1.1 小微企业创业资源的维度划分

创业活动必然需要创业资源的支撑,经济学将资源解释为"为了获得财富而投入经营活动中的一切要素"(Hoskisson 等,2000),创业资源的配置与整合在很大程度上对创业成功与否起关键性作用。当前关于创业资源的维度划分主要是从两个视角展开的。

(1) 资源整合过程视角

一些学者主张从创业资源的整合过程视角对创业资源加以维度划分。Barney(1995)认为,创业资源识别和利用是资源有效整合的始点和终点,关系到创业的成功与否。创业者如果不能识别资源,就不可能获取创业所需的资源,那么也就不能利用这些资源;同样,创业者只有识别了有用的资源,才有可能利用这些资源为本企业创造价值。Brush、Greene 和 Hart(2001)基于新创企业资源基础搭建的全面探讨,将新创企业的创业资源利用过程细化成资源集中、资源吸引、资源整合和资源转化这 4 个维度,并运用实证研究的手段分析了 4 个维度间存在的相互关系。Sirmon、Hitt 和 Ireland(2007)构建了一个将动态创业环境中的客户价值创造与资源整合互动的理论模型,研究了创业资源创造客户价值的不同过程,详细阐述了 3 种创业资源整合过程的维度划分:结构化资源整合过程、资源绑定以提升能力过程、能力平衡以创造客户价值过程。

基于创业资源整合过程视角,从企业的创办到后续的成长,创业资源从识别到利用一直都伴随着整个创业过程,创业者需要有效地识别各种创业资源,并且积极借助新创企业内外部各种力量对创业资源进行配置与整合,实现新创企业核心竞争力的提升,促进新创企业成长。

(2) 资源类型视角

还有一些学者根据创业资源的类型进行维度划分。Black 和 Boal(1994)基于创业资源间的网络关系,把创业资源分为内聚性创业资源和系统性创业资源这两个维度。Barney(1995)将创业资源分成人力资源、财务资源、组织资源和物质资源这 4 个维度。Firkin(2001)将创业资源界定为创业者在创业开始时所拥有的各类资源总和,这些资源可以为新创企业的生存和成长创造价值,主要包括人力资源、财务资源和社会网络资源这 3 个维度。蔡莉和柳青(2007)将创业资源划分成技术资源、人力资源、市场资源、财务资源、物质资源和组织资源这 6 个维度,其中人力资源的含义比较宽泛,还可进一步划分成社会网络资源、智力资源和声誉资源这 3 个维度。

基于创业资源类型视角,创业资源可以有多种维度划分办法,尽管在对创业资源维度的描述上,不同文献会稍有差异,主要反映在名称上有所差异,但基本内容是相对一致的,主要涉及资金资源、财务资源、人才资源、科技资源等维度。

综合上述观点,基于整合过程视角,本研究认为小微企业创业资源的有效整合是一个持续的动态反馈过程,在经历了资源识别、获取和利用一个周期过程后,在新创企业内部就会累积一定的创业资源基础,而这些资源会进入下一周期的资源整合过程中,并持续影响资源整合的各个环节。因此新创企业的资源是不断积淀的结果,应该包括从资源识别到资源利用的全过程,可以用 3 个维度来加以度量,即创业资源的可识别性、可获取性及可利用性。可识别性主要是度量创业者基于自身资源禀赋状况,对创业所需资源的分析、认知过程;可获取性主要度量创业者对创业活动的资源需求从外部或内部的获取渠道,以及创业者利用自身资源撬动外部资源的能力;可利用性主要是度量创业者在所获取的各类创业资源关系中表现出的协调性,并基于承继资源协调,对潜在创业资源的继续整合利用。为了后续研究的需要,本研究同时基于资源类型视角,探讨了人才资源、信息资源、财务资源、资金资源等不同类型资源要素的可识别性、可获取性和可利用性对创业绩效的影响。

4.1.2　小微企业创业者的维度划分

对创业者的研究一直是创业领域重点话题,其研究主要是集中在对创业者心理特质、能力的研究(McClelland,1961;Vries,1977)。创业者被认为是拥有一定特质和综合性能力的人的观点得到相对一致性的认同。

（1）创业者特质视角

创业者特质研究的主要话题是风险及创业者对风险的倾向性，或者是对风险的管理（Amboise 和 Muldowney，1988；Hebert 和 Link，1988）。Stewar（2001）借助元分析法，对先前的相关文献进行了综合性分析，得出的研究结论是创业者的风险倾向相比于一般管理者要更大，同时那些将注意力主要定位在企业创办上的创业者，相比于那些以赢利为目的的创业者，风险倾向要更大。

不确定性容忍度同样被视作创业者最常见的特质之一。Budner（1962）将不确定性容忍度界定成一种把不确定性看作威胁来源的思想倾向，新创企业面临的创业环境往往都是带有不确定性和非结构性的，这就要求创业者拥有对不确定性创业环境的接受和处理技能。Donato（2003）提出，随着产业的持续发展，成长时期的产业集群表现为从无序向有序发展的耗散结构，进入其中的创业者要面对不确定性高的创业环境，其也就需要具有较高的不确定性容忍度。

成就需要也是创业者最普遍的特质之一。MeClelland（1961）构建了成就需要结构，基于美国、意大利和波兰的大量样本分析，揭示出创业是将成就需要转变为经济发展的行为。Stimpson、Narayanan 和 Shanthakumar（1993）基于印度和美国创业者的研究，证实了创业者的成就需要要比非创业者表现得更好。Kuratko（2005）也同样提出，成就需求是创业者最重要的特质之一，创业者内心存在的那种想要与人竞争、追求挑战性的目标、超越自我的强烈欲望驱使其开展创业活动，成就需要是创业者经常会流露出的重要特质。

内控制源也常被视作创业者的特质之一。Shapero（1982）提出，创业者相比于非创业者更倾向于拥有内控制力。Bird（1992）也同样提出，在创业初期，创业者特质应该包含创新性和行动意愿等内控制力。Bonnett 和 Furnham（1991）基于一组学生样本的实证分析，提出内控制源与希望成为成功创业者的愿景存在显著的正相关关系。

（2）创业者能力视角

还有一些学者注重对创业者能力进行研究，一般都是运用自我效能的手段来度量创业者能力。Baum 和 Haveman（1997）通过实证的方法，检验了创业者的组织能力与创业绩效间存在的显著正相关关系，揭示出这些能力一般是由管理职能领域的知识、技能和能力等构成。DeNoble（1999）主要使用了关键性资源的配置能力和管理能力来评价创业者能力。Man、Lau 和 Chan（2002）等基于新创企业的视角，把创业者能力划分成概念能力、机会能力、战略能力、关系能力、组织能力和承诺能力 6 个方面。唐靖和姜彦福（2008）将创业者能力划分成创业机会开发、利用能力和新创企业运营管理能力。张玉利和李乾文（2006）结合前人的研究成果,运用双元能力来界定创业者能力,认为创业者能力由产品/市场开发能力(创业资源整合能力)和创业机会利用能力构成,并对这些能力进行了度量。

综上所述,本研究认为,小微企业创业者应该基于特质和能力两个视角进行综合性度量。创业者特质可以从风险倾向、成就需要、内控制源和不确定性容忍度等方面来度量;创业者能力可以从领导能力、思维能力、决策能力等方面来度量。

4.1.3　小微企业创业机会的维度划分

目前,创业机会的维度划分还没有形成相对一致的意见,总体而言,可以基于创业机会的开发利用过程和创业机会特征两个视角划分创业机会维度。

(1) 创业机会特征视角

创业机会作为企业创办的原点,其所带有的异质性特征,不仅为每个潜在的和正在创业的创业者所关注,而且还是创业研究领域的热门话题。

Timmons(1999)提出了一个被普遍认同的创业机会评价模型,从而让创业者对经济性、绩效、行业和市场、可行性、竞争优势、致命缺陷等要素做出更加准确的预判,以及这些要素综合起来形成一个对创业者有很高吸引力的创业机会,这个模型蕴藏了创业机会的关键性维度。Ardichvili 和 Cardozo(2003)依据创业机会的来源和以后的增长状况划分了创业机会的维度,其主要是以矩阵的形式构建了创业机会的两个维度:以所认知到的创业机会价值(即潜在的市场价值)为横轴坐标(维度),其表示创业机会的赢利性是否相对确定;以创业者创造创业机会的能力为纵轴坐标(维度),其主要由人力资本、财务资本等各种必要的有形和无形资产度量,表示创业者是否可以有效地开发、利用这一创业机会的可行性。苗青(2006)认为,就创业者而言,创业机会应该是一个多维度结构,基于创业机会认知的主要内容,能够推演出 6 个结构性要素——潜在值、持续性、新颖性、独立性、可取性、实践性,并进一步概括为两个二阶因子——赢利性和可行性,从而形成二阶、六要素的创业机会评价模型。赢利性是指创业机会所具有的赢利能力和规模,可行性是指实现赢利的可行性和把握度。林嵩(2007)提出,就创业者所选择的创业机会而言,主要有两个结构性维度:一是市场面维度,主要指创业者所面对的市场环境特征;二是产品面维度,涉及产品的技术优势。

(2) 创业机会过程视角

创业机会可以理解为,通过创新性地整合创业资源,以满足特定市场需要的可能性大小。依此来看,创业机会应该是一个过程,是从最初模糊的,但随着时间的不断推移而变得越来越清晰的过程。

识别、获取和利用良好的创业机会是创业者成功创业应具备的关键性能力（Ardichvili 和 Cardozo，2003）。Csikszentmihalyi（1996）将创业机会的整个利用过程细化为 5 个步骤，从而形成了一个相对完善的分析模型：第一，准备，是在创业机会识别前的认知；第二，孵化，指创业者或团队构思创业机会想法，是对不同创业机会理念的思维或筛选；第三，洞察，是指"去伪存真"的时刻或一种体验；第四，评估，是指创业机会整个利用过程的第二阶段，即创业机会的形成，评估就是对创业机会可行性的度量；第五，捕捉，是指利用来自创新性行为的某种市场价值。Shane 和 Venkataraman（2000）提出，创业领域主要是对创业机会来源的研究，即创业机会的识别过程、评价过程和开发、利用过程这 3 个子过程。Davidsson 等（2001）提出，创业应该是围绕创业机会识别、利用的活动过程，是创业机会从识别到利用整个过程的外化。

纵观针对创业机会的维度划分，由于研究视角的某些差异，对创业机会结构的理解就有所不同，得到比较多的认同是，创业机会特征应该更多地被视为具有某种市场价值的标识，能够描绘异质性特质的创业机会才是创业者真正应该掌握的创业机会。因此，本研究基于创业机会特征视角，并借鉴 Timmons（1999）、Mullins（2002）、苗青（2006）等人的观点，认为创业机会的维度体现在两个方面：赢利性和可行性。赢利性主要是度量创业机会所带来的赢利能力和规模，与相关利益者关系的紧密性；可行性主要度量新创企业实现创业机会赢利的把握度，即对成功开发机会的可能性。

4.1.4 小微企业创业绩效的维度划分

创业绩效作为创业研究领域最重要的因变量，也可以说终极因变量，是认知各类创业行为或活动能否产生效率或效果的决定性标准（效标）。因此，恰当地度量创业绩效就成为创业领域最受关注的问题，但就目前而言，创业绩效的维度划分和指标选择还没有形成一致性的认同（Venkatraman 和 Ramanujam，1986；Murphy，1996）。当前，关于创业绩效的维度划分主要存在两个理论。

（1）目标理论

目标理论提出，新创企业大多数都有自己认同的创业目标，创业绩效可以用创业目标实现程度来度量（Etzioni，1960）。

Shane 和 Venkataraman（2000）认为，创业绩效一般不能使用广义上的管理绩效度量方式，不仅要度量一般性的效益性绩效，还要度量新创企业的成长性绩效。Antoncic 和 Hisrich（2001）基于已有的研究，对创业绩效维度进行了更加详细的细分，将赢利性维度和成长性维度进一步细分为绝对和相对两种，从而从 4 个方面来度量创业绩效。Chrisman 和 Bauerschmidt（1998）认为，在度量创业绩效时,需要用生存和成长这两个维度来度量创业绩效,其提出区别于一般性管理绩效的创业绩效主要在于:新创企业就如同一个新生婴儿,最先要解决的是能存活下来,然后再持续性地成长,新创企业要解决一个先生存后成长的问题。他们对创业绩效的这种认知得到了许多创业领域其他研究者的认可,主要体现为两个方面:一方面是财务性绩效指标的增长,如销售收入、净利润的增长等,这些指标目前被广泛使用;另一方面是赢利潜力的增长,如市场占有率、员工数增加等。

许多创业绩效研究都注重目标理论,因为它呈现了新创企业中的所有权与经营权的统一性特点,映射了创业者对获取创业绩效所发挥的主导性作用特征。因而,创业绩效的度量以目标理论为基础具有较好的合理性。但由于新创企业本身一般都带有多个创业目标,这些创业目标相互之间可能是不协调的,无法对新创企业间的绩效进行比较分析,从而无法验证创业实践活动的有效性。

(2) 利益相关者理论

利益相关者理论将各个利益相关者的利益和满意度归属于绩效度量的范围(Connolly、Conlon 和 Deutsch,1980)。利益相关者理论也是目前被广泛采用的一种创业绩效理论,利益相关者理论将新创企业视作开放性系统和各类利益相关者(如供应商、客户等)的有机体(Cyert 和 March,1963;Thompson,1967)。

Venkatraman 和 Ramanujam(1986)设计了绩效度量结构,首先是企业有效性度量的财务性绩效指标;其次是经营性绩效指标或非财务性绩效指标;最后是兼顾各利益相关者的利益,即涉及财务性绩效度量指标,又涉及非财务性绩效度量指标。Delaney 和 Huselid(1996)将主观性绩效的度量更进一步地划分为认知的企业绩效和认知的市场绩效两个维度,其中认知的企业绩效主要用人才的吸引和保留、新产品或服务的市场推广、员工关系、客户满意度等指标度量,认知的市场绩效则主要用销售增长率、市场占有率、赢利率等指标度量。

综上所述,用多维度来度量创业绩效,引入过程性绩效、非财务性绩效已渐渐成为创业绩效维度划分的主流,生存与成长作为创业绩效的重要维度已被广泛认同。使用单维度测量指标,尤其是只用财务性指标度量创业绩效已被相对一致地认为存在明显的狭隘性。因此,在设计创业绩效维度结构时,应该充分引入前人的研究成果,将财务性绩效指标与非财务性绩效指标相结合,结果性绩效与过程性绩效相结合,从而设计一个能映射创业成效本质的多维度创业绩效结构。

因此,本研究基于创业过程的视角,采用以目标理论为主,兼顾利益相关者理论的度量方法,将创业绩效划分为生存、成长、员工满意度、客户满意度这 4 个维度。生存和成长这两个维度是基于目标理论提出的,员工满意度和客户满意度这两个维度是基于利益相关者理论提出的。生存主要是度量创业者对新创企业能够持续存在 8 年及以上可能性的判断,即"企业家剩余"能否长期有效弥补创业者的机会成本(Ciavarella,2004);成长主要是度量新创企业合约的数量增长状况,即销售量、员工数和营业收入的增长情况等;客户满意度主要是度量客户对新创企业的产品或服务的认知和对新创企业的信任程度;员工满意度主要测量员工对新创企业的认可和愿意为新创企业作出努力的程度。

4.2 研究假设提出

4.2.1 小微企业创业资源与创业绩效的关系假设

创业活动往往源于创业者的初始创业资源禀赋状况,但在新创企业的成长过程中,若创业者不能整合相关创业资源,新创企业将难以生存,成长与发展更是无从谈起(Chandler 和 Hanks,1998)。新创企业只有在识别和获取了有效的创业资源后,才能够运用这些创业资源实现新创企业在特定创业环境下的生存和成长,进而为新创企业创造丰厚的创业绩效(Barney,1991 和 1995)。Brush 等(2001)则提出,新创企业实现对创业资源的利用是创业资源整合的终极目标,新创企业只有利用了所获取的创业资源,其各项能力和素质才能最终形成,新创企业在特定创业环境下的生存和成长也才能变成现实,因此,新创企业只有对创业资源实现了有效整合和合理利用后,其生存与成长才有基础保障,新创企业绩效也才能相应地提高。Manev、Gyoshev 和 Manolova(2005)认为,新创企业所掌握的先导创业资源使其能够识别创业机会,与创业环境有效匹配,并制定创业战略,创业者运用其所拥有的社会网络资源,能够与协作者、供应商、客户及创业环境内的其他机构建立起创业网络,从而促使新创企业生存下来。马鸿佳(2005)揭示出,创业资源获取和配置过程对新创企业的绩效水平会产生显著性影响。

因此,提出如下假设:

H11:创业资源的有效整合有助于新创企业生存。

Chandler 和 Hanks(1994)揭示出,新创企业最初的规模状况与绩效水平在很大程度上由创业者在创业过程中提供给新创企业的创业资源基础所决定,即创业者在创业过程中,所整合的创业资源异质性越突出,新创企业的竞争优势就越明显,其成长性也就相应地越高。Miller 等(1987)和 Kazanjian(1988)提出,在新创企业逐渐从小变大的过程中,创业者能够渐渐地识别创业资源,并获得创业资源,并把获取的创业资源运用到新创企业的创业活动中,而随着新创企业的不断成长,其会利用其他各种创业资源和获得的竞争优势撬动其他关键性资源,以保持新创企业在特定创业环境中的持续发展,并不断地进行创业资源的整合和再利用。Brown 和 Stango(2001)提出,新创企业在对创业资源进行配置后,会促使其内部的资源基础匹配起到越来越好的效果,从而开发、制造和销售新产品或服务,并提高新产品或服务的绩效水平,促进新创企业快速成长。Pennings 和 Lee(1998)研究了新创企业内部的财务性资源、技术水平和外部社会网络对韩国高新技术企业绩效水平的影响,揭示出与风险投资公司的网络性关系对提升新创企业的销售水平会产生积极性影响。综上所述,创业资源的有效整合与新创企业的成长之间存在密切的相关关系。

因此,提出如下假设:

H12:创业资源的有效整合有助于新创企业成长。

基于资源基础理论观(Wernerfelt,1984),掌控资源的企业所形成的竞争门槛相对较高,并藉由资源的有效配置和整合从而能够创造高额的创业回报,并能在竞争激烈的市场环境中提高销售额,占领市场和增加客户规模(Barney,1991 和 1995)。Stimhombe(1965)认为,新创企业由于暂时性地缺失信用记录与经营绩效,创业者常常无法得到客户的认同,也就无法为新创企业整合到创业机会的开发、利用所需要的创业资源,从而可能给新创企业带来较大的创业失败风险。Grant(1991)认为,新创企业资源与能力的有效整合并加以利用从而形成的竞争优势会有助于保持客户稳定和市场持续增长,最终提升其绩效水平。Kohli 和 Jwaosrki(1990)提出,客户除了会表现出显性的市场需求,同时还会存在隐性的市场需求,资源导向型的新创企业往往可以积极主动地搜寻创业资源信息并对其进行反馈、处理和利用,从而可以迅速地对客户的市场需求做出响应。Reynolds 和 Miller(1992)提出,通过特定的创业环境网络,新创企业能够获得许多自身所缺乏的创业资源,并把获得的创业资源转变成新创企业的竞争优势,从而提升新创企业的综合竞争力,提高其产品或服务对客户的吸引力。

因此,提出如下假设:

H13:创业资源的有效整合有助于提高新创企业的客户满意度。

Shelby 和 Robert(1996)认为,创业资源整合能力应该更多地表现为员工对待新创企业开展创业资源的整合活动的总体认识和态度等方面,员工的满意程度代表着新创企业的创业资源整合能力的水平,这种满意度还对创业资源整合活动的效率和效果起关键性作用。根据 Oliver(1997)的观点,所获得的创业资源如果未能得到合理有效地运用,作为创业资源整合最终主体的企业员工的技能与效率就会下降,员工满意度也会相应地降低,从而导致新创企业的市场竞争力被削减。Brush 等(2001)认为,对创业资源形成有效利用是新创企业对创业资源进行整合的最终目的,新创企业只有对其所获取和配置后的创业资源形成了有效利用,企业员工的各项技能才能得到提升,员工满意度也才会相应地提高。Verheul、Stel 和 Thurik(2006)提出,在新创企业处于创业初期时,创业者的个体资源禀赋状况(主要指先前经验、教育程度、社会声誉、知识技能和创业网络关系等)往往并不显著,但创业者只要借助资源杠杆,就可以撬动并得到企业员工所掌控的其他资源,而企业员工资源禀赋与创业者资源禀赋一旦形成互补关系,就可以调动企业员工的工作和学习能动性,最终提升企业员工的满意程度。

因此,提出如下假设:

H14:创业资源的有效整合有助于提高新创企业的员工满意度。

4.2.2 小微企业创业者与创业绩效的关系假设

在 20 世纪 60 年代,McClelland 就提出了创业能否成功往往与创业者本身所拥有的特定素质是紧密相连的结论,相似的结论也产生于 Collins 和 Moore (1964)、Miner 和 Smith(1989)等人的研究中,他们也提出创业者的某些人格特质都与其成功创业的可能性存在着密不可分的内在联系。Timmons(1999)曾经说过,独立创业者打造出百万美元以上规模的事业的可能性不大,创业团队的规模很大程度上对新创企业生存存在着显著性的影响,创业团队规模越大,新创企业生存的可能性也就越大。Komive(1992)和 Hull(1998)分别对创业者特质在新创企业初期所起作用展开了研究,提出在初期创业阶段,创业者的成就需要和新创企业的生存绩效水平存在正相关关系。Man、Lau 和 Chan(2002)提出,创业者所拥有的组织、战略和社会关系等能力对创业者在特定创业环境下开展创业过程中的关键活动会产生很大帮助,对新创企业生存会产生主要影响。廖明智(2006)基于新创企业的核心竞争力研究,提出创业者能力对新创企业的核心竞争力往往发挥着关键性作用,甚至对新创企业在特定创业环境中的存亡起到决定性作用。

因此,提出如下假设:

H21:创业者的特质能力有助于新创企业生存。

Hornaday 等(1983)率先构建了创业者特质的维度,在通过对创业者的风险倾向与新创企业的绩效产出之间关系的研究后,认为创业者的风险倾向与在某个特定创业环境中的新创企业的成长之间表现出正相关关系。Hood(1993)通过对美国 100 多个高成长性企业的创业者成就需求的实证研究,提出创业者的成就需求与新创企业的成长之间呈现出正相关关系。Man、Lau 和 Chan(2002)提出,当新创企业规模还比较小时,创业者能力常常是其成长的决定性影响因素,创业者能力主要包括机会利用、关系网络、组织设计和战略抉择等方面的能力,这些能力对新创企业的绩效会产生正向影响,但这些能力一般都要通过相互间的交互效应才能对新创企业的绩效形成实质性影响,即能力的合理匹配是绩效产出的有效保证。Suresh 和 Rajendrank(2004)基于 99 名创业者的实证研究,探讨了创业者的控制源与新创企业绩效水平之间的关系,揭示出内控制源型创业者在创业过程中往往表现出积极主动,对创业活动的掌握能力有着充分的自信心,新创企业的成长性相对比较好。顾桥等(2004)提出,创业者能力对新创企业成长所能达到的境界会起决定性作用,高能力的创业者常常自愿提出具有一定实现难度的创业目标,随后通过自身不懈的努力最终实现这些目标,而这常常可以促进新创企业的快速成长。

因此,做出如下假设:

H22:创业者的特质能力有助于新创企业成长。

Ahmed(2000)在对创业者特质的研究中,主张创业者的内控制源特质与用客户满意度作为主要测评依据的创业绩效间往往表现出正相关性,因此,创业者特质对于客户满意度会产生高度影响。Gimeno(1997)等主张,当某个新创企业与该企业的创业者以前工作过的企业在客户、产品/服务等领域具有较高的相似性时,常常有助于提升客户满意度。Swan、Bowers 和 Richardson(1999)认为,提高新创企业与企业客户间的彼此信任是维护客户关系的重要因素。Shane 和Stuart(2000)认为,创业者在先前工作经验中不断累积的市场服务技能、客户关系知识、市场知识形成了创业者的"知识长廊",从中所能识别出的常常是与其先前知识高度相关的能力与机会。Brush、Greene 和 Hart(2001)基于新创企业的创业资源基础条件构建的深入研究,通过案例分析的手段,系统探讨了创业资源的整合能力对市场份额、客户满意度等绩效产出的促进机制。

因此,做出如下假设:

H23:创业者的特质能力有助于提高新创企业的客户满意度。

McClelland(1961)将创业者的成就需求视作其有别于非创业者的显著性特征,提出创业者相对于非创业者而言,拥有更加突出的成就需要,其对更好地完成事情有着迫切需要,创业者通常会设定特定创业目标,随后依照个人的努力奋斗实现这个目标,而这种拥有高成就需要的创业者常常会成为新创企业员工的模仿对象和学习楷模,进而提升该企业员工的满意度。Lumpkin 和 Dess(2001)提出,创业行为要求创业者在特定创业环境中承担各种风险,这就需要创业者具备承担这些风险的主动意愿和面对创业不确定性的容忍度,具有承担高风险的能力的创业者会对新创企业的员工创新能力和试错行为产生直接的影响,最终促使新创企业形成群体向心力和在面对市场竞争时基于创新导向的行为特质。Lane和Koka(2002)认为,个人特质能力显著的创业者对新创企业的良好学习氛围的形成会有所帮助,员工在如此企业氛围下,对工作和学习都会产生较高的兴趣和能动性,从而可以提高其满意度。Bitler、Moskowitz和Jorgensen(2005)提出,创业者的特质能力越高,其聘用能力突出的员工的概率也就越大,企业员工的满意度从而相应会提高。可见,创业者的特质能力会影响到员工的满意度。

因此,做出如下假设:

H24:创业者的特质能力有助于提高新创企业的员工满意度。

4.2.3 小微企业创业机会与创业绩效的关系假设

Kanter(1985)揭示出,创业机会开发能力的有效提高对提升新创企业的组织柔性会产生正向影响,创业机会开发能力匮乏的新创企业则无法有效提高其绩效产出水平。Quinn和Cmaeron(1983)揭示出创业机会的识别和利用所释放出的新创企业柔性对其生存是必不可少的要素。Sarasvathy(2003)提出,创业机会特点往往是创业机会开发路径形成的关键性要素,创业机会特点与其开发路径间的交互作用对新创企业初期阶段的生存绩效会产生显著的正向影响。Samuelsson(2004)研究了各种创业机会开发、利用过程的差异性及其对生存绩效的影响作用。Dess和Lumpkin(2005)认为,创业机会的开发和利用会显著提升新创企业对创业环境的适应性,并提升其生存机会,那么新创企业相应地需要对新创企业的机会开发和利用加以重视。

因此,做出如下假设:

H31:创业机会的合理利用有助于新创企业生存。

Tichy等(1998)共同揭示出,机会导向型新创企业在采用定位于市场份额扩容的战略时,成长绩效通常会表现更好,而保守导向型新创企业(即机会导向型的相反面)在采用定位于市场份额维持的战略时,成长绩效会表现得更好一些。Covin和Slevin(1991)提出,在成长性战略导向的新创企业中,创业机会对新创企业的成长绩效会产生很大的正向影响作用;另外,在成长性战略导向的新创企业中,创业机会与新创企业成长绩效之间的相关程度要比没有基于成长性战略导向的新创企业表现得更加显著。Covin和Slevin(1994)通过研究揭示出,当新创企业所采用的战略是定位于新创企业的成长时,也就是说并非追求短期利润,而是提升市场占有率,那么,创业机会导向与创业绩效之间正向关系会表现得很显著,但新创企业如果是采用保守型战略导向,其创业绩效则会表现相对较差。Dess和Lumpkin(2005)提出,创业机会的开发和探讨对提升新创企业的成长性会产生显著正影响。

因此,做出如下假设:

H32:创业机会的合理利用有助于新创企业成长。

Slater 和 Narver(1999)提出,创业机会型导向是有效率地并有效果地构建客户的价值导向而形成的一种企业创业文化。Kohli 和 Jaworski(1990)提出,较高的创业绩效产出往往来源于新创企业拥有识别和满足客户需求的良好创业机会,因此,合理开发和利用创业机会的新创企业能够根据创业机会的全面整合,对客户的动态未来趋势形成深入的了解,从而开发和生产新产品(服务)来满足客户的市场需求,进而提高新创企业的绩效产出。Day(1994)提出,新创企业的创业机会开发、利用要想提升其绩效水平,需要关注两个方面的影响:一是较高的投资效率,新创企业的所有客户并非都对其有同样的重要性,只有高满意度和忠诚度的客户才可以为新创企业带来更高的收益和赢利,而以创业机会为导向的新创企业才能有效识别并保持满意和忠诚的客户,并对其营销投资的盈亏平衡性会有更好地了解;二是市场竞争先机,基于创业机会型导向的新创企业在拥有了高满意度和忠诚度的客户后,可以对竞争对手形成较高的竞争门槛,这种门槛有可能表现在心理方面,也可有能表现在经济方面。Slater 和 Narver(1999)认为,创业机会的合理利用来源于新创企业对客户的理解并制造出相关产品(服务)来迎合客户的价值诉求,并注重于短期的客户满意度提升和长期的高额客户价值创造的系统化目标。

因此,做出如下假设:

H33:创业机会的合理利用会提高新创企业的客户满意度。

Schwartz(2003)揭示出,注重创业机会的新创企业会将价值创造置于最为重要的位置,促使新创企业的每名员工主动地提升这种价值创造的技能,并给这些员工赋予适当的授权和给予合适的激励,从而能够提炼出适应市场需求并比竞争对手表现更优越的价值。Day(1994)提出,创业机会的合理利用能对新创企业的创业绩效产生提升效果的正外部性是员工的满意度,满意度高的员工往往是创业机会合理利用的结果,这样的员工对新创企业会表现出更高的归属感,工作热情和工作效率会更高。

因此,做出如下假设:

H34:创业机会的合理利用会提高新创企业的员工满意度。

4.3　研究设计与数据分析

基于研究假设的提出,本部分主要包含两个内容:一是问卷设计与数据收集;二是模型度量化,主要解决变量的度量问题。

4.3.1 量表开发

合理的量表设计是保证样本数据信度和效度的重要前提条件。依据Churchill(1979)、Nunn 等(1994)的观点,本研究通过以下程式合理地进行量表的开发与编制。

(1) 确立量表形式

在变量的测量题项具有较高一致性的情况下,多题项相比于单题项更能提高测量的信度(Churchill,1979),因此在创业资源、创业者、创业机会和创业绩效量表中都是采用多题项对相关变量进行度量的。量表采用学术界对经济管理类问题进行研究时通用的设计格式,对所涉及有关题项主要是运用 Likert 五点打分法。度量题项的赋值如下:完全不同意—1;不同意—2;不一定—3;同意—4;完全同意—5。

(2) 通过文献回顾以及与企业界的访谈调研形成量表初稿

在对创业资源、创业者、创业机会、创业绩效等文献进行查阅的基础之上,借用权威性研究的理论观点和已有实证研究文献中被广泛运用的量表,并结合半结构化访谈调研,对量表题项进行初步的设计,形成了量表的初稿。量表编制的基本原则是尽量采用已经相对完善的标准量表,对于没有相对成熟量表可以借鉴的部分变量题项,依据现有研究文献中对这些变量内涵的界定,结合小微企业创业的实际情况编制量表。

(3) 与创业研究领域的同行探讨题项的完善

在笔者所在研究团队的学术研讨交流会上,与包括 2 位教授、3 位副教授、5 位博士生在内的诸多创业研究领域的同行,就所研究相关变量间的逻辑关系及测量题项设计的问题进行广泛的交流和沟通,对题项措辞与类型归并进行深入讨论,并对部分题项进行增加、删除和修改,由此形成第 2 稿的量表。

(4) 与创业者讨论对题项进行修改

首先,笔者与 5 位 MBA 学员(本身在创业或曾经创业过)进行交流,就两方面问题向其征询建议:变量间的逻辑关系是否符合新创企业本身的现实情况,以及量表中的题项能否反映新创企业创业时的状况。其次,通过与 6 位创业者(草根创业者)进行半结构化访谈,对量表中的题项措辞进行修改,使问卷尽可能不含有专业化的术语,易于为一般性企业的创业者所认知和理解,从而提高量表的易读性,由此形成第 3 稿的量表。

(5) 试测

试测的目的是对题项进行纯化,最终形成量表终稿。通过试测,可以使得量表更加吻合创业的特点,能够更系统地映射所研究的有关创业问题,并使量表的措辞和用语更加便于创业者认知和理解。为了能识别量表中可能存在的一些潜在性问题,防止设计中出现遗漏、含糊、不恰当等缺陷,本研究设计了试测的调研提纲,并从第一次样本调查的总体中随机抽取了 38 家企业的 45 位创业者,进行第 3 稿量表问卷的试测,根据回收的样本数据(收回有效问卷 34 份)进行初步数据分析,并根据数据分析的结果对量表进行局部的修订,在此基础上形成调查问卷的正式量表。

由于量表题项都是采用 Likert 五点量表进行度量,受试者对题项的回答主要建立在自身的主观评判基础之上,因而可能会对量表度量的客观性、有效性和准确性产生一定的影响,从而导致样本数据结果出现某些偏差。针对 Fowler (1988)所指出的造成受试者对量表题项做出非准确性和非客观性回答的原因,本研究制定了以下应对策略,以尽可能地提升受试者回答的准确性和客观性。第一,为了尽量降低因受试者不清楚题项的相关信息而造成的负面影响,调研时尽量选取在本行业创业 2 年以上、对所处产业基本情况相对了解的创业者来回答相关题项,并请其就不了解的题项向企业相关人员询问后再作回答;第二,为了降低因受试者无法记忆起题项的相关信息而造成的不利影响,所设计的量表题项基本上都是涉及新创企业近几年内的情况,从而尽可能避免由于受试者记忆不清所导致的错误;第三,为了降低因受试者尽管了解某些题项的答案,却不愿作答而导致的不利影响,在问卷首页就向受试者说明,本问卷调查单纯属于学术研究的需要,所获取的相关初试信息不会应用于任何商业活动,并承诺对受试者提供的相关信息予以保密;第四,为了降低因受试者不能认知和理解问卷题项而造成的不利影响,在设计量表题项过程中,广泛听取创业领域的企业界与学术界专家的建议,并对量表进行测试,对题项的措辞和用词进行多次修改和完善,以尽可能降低量表题项无法理解或措辞含糊不清的状况出现。

4.3.2　样本选择

(1) 样本范围选择

国内的创业研究主要是针对一般性的创业活动,对情境嵌入式的创业活动关注比较少,即便是研究情境嵌入式的创业活动,通常也是把实证研究和调研活动的对象锁定在两个方面:一是政府扶持建设的工业园区、经济开发区,二是高新技术产业。而对民间自发形成的"草根型"非高新技术产业内的创业活动,研究者几乎很少涉及,非高新技术产业恰恰又是我国产业集群的构成主体,面广量大的非高新技术产业构成了我国经济的基本面,鉴于此,对代表着产业集群构成主体的"草根型"非高新技术产业内的创业活动加以研究就显得更有必要。根据 Ciavarella(2004)的观点,主要选择从创办到现在的时间在 8 年以内的企业作为新创企业。为了得到更多的样本,笔者从相关地方政府拿到相关产业集群内的企业名录,这些企业名录比较清楚地标明了企业的主要产品或服务、企业主要创业者姓名和联系渠道,为笔者与这些企业取得联系提供了便利。

(2)样本对象选择

① 第一次样本调查对象选择。在选择样本时,将江苏省不锈钢产业内新创企业作为第一次样本调查的对象。其主要原因有两个:一是江苏省不锈钢产业属于标准型非高新技术产业集群,有助于分析创业资源、创业者、创业机会与创业绩效之间的关系;二是笔者与江苏省不锈钢产业所处区域的地方政府形成了良好的合作关系,问卷调查更容易实施,收集第一手问卷调查数据的把握性更高。

江苏省不锈钢产业集群涉及江苏省"三市七镇"。三市是指兴化市、东台市和姜堰市;七镇是指兴化市戴南镇、张郭镇、茅山镇,东台市溱东镇、时堰镇,姜堰市兴泰镇、溱潼镇。目前,江苏省不锈钢产业已经聚集了数千家不锈钢制品企业,从业人员达 20 万多人,不锈钢制品年销售额超过 1 000 亿元,产品的市场份额占国内整个行业近 20%,规模仅次于广东省不锈钢产业集群,是国内第二大的不锈钢产业集群,基本形成了以戴南镇为中心,横跨苏中和苏北,集聚原料、产品、信息、资金的体系化产业集群。

② 第二次样本调查对象选择。将江苏省汽摩配件产业内新创企业作为第二次样本调研对象,其原因:一是江苏省汽摩配件产业属于有组织非高新技术产业集群,企业间的关联性比较高,能对创业资源、创业者、创业机会与创业绩效各个维度进行更好的论证与检验;二是为了将两个不同产业内创业调查的样本数据分析结果进行比对,从而提高研究的外部效度。

江苏省汽摩配件产业集群出现于 20 世纪 70 年代,目前主要由丹阳市汽摩配件产业集群和常州孟河镇汽摩配件产业集群两个子产业集群共同构成。经过三十多年的发展,常州孟河镇汽摩配件产业集群与丹阳市汽摩配件产业集群都已具备相当大的规模和发展水平。2013 年,江苏省汽摩配件产业集群内的各类企业数量达 2 000 多家,实现销售额 1 240 多亿元,江苏省汽摩配件产业集群覆盖了轿车、重型、轻型、微型和农用汽车等系列,产品主要包括后视镜、汽车内外装饰件、汽车灯具、仪表台、摩托车灯具等。

4.3.3 变量度量

(1)小微企业创业者的度量

根据前面的分析,目前关于创业者的度量主要是从特质和能力两个维度展开的,本研究将从这两个维度开展对小微企业创业者的研究。基于上述研究基础,在 Aldrich(1987)、Timmons(1999)、Markman 和 Baron(2003)等人所构建的度量指标基础上,同时结合要研究相关创业问题的实际情况,修改和完善题项,用创业者特质和能力两个维度的相关题项来度量小微企业创业者。

① 创业者特质。借鉴 Aldrich(1987)、Furnham(1991)、Lumpkin(1996)、Timmons(1999)、Garter(2006)等人关于创业者特质的界定和所构建的测量题项,主要度量创业者与创业环境步调一致的反应程度和以创业者生理为基础条件而形成的一些稳定特征,涉及风险倾向、成就需要、内控制源、不确定性容忍度等 4 个维度,但由于是度量创业者,而在创业者特质这个维度下再划分 4 个子维度将会产生 3 阶因子,这一方面会给后面的数据处理带来较大麻烦,另一方面模型本身也不够简洁,因此,在创业者特质维度下不再划分子维度,而是用相关题项直接度量创业者特质。创业者特质提出以下题项:如果创业是有利可图的,创业者或团队能够承受适当的风险;创业者或团队目标与创业行为相符合;创业者或团队渴望进行创业这种生活方式;在压力下,创业者或团队状态依然良好。在数据处理中,分别用 ET1~ET4 表示。

② 创业者能力。根据 Baum(1994)、Nordhaug(1998)、Markman 和 Baron(2003)等人的创业者能力界定和所构建的题项,主要度量创业者本身所具备的,能够对创业绩效形成影响的适应创业环境的能力和新创企业内部运营管理的综合能力等各种基本因素的总和。创业者能力提出以下题项:本企业的创业者或团队具备灵活的适应能力,能快速地进行取舍;本企业创业者或团队是一个优秀管理者或组合;本企业创业者或团队具有良好的决策能力;本企业创业者或团队具有广泛的社会人际关系;本企业创业者或团队成员具有知识技能上的高度互补性。在数据处理中,分别用 EA1~EA5 表示。

(2) 小微企业创业资源的度量

基于上述研究基础,本研究提出,创业资源的有效整合是一个动态性的正反馈过程,每历经创业资源识别、获取和利用整个过程后,在新创企业内部就会积淀一部分创业资源,而这些资源又会进入下一次创业资源整合利用过程,并对新创企业运营的每个环节形成影响,因此新创企业的资源条件是不断累积的结果。因此,在 Kazanjian(1988)、Hitt(2001)、Brush 等(2001)、马鸿佳(2008)等人所提出的度量指标基础上,同时结合要研究的创业问题实际情况,修改和完善相关题项,用可识别性、可获取性和可利用性 3 个维度的题项来度量小微企业创业资源。

① 创业资源可识别性。借鉴 Brush 等(2001)、Sirmon 等(2003)、马鸿佳(2008)等人对创业资源识别的界定和所构建的题项,主要度量创业者根据自身

资源禀赋状况,对创业所需资源的分析、确认过程。小微企业创业资源可识别性提出 5 个题项:创业时期,我很清楚自身所拥有的知识、技能等;我很清楚自身所拥有的哪些知识、技能是创业时所必需的;创业时期,我认识到社会关系网的价值;创业时期,我能获得资源供应商的相关信息;创业时期,我能从客户中获取信息。在数据处理时,分别用 ERI1~ERI5 表示。

② 创业资源可获取性。借鉴 Miller(1982)、Kazanjian(1988)、马鸿佳(2008)等人对创业资源获取的界定和所构建的题项,主要度量小微企业创业者对创业活动的资源需求从外部环境获取的途径,以及小微企业创业者的自身资源禀赋对外部资源的吸引力大小。小微企业创业资源可获取性提出 5 个题项:创业时期,我能将新获得的资源和原有资源进行合理匹配;创业时期,我能把各种资源根据目标结合在一起;本企业能从供应商处获取创业所需的有形资源和信息资源;本企业能从客户那里获取需求信息等无形创业资源;创业时期,本企业能从社会关系中获取创业所需的关键技术。在数据处理时,分别用 ERO1~ERO5 表示。

③ 创业资源可利用性。借鉴 Miller 和 Friesen(1982)、Hitt(2001)、Kazanjian(1988)、林嵩(2007)等人对创业资源利用的界定和所提出的题项,主要度量小微企业创业者在所获取的各类创业资源关系中表现出的协调性,并基于承继资源协调,对潜在创业资源继续整合利用。小微企业创业资源可利用性提出 7 个题项:创业时期,本企业能利用社会关系吸引多种创业资源;创业时期,本企业能通过与其他企业合作来促进员工的学习;创业时期,我能根据资源特性把资源捆绑在一起;创业时期,本企业的创业者或团队能利用个人或团队资源禀赋得到其他外部资源;创业时期,本企业能利用已整合的资源撬动得到其他资源;创业时期,本企业能利用员工的资源禀赋得到其他外部资源;创业时期,本企业实现了企业内部资源的共享性配置。数据处理时,分别用 ERU1~ERU7 表示。

(3) 小微企业创业机会的度量

Timmons(1999)提出,创业者在识别和利用创业机会的过程中,通常会丢掉许多创业机会,同时还保留少数的创业机会,丢掉或保留创业机会的基本依据一般是创业机会的特征,并进而提出了一个创业机会特征所应共同的锁定目标。苗青(2006)认为,就创业者而言,创业机会应该是一个多维度结构,基于创业机会认知的主要内容,能够推演出 6 个结构性要素,分别是潜在值、持续性、新颖性、独立性、可取性、实践性,并进一步概括为赢利性和可行性两个二阶因子,从而形成二阶、六要素的创业机会评价模型。基于上述的研究基础,鉴于研究者对待创业机会的视角有所不同,对创业机会的认知有所差异,可以肯定的是,将创业机会划分为主、客观两类属性得到了基本认同。据此,创业机会可以通过特征来刻画,主要包括两个维度:可行性和赢利性。

① 可行性。借鉴 Timmons 和 Spinelli(2005)、苗青(2006)、Mullins(2002)等对创业机会可行性的界定和所构建的题项,主要度量新创企业实现创业机会赢利的把握度,即对成功开发机会的可能性。小微企业创业机会可行性提出 7 个题项:本企业创业时期具有技术、资金、专利、渠道等某种独占性;本企业创业时期能将已消化的新技术与其他技术融合;本企业创业时期拥有低成本的供货商,具有成本优势;本企业创业时期拥有发展良好的社会关系网,容易获得合同;本企业创业时期能够获得销售渠道,或已经拥有现成的销售网络;本企业创业时期能很快掌握所获得的各种创业机会信息;本企业创业时期能很快识别新信息可能带来的变化。数据处理时,分别用 EOP1 ～ EOP7 表示。

② 赢利性。借鉴 Timmons 和 Spinelli(2005)、Ardichvili 和 Cardozo(2003)、苗青(2006)、陈海涛(2008)等对创业机会可行性的界定和所构建的度量题项,主要度量创业机会所带有的赢利能力和规模,以及与相关利益者关系的紧密性。小微企业创业机会赢利性提出 7 个题项:客户可以接受本企业的产品或服务,愿意为此付费;本企业的产品或服务对市场的影响力高;本企业收回投资、实现保本所需要的时间在 2 年以下;市场容易了解,可以给企业带来持续收入;本企业开发的产品生命周期长久;本企业对成本、价格和销售的控制好;产品或服务带来的附加价值对本企业未来发展很重要。数据处理时,分别用 EOB1～EOB7 表示。

(4) 小微企业创业绩效的度量

生存与成长在创业绩效研究领域已是被广泛认同的两个关键维度。Chrisman 和 Bauerschmidt(1998)认为,在度量创业绩效时,需要用生存和成长这两个维度来度量创业绩效,其提出区别于一般性管理绩效的创业绩效主要在于,新创企业就如同一个新生婴儿,最先要解决的问题是能存活下来,然后再持续性地成长,并渐渐地适应激烈的市场竞争环境,从而在成长过程中增强自身抵抗各种风险的能力,因此,新创企业要解决一个先生存后成长的问题。JohLnnaa 和 Eristina(2004)构建了基于利益相关者理论的多维度创业绩效模型,这些维度主要包括:财务性绩效、客户满意度和员工满意度。根据上述研究基础,基于创业过程的视角,采用以目标理论为主,兼顾利益相关者理论的度量方法,将创业绩效划分为生存、成长、员工满意度和客户满意度 4 个维度。

① 生存。借鉴 Johanna 和 Cristina(2004)、Gopalakrishnan(2000)、沈超红(2006)、刘庆中(2007)等对生存的界定和所构建的题项,主要度量创业者对新创企业能够持续存在 8 年及以上可能性的判断,即"企业家剩余"能否长期有效弥补创业者的机会成本。生存维度提出 5 个题项:本企业的净现金流量大;本企业的销售收入高;本企业的销售利润率高;本企业的内部组织管理水平高;本企业的新业务(新产品、新市场、新服务等)销售收入占企业总收入的比例高。在数据处理时,分别用 EX1~EX5 表示。

② 成长。借鉴 Hitt(2001)、沈超红(2006)、刘庆中(2007)等对成长的界定和所构建的题项,主要度量新创企业合约的数量增长状况,即销售量、员工数和营业收入的增长情况等。成长维度提出 5 个题项:本企业的销售额增长快;本企业的员工数增长快;本企业的售后服务在不断完善;本企业新业务(新产品、新市场、新服务等)的开发数量增长快;创业者或团队的管理能力成长快。在数据处理时,分别用 GR1~GR5 表示。

③ 客户满意度。借鉴 Johanna 和 Cristina(2004)、Hitt(2001)、沈超红(2006)、李丹(2007)等对客户满意度的界定和所构建的题项,主要度量客户对新创企业的产品或服务的认知和对新创企业的信任程度。客户满意度提出 6 个题项:与竞争对手相比,客户更愿意购买本企业的产品或服务;客户会重复购买本企业的产品;客户会向潜在客户推荐本企业的产品;总体说来,客户对本企业非常信任;如果本企业出了问题,客户会接受我们的善意解释;客户认为,本企业提供的产品或服务的质量比竞争对手的高。在数据处理时,分别用 CS1~CS6 表示。

④ 员工满意度。借鉴 Hitt(2001)、Gopalakrishnan(2000)、沈超红(2006)、李丹(2007)等对员工满意度的界定和所构建的题项,主要度量员工对新创企业的认可和愿意为新创企业作出努力的程度。员工满意度提出 6 个题项:为了帮助企业成功,员工愿意做出努力;本企业的大部分员工对工作环境感到满意;本企业的大部分员工与领导之间彼此能相互信任;本企业的大部分员工对个人取得的成绩感到满意;本企业员工的工作建议在本企业里能够得到重视;一般来说,本企业的大部分员工愿意在本企业工作。在数据处理时,分别 ES1~ES6 表示。

本研究所开发的变量的所有题项,要求受试者根据自身主观判断进行回答,调查问卷内容详见附录。

4.3.4　第一次样本数据收集与描述

（1）第一次样本数据收集

① 实地收集。实地调研活动邀请了部分教师、研究生共 6 人参加。调研活动分成两个阶段进行。第一，培训阶段：由笔者对参加调研的人员进行集中的培训，讲解在江苏省不锈钢产业内调研的整个过程和相关注意事项，并且为了尽量降低调研过程中可能出现的理解误差，将所有调研人员分成 3 个小组，每小组由两人组成，各调研小组由 1 名调研经验比较丰富的人员与 1 名调研经验相对较少的人员组成。第二，正式调研阶段：为了能保证较高的问卷回收率和有效性，调研人员首先根据所获得的江苏省不锈钢产业内企业名录上的新创企业来选择调研对象，与调研企业取得联系和进行预约，在获得准确的调研时间后，调研小组前往调研企业与创业者（受试者）面对面交流，当场填写问卷，即时回收，在受试者填写问卷的过程中，调研小组成员及时应答受试者提出的相关问题。

② 委托收集。委托调研主要是利用与兴化市戴南镇和张郭镇、东台市溱东镇和时堰镇等地方政府以往的合作关系。首先，在阐明问卷调查目的的前提下，笔者向地方政府相关参与人员详细说明与讲解江苏省不锈钢产业问卷调查的内容，提醒问卷发放和回收的注意事项；然后，地方政府负责发放问卷，由符合条件的创业者填写，并负责回收。同时，笔者保证问卷调查内容是保密的，只用于学术研究，不应用于任何商业活动，并承诺如果企业需要，可以把问卷调查分析后有价值的结果反馈给相关不锈钢企业。

第一次问卷调查活动主要以江苏省不锈钢产业的"三市七镇"的戴南镇、张郭镇、溱东镇和时堰镇为样本对象范围，整个调研工作历时 6 个月左右。整个调研活动历时较长，主要是因为委托地方政府的调研活动遇到了由于地方政府人员调整而导致的沟通不畅等种种困难，调研小组广泛地利用社会资源，克服各种困难，最终回收大部分问卷。两种方式共回收 512 份调查问卷，剔除填写不规范、缺省值较多及非创业者填写的无效问卷，有效问卷为 368 份。

（2）第一次样本数据描述

选择问卷填写人的性别、创业类型、创业时学历、创业时职业、行业性质、企业类型、员工人数和创业时年龄进行江苏省不锈钢产业总体样本的特征描述性统计分析，如表 4-1～表 4-8 所示。表 4-1 显示，从创业者性别来看，男性创业者占绝大多数，达到 94.02%。表 4-2 显示，从创业类型来看，生存型创业占多数，达到 76.90%。表 4-3 显示，从创业者学历来看，大多数创业者都是初中及以下文凭，达到 74.72%。表 4-4 显示，从创业者创业时所从事职业来看，企业销售人员的比例最高,达到 26.36%,其次是企业管理人员、厂长经理和一般工人,分别是 14.68%,14.40%,13.32%。表 4-5 显示,大多数企业都是传统行业的新创企业,达到 91.85%。表 4-6 显示,从企业类型来看,多数企业为个人独资企业,达到 66.85%。表 4-7 显示,从所调研的员工人数来看,100 人以下的企业数量最多,达到 64.40%。表 4-8 显示,年龄为 30 岁以下的创业者,达到了 74.73%。

表 4-1　性别变量描述性统计分析

变　量	题　项	频　数	频　率
性别	男	346	94.02%
	女	22	5.98%
合　计		368	100%

表 4-2　创业类型变量描述性统计分析

变　量	题　项	频　数	频　率
创业类型	生存	283	76.90%
	机会	31	8.43%
	二者皆有	54	14.67%
合　计		368	100%

表 4-3　创业学历变量描述性统计分析

变　量	题　项	频　数	频　率
创业学历	初中及以下	275	74.72%
	高中	59	16.03%
	专科	21	5.71%
	本科	10	2.72%
	硕士	3	0.82%
	博士	0	0.00%
合　计		368	100%

表 4-4　创业职业变量描述性统计分析

变　量	题　项	频　数	频　率
创业职业	党政干部	10	2.72%
	农民	36	9.78%
	一般工人	49	13.32%
	企业销售人员	97	26.36%
	企业技术人员	22	5.98%
	企业管理人员	54	14.68%
	军人	20	5.43%
	教师	6	1.62%
	厂长经理	53	14.40%
	科研人员	3	0.82%
	其他	18	4.89%
合　计		368	100%

表 4-5　行业性质变量描述性统计分析

变　量	题　项	频　数	频　率
行业性质	高新技术行业	30	8.15%
	传统行业	338	91.85%
合　计		368	100%

表 4-6　企业类型变量描述性统计分析

变　量	题　项	频　数	频　率
企业类型	个人独资	246	66.85%
	合伙制企业	41	11.14%
	中外合资	25	6.79%
	公司制企业	56	15.22%
合　计		368	100%

表 4-7　员工人数变量描述性统计分析

变　量	题　项	频　数	频　率
员工人数	1～50	112	30.43%
	51～100	125	33.97%
	101～300	97	26.36%
	301～1 000	30	8.15%
	1 001～2 000	3	0.82%
	2 001 人及以上	1	0.27%
合　计		368	100%

表 4-8　创业年龄变量描述性统计分析

变　量	题　项	频　数	频　率
创业年龄	25 岁及以下	82	22.28%
	26～30 岁	193	52.45%
	31～40 岁	68	18.47%
	41～50 岁	21	5.71%
	51 岁及以上	4	1.09%
合　计		368	100%

4.3.5　探索性因子分析

为了尽量减少各个变量间可能存在的多重共变性,在运用结构方程模型作进一步探讨之前,需要对这些变量进行因子分析。通过因子分析,可以将一组度量题项打包为少量几个因子,然后进一步将原来是度量题项的数据信息转变成相应因子的得分,利用这些因子得分替换原有的度量题项的数据信息进行相关的统计分析,如回归分析、相关分析、方差分析等。因子分析可以分为探索性因子分析和验证性因子分析两种,按照因子分析的一般性原则,验证性因子分析的每个度量题项的因子载荷值通常需大于 0.7(也可适当放宽至 0.6),而探索性因子分析中度量题项的因子载荷值通常需大于 0.5。

本研究采用探索性因子分析的主要原因是,利用 SPSS 软件对创业调查所收集的第一次样本数据进行探索性因子分析,从而进一步提炼量表题项,并确认量表中各个变量的维度。

(1)小微企业创业资源探索性因子分析

小微企业创业资源探索性因子分析结果如表 4-9 所示。表 4-9 显示,对创业资源变量,在通过因子分析和信度检验后,KMO 样本充分性检验值为 0.729,适合进行探索性因子分析,对变量的累积解释量高于临界值 60%,相应得到 3 个因子:创业资源可识别性、创业资源可获取性、创业资源可利用性。3 个因子不具有共变性。这 3 个因子的 Cronbach'a 信度系数分别为 0.724,0.752,0.643,这 3 个值全部达到了开展进一步研究所需要的临界值 0.6,因此探索性因子分析所形成的创业资源变量的 3 个维度均具有较好的可靠性。

表 4-9　小微企业创业资源的因子分析

变　量	题　项	因子 F1	因子 F2	因子 F3	α 值
创业资源可识别性	ERI1	**0.691**	−0.218	0.381	0.724
	ERI2	**0.704**	0.390	0.253	
	ERI3	**0.735**	0.459	−0.170	
	ERI4	**0.514**	0.397	−0.251	
	ERI5	0.398	0.373	0.168	
创业资源可获取性	ERO1	0.415	0.452	−0.377	0.752
	ERO2	0.326	0.370	−0.106	
	ERO3	0.401	**0.543**	0.035	
	ERO4	−0.352	**0.628**	0.339	
	ERO5	0.38	**0.656**	0.098	
创业资源可利用性	ERU1	−0.391	0.344	**0.583**	0.643
	ERU2	0.336	0.223	**0.551**	
	ERU3	0.349	−0.287	0.417	
	ERU4	−0.486	0.353	**0.612**	
	ERU5	−0.428	0.39	**0.540**	
	ERU6	0.371	0.325	**0.509**	
	ERU7	0.404	−0.350	0.436	

在相关因子上的载荷值都低于 0.5 的题项,如"创业时期,我能从客户中获取信息(ERI5)""创业时期,我能将新获得的资源和原有资源进行合理匹配(ERO1)""创业时期,我能把各种资源根据目标结合在一起(ERO2)""创业时期,我能根据资源特性把资源捆绑在一起(ERU3)""创业时期,本企业实现了企业内部资源的共享性配置(ERU7)",在后面的分析中被剔除。其他题项在相应因子上的载荷值都大于 0.5,收敛于该因子,隶属于创业资源变量的相应维度。

从小微企业创业资源因子分析结果来看,总体比较满意。

（2）小微企业创业者探索性因子分析

小微企业创业者探索性因子分析结果（见表4-10）表明，经过因子分析和信度检验，创业者因子分析的KMO样本充分性检验值为0.814，适合进行探索性因子分析，对变量的累积解释量高于临界值60%，相应得到两个因子，创业者特质和创业者能力。两个因子不具有共变性。这两个因子的Cronbach'a信度系数分别为0.823和0.715，这两个值都达到了开展进一步研究所需要的临界值0.6，因此探索性因子分析所形成的创业者变量的两个维度均具有很好的可靠性。

表4-10　小微企业创业者的因子分析

变　量	题　项	因子F1	因子F2	α值
创业者特质	ET1	**0.605**	0.294	0.823
	ET2	**0.563**	0.321	
	ET3	**0.712**	−0.156	
	ET4	**0.648**	0.063	
创业者能力	EA1	0.340	**0.529**	0.715
	EA2	−0.281	**0.608**	
	EA3	0.404	0.451	
	EA4	0.265	**0.573**	
	EA5	0.389	0.437	

在相关因子上的载荷值都低于0.5的题项，如"创业者具有良好的决策能力（EA3）""创业者或团队成员具有知识技能上的高度互补性（EA5）"，在后面的分析中被剔除。其他题项在相应因子上的载荷值都大于0.5，收敛于相应的因子，隶属于创业者变量的相应维度。

从创业者因子分析结果来看，都满足了要求，总体拟合较好。

（3）小微企业创业机会探索性因子分析

创业机会探索性因子分析结果见表4-11，表明，对创业机会变量，在通过因子分析和信度检验后，KMO样本充分性检验值为0.866，适合进行探索性因子分析，变量累积解释量高于临界值60%，相应得到两个因子：可行性和赢利性。两个因子不具有共变性。这两个因子的Cronbach'a信度系数分别为0.803和0.730，都达到了开展进一步研究所需要的临界值0.6，因此探索性因子分析所形成的小微企业创业机会变量两个维度均具有可靠性。

在相关因子上的载荷值低于0.5的题项，如"本企业创业时期能将已消化的新技术与其他技术融合(EOP2)""本企业创业时期拥有发展良好的社会关系网，容易获得合同(EOP4)""本企业创业时期能很快识别新信息可能带来的变化(EOP7)""本企业收回投资、实现保本所需要的时间在 2 年以下(EOB3)""市场容易了解，可以给企业带来持续收入(EOB4)"，在后面的分析中被剔除。其他题项在相应因子上的载荷值都大于 0.5，收敛于相应的因子，隶属于创业机会变量的相应维度。

从创业机会因子分析结果来看，都满足了要求，总体拟合较好。

表 4-11　小微企业创业机会的因子分析

变　量	题　项	因子 F1	因子 F2	α 值
创业机会可行性	EOP1	**0.602**	−0.397	0.803
	EOP2	0.450	0.412	
	EOP3	**0.763**	−0.347	
	EOP4	0.407	−0.384	
	EOP5	**0.524**	0.331	
	EOP6	**0.718**	0.298	
	EOP7	0.37	−0.315	
创业机会赢利性	EOB1	−0.421	**0.655**	0.730
	EOB2	0.448	**0.509**	
	EOB3	−0.352	0.364	
	EOB4	0.410	0.438	
	EOB5	−0.326	**0.537**	
	EOB6	−0.395	**0.521**	
	EOB7	0.273	**0.580**	

(4) 小微企业创业绩效探索性因子分析

创业绩效探索性因子分析结果如表 4-12 所示。

表 4-12　小微企业创业绩效的因子分析

变　量	题　项	因子 F1	因子 F2	因子 F3	因子 F4	α 值
生存	EX1	**0.541**	0.356	−0.237	0.048	
	EX2	0.437	−0.415	0.292	−0.334	
	EX3	**0.682**	0.370	0.186	−0.101	0.774
	EX4	**0.619**	0.382	−0.300	0.062	
	EX5	**0.755**	−0.299	−0.214	0.005	
成长	GR1	0.348	**0.640**	−0.227	0.143	
	GR2	−0.409	**0.572**	0.268	0.155	
	GR3	−0.481	**0.568**	0.259	−0.202	0.712
	GR4	0.396	**0.510**	−0.177	0.090	
	GR5	0.365	**0.624**	0.193	0.318	
客户满意度	CS1	−0.428	0.315	0.453	0.220	
	CS2	0.360	−0.258	**0.529**	−0.207	
	CS3	0.343	0.267	**0.538**	0.151	0.630
	CS4	−0.409	0.273	**0.603**	−0.111	
	CS5	0.362	0.244	0.386	0.250	
	CS6	0.325	−0.321	**0.507**	0.249	
员工满意度	ES1	−0.428	0.303	0.221	**0.545**	
	ES2	−0.346	0.259	0.240	**0.518**	
	ES3	0.361	−0.282	0.077	**0.593**	0.729
	ES4	0.430	−0.318	−0.188	**0.532**	
	ES5	−0.368	0.290	−0.279	0.466	
	ES6	0.355	−0.264	0.157	**0.561**	

表 4-12 表明，对创业绩效变量，在通过因子分析和信度检验后，KMO 样本充分性检验值为 0.768，适合进行探索性因子分析，对变量的累积解释量达 70% 以上（高于临界值 60%），相应得到 4 个因子：生存、成长、客户满意度和员工满意度。4 个因子不具有共变性。这 4 个因子的 Cronbach'a 信度系数分别为 0.774，0.712，0.630，0.729，全部达到了开展进一步研究所需要的临界值 0.6，因此探索性因子分析所形成的创业绩效变量的 4 个维度均具有较好的可靠性。

在相关因子上的载荷值低于 0.5 的题项，如"本企业的销售收入高（EX2）""与竞争对手相比，客户更愿意购买本企业的产品或服务（CS1）""如果本企业出了问题,客户会接受我们做出的善意解释(CS5)""本企业员工的工作建议在本企业里能够得到重视(ES5)",在后面的分析中被剔除。其他题项在相应因子上的载荷值都大于 0.5,收敛于相应的因子,隶属于创业绩效变量的相应维度。

从创业绩效因子分析结果来看,都满足了要求,总体拟合较好。

4.3.6　第二次样本数据收集与描述

(1) 第二次样本数据收集

第二次问卷调查活动历时 4 个月左右,问卷调查对象为江苏省汽摩配件产业所在的丹阳市和常州市孟河镇的创业者。第二次调研活动仍然采取实地收集和委托收集两种问卷发放和回收方式。

① 实地收集,通过江苏省汽摩配件产业内企业目录,采取随机抽样的方式,由调查者亲自到企业与创业者进行访谈,请创业者填写问卷。

② 委托收集,利用与丹阳市和常州市等地方政府的一些合作关系,在阐明问卷调查目的的前提下,地方政府发放问卷,由符合条件的创业者填写,并负责回收。两种方式共回收 575 份问卷,剔除填写不规范、缺省值较多及非创业者填写的无效问卷,有效问卷为 483 份。

(2) 第二次样本数据描述

各特征变量的频数和频率分布状况如表 4-13~表 4-20 所示。通过比较第二次样本数据的特征描述性统计分析与第一次样本的特征描述性统计分析,两者在性别、创业类型、创业时学历、创业时职业、行业性质、企业类型、员工人数和创业时年龄等方面差别不是很大,有助于验证性因子分析与探索性因子分析结果的比较。

表 4-13　性别变量描述性统计分析

变　量	题　项	频　数	频　率
性别	男	460	95.24%
	女	23	4.76%
合　计		483	100%

表 4-14　创业类型变量描述性统计分析

变　量	题　项	频　数	频　率
创业类型	生存	375	77.64%
	机会	36	7.46%
	二者皆有	72	14.90%
合　计		483	100%

表 4-15 创业学历变量描述性统计分析

变 量	题 项	频 数	频 率
创业学历	初中及以下	352	72.88%
	高中	102	21.12%
	专科	16	3.31%
	本科	12	2.48%
	硕士	1	0.21%
	博士	0	0.00%
合 计		483	100%

表 4-16 创业职业变量描述性统计分析

变 量	题 项	频 数	频 率
创业职业	党政干部	8	1.66%
	农民	65	13.46%
	一般工人	84	17.39%
	企业销售人员	145	30.02%
	企业技术人员	30	6.21%
	企业管理人员	47	9.73%
	军人	18	3.73%
	教师	4	0.83%
	厂长经理	49	10.14%
	其他	31	6.83%
合 计		483	100%

表 4-17 行业性质变量描述性统计分析

变 量	题 项	频 数	频 率
行业性质	高新技术行业	31	6.42%
	传统行业	452	93.58%
合 计		483	100%

表 4-18　企业类型变量描述性统计分析

变　量	题　项	频　数	频　率
企业类型	个人独资	342	70.81%
	合伙制企业	39	8.07%
	中外合资	20	4.14%
	公司制企业	82	16.98%
合　计		483	100%

表 4-19　员工人数变量描述性统计分析

变　量	题　项	频　数	频　率
员工人数	1～50	147	30.43%
	51～100	166	34.37%
	101～300	127	26.29%
	301～1 000	38	7.87%
	1 001～2 000	4	0.83%
	2 001 人及以上	1	0.21%
合　计		483	100%

表 4-20　创业年龄变量描述性统计分析

变　量	题　项	频　数	频　率
创业年龄	25 岁及以下	125	25.88%
	26～30 岁	264	54.66%
	31～40 岁	72	14.91%
	41～50 岁	19	3.93%
	51 岁及以上	3	0.62%
合　计		483	100%

4.3.7　验证性因子分析

理论模型是否得到度量题项数据信息的支持,通常有 3 类拟合指标可以用于评价:① 绝对拟合指标,如卡方值(χ^2)、近似均方根误差(RMSEA)、标准均方根残差(SRMSR)、拟合优度指数(GFI*)、调整后的拟合优度指数(AGFI*)等;② 相对拟合指标,如比较拟合指数(CFI)、非范拟合指数(TLI)、P 值等;③ 省俭度,如省俭规范拟合指数(PNFI)、省俭拟合优度指数(PGFI)等。在验证性因子分析中,常用的拟合指数主要有卡方值(χ^2)、自由度(DF)、卡方值/自由度($\chi^2/$DF)、GFI*、AGFI*、RMSEA、TLI 和 CFI。

与传统的 χ^2 检验相反,验证性因子分析得到的 χ^2 却希望是不显著的,χ^2 越小,表明观测数据与理论模型拟合效果越好,但由于 χ^2 与样本大小存在关联性,因此,通常不直接用来作为理论模型评价的指标,而是选用 $\chi^2/$DF 来度量,$\chi^2/$DF 数值越接近于 0,说明观测数据与理论模型拟合效果越好。按照一般性标准,$\chi^2/$DF 的取值低于 3,表示模型拟合效果很好;介于 3 和 5 之间,表示观测数据与理论模型拟合较好,模型是可以接受的;介于 5 和 10 之间,表示观测数据与理论模型拟合效果比较差,理论模型不好;取值大于 10,表示观测数据与理论模型不能拟合,模型非常差。

RMSEA 的取值范围在 0 和 1 之间。越近似于 0,表示观测数据与理论模型拟合效果越好。通常认为,RMSEA 的取值大于 0.1,表示观测数据与理论模型拟合不好;介于 0.1 和 0.05 之间,表示观测数据与理论模型拟合结果是能够接受;介于 0.01 和 0.05 之间,表示观测数据与理论模型拟合好;取值低于 0.01,表示观测数据与理论模型拟合很好。

GFI*、AGFI*、TLI、CFI 的取值范围也在 0 到 1 之间,越接近 1,表示理论模型拟合的越好。取值大于 0.9,表示观测数据与理论模型拟合很好;介于 0.8 和 0.9 之间,表示观测数据与理论模型拟合结果能够接受。

在进行理论模型的评价时,不同的拟合指标评价侧重点有所差异。因此,对于一个理论模型的好坏,不能只用一个指标,而应该用多个指标共同进行综合性评价。

(1)小微企业创业资源验证性因子分析

小微企业创业资源验证性因子分析的结果显示,绝对拟合指数卡方值为 94.418,自由度为 51,卡方值与自由度的比值($\chi^2/$DF)为 1.851(小于 3),P 值小于 0.05,RMSEA 为 0.042(小于 0.05),GFI* 为 0.985(大于 0.9),AGFI* 为 0.977(大于 0.9),题项(观测变量)数据与理论模型拟合效果可以接受,这表明理论模型拟合的效果较好;相对拟合指数 CFI 为 0.863(大于 0.8)、TLI 为 0.923(大于 0.9),相对拟合指数值表明,模型的拟合结果能够接受。总体来说,拟合较好。

创业资源验证性因子分析很好地解释了探索性因子分析的结果。创业资源探索性因子分析的结果显示,创业资源变量包括 3 个因子(维度)和 12 个题项(观测变量),其中 4 个题项用来测量创业资源可识别性因子,3 个题项用于测量创业资源可获取性因子,5 个题项用于测量创业资源可利用性因子。创业资源验证性因子分析的结果(见图 4-1)表明,9 个题项的载荷值在临界值 0.7 以上,只有 ERI4、ERO3、ERU6 这 3 个题项的载荷值低于临界值 0.7,但也在 0.6 以上。因此,12 个题项分别收敛于 3 个因子,说明创业资源的测量题项的收敛效度较好。创业资源的可识别性、可获取性和可利用性维度相互之间的相关系数分别为 0.579,0.623,0.714,都低于临界值 0.9,这说明其在测量建构上的区别效度较好。以上多项指数都表明,该测量模型的拟合效果较好,隶属于 3 个维度的 12 个题项测量创业资源变量比较可靠,最终测量题项如表 4-21 所示。

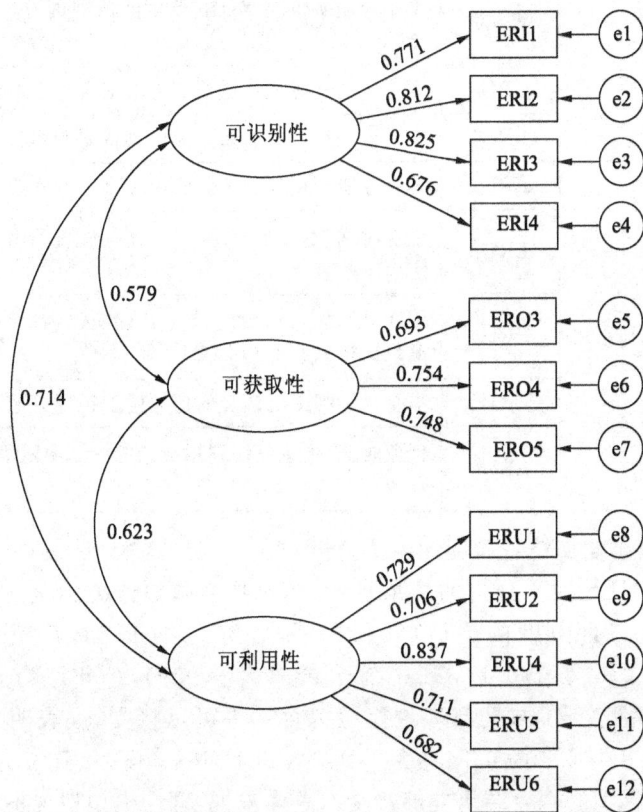

图 4-1　小微企业创业资源验证性因子分析模型

表 4-21　小企业创业资源测量题项

变量	维度	题项名称	题项内容
创业资源	可识别性	ERI1	创业时期,本企业很清楚自身所拥有的知识、技能等
		ERI2	本企业很清楚自身所拥有的哪些知识、技能是创业时所必需的
		ERI3	创业时期,本企业认识到社会关系网的价值
		ERI4	创业时期,本企业能获得资源供应商的相关信息
	可获取性	ERO3	本企业能从供应商处获取创业所需的有形资源和信息资源
		ERO4	本企业能从客户那里获取需求信息等无形创业资源
		ERO5	本企业能从社会关系中获取创业所需的关键技术
	可利用性	ERU1	本企业能利用社会关系吸引多种创业资源
		ERU2	创业时期,本企业能通过与其他企业合作促进员工的学习
		ERU4	创业时期,本企业的创业者或团队能利用个人或团队资源禀赋得到其他外部资源
		ERU5	本企业能利用已整合的资源撬动得到其他资源
		ERU6	创业时期,本企业能利用员工的资源禀赋得到其他外部资源

（2）小微企业创业者验证性因子分析

创业者验证性因子分析的结果显示,绝对拟合指数卡方值为 32.619,自由度为 13,卡方与自由度的比值（χ^2/DF）为 2.509（小于 3）,P 值小于 0.01,RMSEA 为 0.056（小于 0.1）,GFI* 为 0.988（大于 0.9）,AGFI* 为 0.974（大于 0.9）,题项（观测变量）数据与理论模型拟合效果可以接受,这表明模型拟合较好;相对拟合指数 CFI 为 0.941（大于 0.9）、TLI 为 0.905（大于 0.9）,相对拟合指数值表明,模型的拟合结果能够接受。总体来说,理论模型拟合不错。

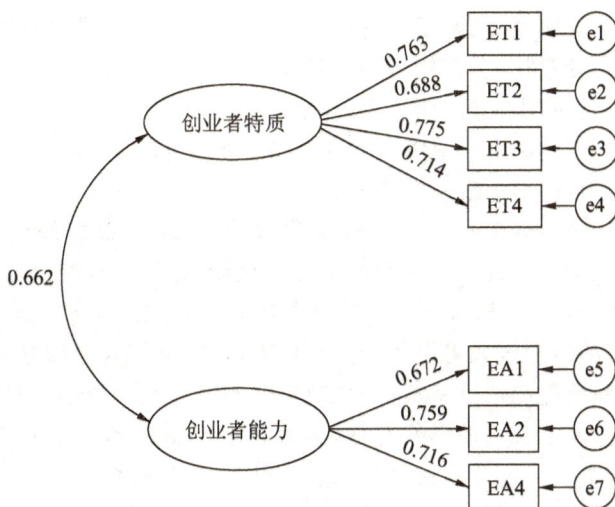

图 4-2　小微企业创业者验证性因子分析模型

表 4-22　小微企业创业者测量题项

变量	维度	题项名称	题项内容
创业者	创业者特质	ET1	创业者或团队能够承受适当的风险
		ET2	创业者或团队目标与创业行为相符合
		ET3	创业者或团队渴望进行创业这种生活方式,而不只是为了赚大钱
		ET4	创业者或团队在压力下状态依然良好
	创业者能力	EA1	本企业的创业者或团队具备灵活的适应能力,能快速地进行取舍
		EA2	创业者或团队是一个优秀管理者或组合
		EA4	创业者或团队具有广泛的社会人际关系

　　创业者验证性因子分析很好地解释了探索性因子分析的结果,创业者变量包括两个因子和7个题项,4个题项用来测量创业者特质因子,3个题项用于测量创业者能力因子。创业者验证性因子分析的结果(见图 4-2)表明,5个题项的载荷值在临界值0.7以上,尽管 ET2 和 EA1 这两个题项的载荷值低于临界值0.7,但也比较接近 0.7。因此,7个题项分别收敛于两个因子,说明创业者变量的测量题项的收敛效度较好。创业者特质与创业者能力这两个因子(维度)的相关系数为 0.662,低于临界值0.9,这充分说明其在测量建构上的区别效度较好。

以上多项指数都表明,该测量模型的拟合效果较好,隶属于两个维度的 7 个题项用来测量创业者变量比较可靠,最终测量题项如表 4-22 所示。

(3)小微企业创业机会验证性因子分析

创业机会验证性因子分析显示,绝对拟合指数卡方值为 41.382,自由度为 26,卡方值与自由度的比值(χ^2/DF)为 1.592(小于 3),P 值小于 0.1,RMSEA 为 0.035(小于 0.05),GFI* 为 0.993(大于 0.9),AGFI* 为 0.988(大于 0.9),题项(观测变量)数据与理论模型拟合结果能够接受,这表明模型拟合的效果好;相对拟合指数 CFI 为 0.918(大于 0.9)、TLI 为 0.886(大于 0.8),相对拟合指数值表明,理论模型的拟合效果可以接受。总体来说,模型拟合比较好。

创业机会验证性因子分析很好地解释了探索性因子分析的结果。小微企业创业机会探索性因子分析的结果显示,创业机会变量包括两个因子和 9 个题项(观测变量),其中 4 个题项用来测量创业机会可行性因子,5 个题项用于测量创业机会赢利性因子。创业机会验证性因子分析的结果(见图 4-3)表明,7 个题项的载荷值在临界值 0.7 以上,只有 EOP5、EOB2 这两个题项的载荷值低于临界值 0.7,但也在 0.6 以上。因此,9 个题项分别收敛于两个因子,说明创业机会的测量题项的收敛效度比较好;创业机会可行性和赢利性两个维度之间的相关系数为 0.694,低于临界值 0.9,这充分说明其在测量建构上的区别效度比较好。以上多项指数都表明,创业机会测量模型的拟合结果不错,隶属于两个维度的 9 个题项用来测量创业机会变量相对可靠,最终测量题项如表 4-23 所示。

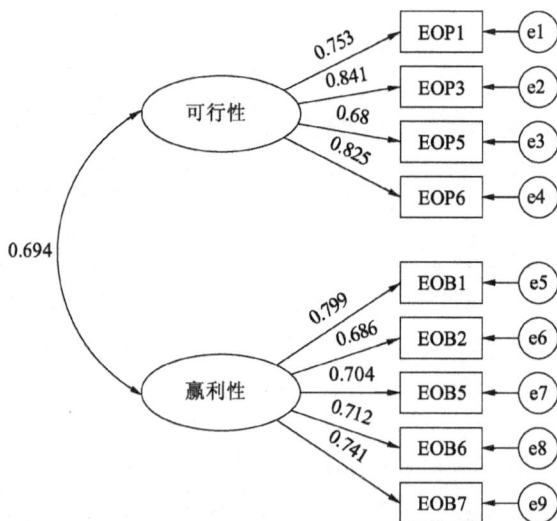

图 4-3　小微企业创业机会验证性因子分析模型

表 4-23　小微企业创业机会测量题项

变量	维度	题项名称	题项内容
创业机会	可行性	EOP1	本企业创业时期具有技术、资金、专利、渠道等某种独占性
		EOP3	本企业创业时期拥有低成本的供货商,具有成本优势
		EOP5	本企业创业时期能够获得销售渠道,或已经拥有现成的销售网络
		EOP6	本企业创业时期能很快掌握所获得的各种创业机会信息
	赢利性	EOB1	客户可以接受本企业的产品或服务,愿意为此付费
		EOB2	本企业的产品或服务对市场的影响力高
		EOB5	企业开发的产品生命周期长久
		EOB6	本企业对成本、价格和销售的控制好
		EOB7	产品或服务带来的附加价值对本企业未来发展很重要

（4）小微企业创业绩效验证性因子分析

创业绩效验证性因子分析显示,绝对拟合指数卡方为 358.174,自由度为 127,卡方与自由度的比值（χ^2/DF）为 2.82（小于 3）,P 值小于 0.1,RMSEA 为 0.061,GFI* 为 0.949,AGFI* 为 0.931,观测数据与理论模型拟合结果能接受,这表明理论模型拟合的结果尚可;相对拟合指数 CFI 为 0.925、TLI 为 0.867,相对拟合指数值表明,模型的拟合结果可以接受。总体来说,模型拟合比较好。

创业绩效验证性因子分析很好地解释了探索性因子分析的结果,创业绩效变量包括 4 个因子和 18 个题项（观测变量）,4 个题项用来测量生存因子,5 个题项用来测量生长因子,4 个题项用来测量客户满意度因子,5 个题项用来测量员工满意度因子。创业绩效验证性因子分析的结果（见图 4-4）表明,14 个题项的载荷值在临界值 0.7 以上,只有 GR4、CS2、CS6 和 ES2 这 4 个题项的载荷值低于临界值 0.7,但也都在 0.6 以上,比较接近 0.7。因此,18 个题项分别收敛于 4 个因子,说明创业绩效的测量题项收敛效度比较好。生存、成长、客户满意度、员工满意度 4 个维度相互之间的相关系数分别为 0.622,0.245,0.519,0.563,0.224,0.408,都大大低于临界值 0.9,这充分说明其在测量建构上的区别效度很好。以上多项指数都表明,该测量模型的拟合结果较好,隶属于 4 个维度的 18 个题项测量创业绩效变量比较有效,最终测量题项如表 4-24 所示。

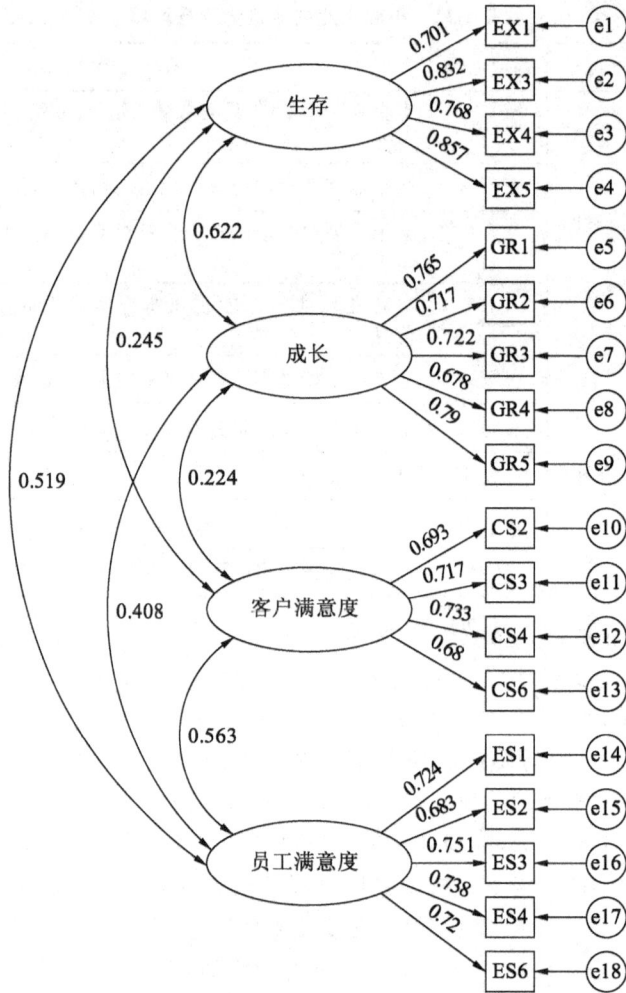

图 4-4　小微企业创业绩效验证性因子分析模型

表 4-24　小微企业创业绩效测量题项

变量	维度	题项名称	题项内容
小微企业创业绩效	生存	EX1	本企业的净现金流量大
		EX3	本企业的销售利润率高
		EX4	本企业的内部组织管理水平高
		EX5	本企业的新业务(新产品、新市场、新服务等)销售收入占企业总收入的比例高
	成长	GR1	本企业的销售额增长快
		GR2	本企业的员工数增长快
		GR3	本企业的售后服务在不断完善
		GR4	本企业新业务的开发数量增长快
		GR5	创业者或团队的管理能力成长快
	客户满意度	CS2	客户会重复购买本企业的产品
		CS3	客户会向潜在客户推荐本企业的产品
		CS4	总体说来,客户对本企业非常信任
		CS6	客户认为,本企业的产品或服务的质量比竞争对手高
	员工满意度	ES1	为了帮助企业成功,员工愿意做出努力
		ES2	本企业的大部分员工对工作环境感到满意
		ES3	本企业的大部分员工与领导之间彼此能相互信任
		ES4	本企业的大部分员工对个人取得的成绩感到满意
		ES6	一般来说,本企业的大部分员工愿意在本企业工作

4.3.8　信度与效度检验

（1）信度检验

信度代表的是可靠性,是指运用相同手段对同一个对象开展度量时,调查分析的结果所表明的稳定性和一致性,也就是测量工具(问卷或量表)能否一致性地或稳定地度量所想要测试的建构(变量)。鉴于 Cronbach'a 信度系数是当前最常用的信度系数,因此,选用 Cronbach'a 信度系数作为信度检验的主要依据。其公式如下:

$$\alpha = \frac{n}{n-1}\Big[1 - \frac{\sum S_i^2}{S_x^2}\Big] \tag{4-1}$$

式中,α 为估计的信度系数,n 为题项数,S_i^2 为每一个题项数据的方差,S_x^2 为测试总分的方差。

Cronbach'a 信度系数一般需要达到 0.7 以上,处于 0.6 至 0.7 之间的值能够接受,低于 0.6 的值一般不能接受。

本研究通过计算江苏省不锈钢产业和汽摩配件产业的两组样本数据,算出的创业机会、创业者、创业资源和创业绩效这 4 个变量及其相应维度的 Cronbach'a 信度系数如表 4-25 所示。从表 4-25 中可以看出,第一次样本中的这 4 个变量及其相应维度的 Cronbach'a 信度系数均达到了 0.6 以上,第二次样本中的 Cronbach'a 信度系数绝大多数达到了 0.7 以上,满足了测量模型中的信度要求,这显示出所编制的小微企业创业机会、创业者、创业资源和创业绩效量表具有较好的可靠性和稳定性。

（2）效度检验

效度代表着正确性的程度,是指测量工具(问卷或量表)能在多高程度上映射想要测量对象的概念的真实内涵。效度越高表示测量结果就越能显现出所要度量对象的本质特征。常用的效度主要有内容效度、建构效度和外部效度。

1）内容效度检验

内容效度检验目的是系统和全面地检验用于度量的题项适当性,并基于所探讨的建构(变量)内涵甄别题项是否可以映射建构的基本内容。内容效度检验是检验由建构到量表题项的经验推演过程是否吻合逻辑,是否能够有效。

量表题项的设计与筛选主要分以下几个详细步骤展开:第一,依据相应的创业理论,并借鉴相关经典文献资料,在此基础上开发出量表的题项;第二,与包括 2 位教授、3 位副教授、5 位博士生在内的诸多创业研究领域同行,就量表中的题项进行研讨,对题项归类进行调整,同时对部分题项进行增删、修改;第三,与 5 位 MBA 学员(本身在创业或曾经创业过)进行交流,就量表中的题项能否反映新创企业相关情况进行咨询,并通过与 6 位创业者的访谈,对题项措辞和术语进行修改;第四,进行量表问卷的试测,主要是根据回收的试测样本数据(收回有效问卷 34 份)进行初步分析,并根据试测的结果对问卷进行局部修订,从而通过试测对题项进行纯化。

本研究按照以上步骤开发的题项内容能够恰当地反映量表建构(变量),由建构到量表题项的经验推演符合逻辑和有效。

表 4-25　小微企业创业绩效、创业过程要素及 Cronbach'a 信度系数

变量及维度	Cronbach'a 信度系数	
	第一次样本	第二次样本
1. 小微企业创业资源	0.705	0.769
（1）创业资源可识别性	0.724	0.760
（2）创业资源可获取性	0.752	0.731
（3）创业资源可利用性	0.643	0.825
2. 小微企业创业者	0.764	0.801
（1）创业者特质	0.823	0.807
（2）创业者能力	0.715	0.792
3. 小微企业创业机会	0.768	0.820
（1）创业机会可行性	0.803	0.851
（2）创业机会赢利性	0.730	0.794
4. 小微企业创业绩效	0.718	0.742
（1）生存	0.774	0.823
（2）成长	0.712	0.778
（3）客户满意度	0.630	0.686
（4）员工满意度	0.729	0.710

　2）建构效度检验

　建构效度检验目的是了解测量结果展现出的某种结构与理论上建构（变量）间的对应程度，从而识别测量工具能否反映理论上的建构和题项的内部结构。建构效度通常是用收敛效度和区别效度来表达。收敛效度是指对某个建构进行度量时，其与不同测量工具的测量结果的相似程度；区别效度是指量表区别不同建构维度的程度。当开发者采用某个理论来开发量表时，因为一个理论通常都会包含若干个不同维度，亦即所开发的量表相应地也会产生几个分量表，为了验证此量表所包含的分量表能否和所用的理论相一致，验证性因子分析常常被用于检验其效度，在验证性因子分析的结果中，用于评价建构效度的常用指标主要有累积解释量和因子载荷。

　在江苏省不锈钢产业的第一次样本调查数据的探索性因子分析结果中，创业资源、创业者、创业机会和创业绩效这 4 个变量（建构）的累积解释量都达到了临界值60%以上,且都不具有共变性,并从开发的62个量表题项中提取出46个因子载荷值大于0.5的正式题项,其余因子载荷值小于0.5的题项在江苏省汽摩配件产业的第二次样本调查中被删除。在第二次样本调查数据的验证性因子分析结果中,创业资源、创业者、创业机会和创业绩效这4个变量中的同一维度的题项之间相关系数要高于不同维度的题项之间相关系数,这说明量表具有较好的区别效度。验证性因子分析结果还显示,46个正式题项的因子载荷值均大于0.5,这说明量表有很好的收敛效度;4个变量的绝对拟合指数和相对拟合指数也充分说明,测量数据与理论模型拟合结果可以接受。

根据上述分析结果,开发的量表具有良好的建构效度,测量结果体现出与建构之间很好的对应关系。

3)外部效度检验

外部效度是指实证研究结果能够普遍适用到样本总体和其他总体的程度,即研究结果、方法和条件的代表性,其主要包括总体效度和生态效度两大类。

① 总体效度。总体效度指研究结果能够适应于样本总体的程度,或称为对样本总体的普遍价值。本研究采用了如下方法来提高总体效度:一是增强样本的代表性。根据江苏省不锈钢产业和汽摩配件产业内企业目录,进行随机抽样,使样本对总体具有代表性。二是提高样本的数量。如果实证研究所选样本数量过少的话,不足以代表总体,其研究结果可能无法对总体特征进行概括。在江苏省不锈钢产业内所收集到的样本量为368份,占样本总体的10%以上,在汽摩配件产业内所收集到的样本量为483份,占样本总体的20%左右。两次问卷调查的样本数量都比较大,能够代表两个产业总体。

② 生态效度。生态效度是衡量某一实证研究结果是否具有普遍适用性的关键指标。根据心理学领域对影响生态效度的因素归纳,通过改进研究设计和提高实证研究质量等具体方法来提高生态效度,主要方法:一是明确要素的内涵界定和维度划分。基于相关研究理论,本研究提炼出4个基本要素,即小微企业创业资源、创业者、创业机会与创业绩效。基于所收集的江苏省不锈钢产业内创业调查的368份第一次样本数据,利用探索性因子分析,进行了4个要素的内涵界定和维度划分;然后再基于江苏省汽摩配件产业内创业调查的483份第二次样本数据,利用验证性因子分析,进行了验证,从而明确了要素的内涵界定和维度划分。二是尽量降低受试者效应。本研究在江苏省不锈钢产业和汽摩配件产业分别只进行了一次大样本调查,虽然大样本调查之前在江苏省不锈钢产业内还进行了小样本的试测,但也尽可能延长了在江苏省不锈钢产业内相邻两次样本调查的时间间隔。三是尽量减少调查者效应。调查者本身的个性特征、动

机、情绪或其他细微的行为都有可能会影响受试者,或把研究目的、结果期望等在无意中传递给受试者,也会影响实证研究结果的生态效度。对于这种情况,应运用标准化的指导语和规范的样本调查程序来尽量降低调查者效应。

总体而言,本研究所选择的江苏省不锈钢产业和汽摩配件产业具有代表性。

4.4　模型验证和假设检验

4.4.1　研究方法的选择——结构方程模型

（1）简介

结构方程模型是基于变量间的方差协方差矩阵探讨变量间相互关系的一种统计手段,也被称为协方差结构分析,主要目的在于检验潜变量间相互关系和数个潜变量间的因果联系。

结构方程模型是一种主要的、非常常用的线性统计建模技术,广泛应用于经济学、管理学、心理学、社会学等研究领域中,是社会科学研究中一个先进和科学的研究工具。结构方程模型不但可以用于研究传统模型,而且能进行复杂关系和模型的检验。其重要性主要在于不仅可以整合因子分析与路径分析这两个当前主要的统计技术,处理学术研究领域最棘手的潜变量问题,也会对研究设计的原理与测量方法的运用产生影响,而且可以应用到各种不同的现实情境中,完全涵盖各种研究的始末与当代统计技术发展的重要层面。随着信息科技的发展和学术研究边界的模糊化,结构方程模型已渐渐成为定量研究新典范的代名词。

（2）特点

选择结构方程模型来分析所构建的理论模型,是考虑到其具有以下几个鲜明特点:

第一,同时处理多个因变量。在传统的回归分析和路径分析中,主要是对每个因变量单独计算回归系数和路径系数,没有考虑到其他因变量及其产生的影响,而结构方程模型可以同时考虑并处理多个因变量。由于是研究创业资源、创业者、创业机会和创业绩效之间的关系,创业资源、创业者、创业机会和创业绩效这 4 个变量都是多维度结构,所以以结构方程模型为主要方法比较合适。

第二,同时顾及因子结构和因子关系。潜变量都用多个题项（指标）来度量,常用手段是先用因子分析测算潜变量与题项（指标）的关系（即因子载荷值）,得到因子得分,并作为潜变量的观测值,然后再计算因子得分间的相关系数,作为潜变量间的相关系数。在传统方法中,这两个步骤是独立进行的,一般都没有考虑到外生变量。在结构方程模型中,这两个步骤可以同时展开,即因子与题项间的载荷值、因子与因子间的相关系数同时测算。在同一个研究中,共存的因子及其结构会相互影响，不仅会影响因子间关系，也会影响因子的内部结构（即因子与题项的关系）。所研究的创业资源、创业者、创业机会和创业绩效4个变量的维度都是由多个题项度量的，不仅要估算各个题项在各个维度上的载荷值，还要估算这4个变量间的路径系数，从而检验所提出的研究假设，所以需要运用结构方程模型。

第三，估计理论模型的拟合程度。在传统统计方法的路径分析中，只能估算每一路径系数的大小（变量间相互关系的强弱）。在结构方程模型中，不仅可以估算上述参数，而且能够估算不同模型对于相同样本数据的整体拟合效果，从而知道哪个模型更能贴近样本数据所显现出的关系。为了验证所提出的研究假设，本研究构建了3个模型来验证这些假设，这就需要对这些模型的拟合结果作出判断，进而对拟合结果不好的模型进行修正，因此，选择结构方程模型作为研究方法很合适。

（3）步骤

第一，模型设定。本研究基于现有理论基础，通过推论和假设形成关于小微企业创业资源、创业者、创业机会和创业绩效间关系（因果关系）的理论模型。

第二，模型识别。模型识别是设定关于创业资源、创业者、创业机会和创业绩效4个变量的结构方程模型时的一个基本设想。只有构建的关于4个变量的模型具有识别性，才能获取模型各个自由参数的唯一估计值。其中基本规则是，模型的自由估计参数要少于观测题项数据的方差和协方差总和。

第三，模型估计。关于4个变量的结构方程模型的基本设想是观察题项数据的方差协方差矩阵时一套参数的函数，即把固定参数和自由参数的估计带入结构方程模型，推导出方差协方差矩阵 Σ，使理论模型中每一个元素尽量贴近样本中观测题项数据的方差协方差矩阵 S 中相对应的元素，也就是使 Σ 与 S 之间的差异要最小化。在参数估计的数学运算方法中，最常用的是最大似然法（ML）和广义最小二乘法（GLS）。

第四，模型评价。在已有的创业实证研究文献与创业理论基础上，评价所构建的创业资源、创业者、创业机会和创业绩效之间关系的模型拟合样本观测数据的程度。理论模型总体拟合度的度量指标主要有卡方值（χ^2）、自由度（DF）、拟合优度指数（GFI*）、修正后的拟合优度指数（AGFI*）、均方根残差（RMR）等。

第五，模型修正。模型修正主要是优化小微企业创业资源、创业者、创业机会和创业绩效之间关系的初始模型对样本数据的适合程度。当初始模型不能拟合样本观测数据的情况出现时（即模型被样本观测数据拒绝），就需要对模型进行修正，再用相同的样本观测数据进行模型评价。

（4）软件

本研究采用 AMOS 软件来进行样本观测数据分析和模型检验。AMOS
是一个运用基于方差协方差矩阵的潜变量对结构方程模型进行估算的软件
包,是通过多阶路径分析对潜变量间直接和间接的相互关系进行的验证,适用
于由部分潜变量构成的模型,用于检查它们之间的路径关系,同时评价模型的
效度。

可见,在应用结构方程模型技术时,运用 AMOS 软件评价所构建的模型是
很有帮助的。运用 AMOS 软件进行创业资源、创业者、创业机会和创业绩效之
间关系的结构方程模型分析,能够有效体现该方法多路径分析对变量间直接和
间接关系影响的特点,AMOS 软件清晰的路径分析有助于合理地认知结构方程
模型,尽量避免样本调查数据测量误差所带来的干扰。当然,结构方程模型本身
是一种实证分析技术,主要用于确认特定的模型是否合乎逻辑,其并不是探索性
分析技术,不能用于寻找和建立一个合适的模型。鉴于此,运用结构方程模型技
术是可以达到研究目的的。

4.4.2　小微企业创业资源与创业绩效关系模型验证与假设检验

（1）模型设定

小微企业创业资源与创业绩效关系模型（理论模型 1）如图 4-5 所示。理
论模型 1 表达了创业资源的有效整合对小微企业创业绩效的影响假设。根据
前面验证性因子分析结果,小微企业创业绩效变量包括 4 个因子和 18 个题项
（观测变量）,其中 4 个题项用于测量生存因子,5 个题项用于测量成长因子,
4 个题项用于测量客户满意度因子,5 个题项用于测量员工满意度因子;创业
资源变量包括 3 个因子和 12 个题项（观测变量）,其中 4 个题项用于测量创业
资源可识别性因子,3 个题项用于测量创业资源可获取性因子,5 个题项用于
测量创业资源可利用性因子。验证性因子分析结果还显示,创业资源变量的
可识别性、可获取性、可利用性这 3 个因子之间呈现出较高的相关关系,因此,
在本章的模型假设检验中,尝试将创业资源的 3 个一阶因子整合成一个二阶
因子;创业绩效变量的生存、成长、客户满意度、员工满意度这 4 个因子之间的
相关关系较弱,因此,将其 4 个因子都作为外生潜变量,从而研究小微企业创
业资源的整合对创业绩效的生存、成长、客户满意度、员工满意度这 4 个因子
的影响程度。

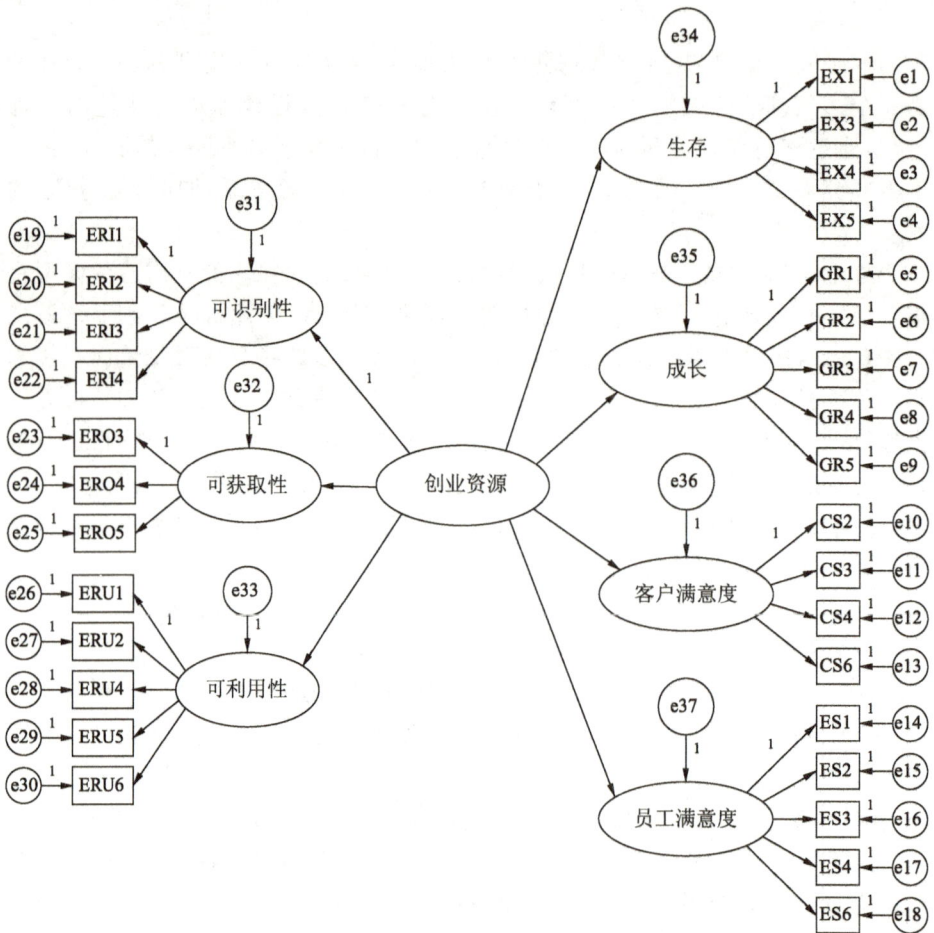

图 4-5 小微企业创业资源与创业绩效关系的初始模型

（2）模型评价

模型的评价要将验证性因子分析和模型评价的方法相结合，从不同视角对模型做出评价，并根据评价结果对模型进行相应地修正。模型评价一般从两个方面着手：一是使用多种拟合指数整体评价理论模型；二是检验待估参数的显著性，评价这些参数的合理性。

拟合指数是从特定视角设计出来用于评价理论模型拟合效果状况的一种统计量，每个拟合指数均是 S 和 $\sum(\hat{\theta})$ 之间的一种函数，都是用来测算这两者间的差距。拟合指数一般可以划分为相对和绝对拟合指数这两种类型。在开展理论模型评价时,不同拟合指数所开展的评价侧重点有所差异。因此,某个理论模型的好坏不能只用一个拟合指数评价,而应该用多个指数同时进行综合性评价。

① 卡方值(χ^2)。与传统的 χ^2 检验不同,模型评价得到的 χ^2 却希望是不显著的,χ^2 越小,表明观测数据与理论模型拟合效果越好,但由于 χ^2 与样本大小存在关联性,因此,通常不直接用来作为理论模型评价的指标,而是选用 χ^2/DF 来度量,χ^2/DF 值越接近于 0,说明观测数据与理论模型拟合效果越好。按照通用性的标准,χ^2/DF 的取值低于 3,表示模型拟合效果很好;介于 3 和 5 之间,表示观测数据与理论模型拟合较好,模型是可以接受的;介于 5 和 10 之间,表示观测数据与理论模型拟合效果比较差,理论模型不好;取值大于 10,表示观测数据与理论模型不能拟合,模型很不理想。理论模型 1 的卡方值(χ^2)值为 651.706,自由度(DF)为 398,卡方与自由度的比值(χ^2/DF)为 1.637(小于 3),P 值为 0.000。就卡方与自由度的比值而言,尽管 χ^2 值比较大,模型 1 的拟合效果还是不错。

② 近似误差均方根(RMSEA)。在众多拟合指数当中,RMSEA 受样本数量多少的影响相对比较小,对错误的模型反映比较敏感,而且对复杂模型进行了惩罚,是相对优秀的拟合指数。RMSEA 取值范围在 0 到 1 之间。取值越趋向于 0,意味着观测数据与理论模型拟合效果越理想。通常而言,取值大于 0.1,表示观测数据与理论模型拟合不能接受;介于 0.1 至 0.05 之间,表示观测数据与理论模型拟合效果可以接受;介于 0.01 至 0.05 之间,表示观测数据与理论模型拟合效果好;取值低于 0.01,表示观测数据与理论模型拟合效果很好。模型 1 的 RMSEA 值为 0.036(小于 0.05),从 RMSEA 值来看,理论模型 1 与江苏省汽摩配件产业的第二次样本数据是好的拟合。

③ 拟合优度指数(GFI^* 和 $AGFI^*$)。GFI 和 AGFI 是结构方程模型早期运用比较频繁的拟合优度指数,后来研究者发现这样一个问题:GFI 和 AGFI 的值很高时,其拟合的模型距离真模型却很远,这表示 GFI 和 AGFI 对样本总体的渐近值估计是存在偏差的(McDonald,1990;Marsh,et al,1988;等等)。而 GFI^* 和 $AGFI^*$ 相对受到样本数量多少的系统性影响比较少,兼顾了模型复杂性,因此当前 GFI^* 和 $AGFI^*$ 使用更多一些。GFI^* 和 $AGFI^*$ 的取值范围在 0 到 1 之间,越趋向于 1,表明模型拟合效果越好。取值在 0.90 以上,表示观测数据与理论模型是很好的拟合;取值介于 0.8 至 0.9 之间,表示观测数据与理论模型拟合效果可以接受;取值低于 0.8,则认为观测数据与理论模型拟合效果比较差。模型 1 的 GFI^* 为 0.966(大于 0.9)、$AGFI^*$ 为 0.96(大于 0.9),从 GFI^* 和 $AGFI^*$ 的值来看,理论模型 1 与观测数据是很好的拟合。

④ 比较拟合指数（CFI）。CFI 是相对离中指数的规范表达形式，基本不会受到样本数量多少的影响，可以较好地识别真模型和误差模型，是相对拟合指数中比较常用的。CFI 的取值范围在 0 至 1 之间，越趋向于 1，表明模型拟合效果越好。CFI 的取值大于 0.9，表明观测数据与理论模型是很好的拟合；介于 0.8 至 0.9 之间，表明观测数据与理论模型的拟合是可以接受的；取值低于 0.8，则表明观测数据与理论模型的拟合效果比较差。理论模型 1 的 CFI 值为 0.914（大于 0.9），从 CFI 的值来看，理论模型 1 与观测数据是很好的拟合。

⑤ 赋范拟合指数（TLI）。TLI 是以理论模型为基准来度量模型拟合优化的程度，在样本数量比较大时，使用 TLI 的效果会更好一些，反之亦然。第二次调查的有效样本数量为 483 个，可以符合 TLI 的要求。TLI 的取值范围也在 0 到 1 之间，越趋向于 1，认为理论模型拟合效果越好。TLI 的取值大于 0.9，表明观测数据与理论模型是很好的拟合；介于 0.8 至 0.9 之间，则表明观测数据与理论模型拟合效果可以接受。理论模型 1 的 TLI 值为 0.906（大于 0.9），从 TLI 的值来看，理论模型 1 与观测数据拟合不错。

以上拟合指数的分析结果表明，理论模型 1 是可以接受的。

（3）假设检验

通过对理论模型 1 的分析，其假设验证情况如图 4-6 和表 4-26 所示。

根据图 4-6，小微企业创业资源变量的可识别性、可获取性、可利用性这 3 个维度与其路径系数（分别为 0.790,0.715,0.884）关系很强，因此这 3 个维度可以整合成一个二阶因子。

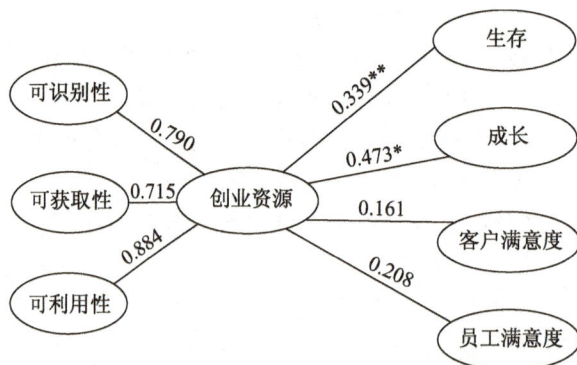

图 4-6 小微企业创业资源与创业绩效关系的相关假设检验结果

表 4-26 和图 4-6 表明，小微企业创业资源的有效整合与新创企业绩效关系

中共有两条假设通过了路径系数(标准化回归系数)的显著性检验,即假设 H11 和 H12 被支持,这说明,创业资源的有效整合有助于新创企业生存($\beta=0.339$, $P<0.05$)和成长($\beta=0.473$,$P<0.1$);而另两条假设未能通过路径系数的显著性检验,即假设 H13 和 H14 未被支持,这说明,创业资源的有效整合有助于提高新创企业的客户满意度($\beta=0.161$,$P>0.1$)和员工满意度($\beta=0.208$,$P>0.1$)没有被验证。

表 4-26　小微企业创业资源与创业绩效关系的相关假设检验结果

假设编号	假设描述	路径系数	检验结果
H11	创业资源的有效整合有助于新创企业在生存	0.339**	支持
H12	创业资源的有效整合有助于新创企业在成长	0.473*	支持
H13	创业资源的有效整合有助于提高新创企业的客户满意度	0.161	不支持
H14	创业资源的有效整合有助于提高新创企业的员工满意度	0.208	不支持

注：* 显著性水平小于 0.1; ** 显著性水平小于 0.05

4.4.3　小微企业创业者与创业绩效关系模型验证与假设检验

(1) 模型设定

小微企业创业者与创业绩效关系模型(理论模型 2)如图 4-7 所示。理论模型 2 表达了创业者对创业绩效的影响假设。根据第 5 章的验证性因子分析结果,创业者变量包括两个因子和 7 个题项(观测变量),其中 4 个题项用来测量创业者特质因子,3 个题项用于测量创业者能力因子。第 5 章验证性因子分析结果还显示,创业者变量的特质和能力这两个因子之间呈现出较高的相关关系,因此,在本章的模型假设检验中,尝试将这两个一阶因子整合成一个二阶因子,从而研究创业者变量对创业绩效的生存、成长、客户满意度、员工满意度这 4 个因子的影响程度。

(2) 模型评价

① 绝对拟合指数。理论模型 2 的 χ^2 值为 1 787.324,自由度(DF)为 269,卡方与自由度的比值(χ^2/DF)为 6.644(介于 5 和 10 之间),P 值小于 0.1。从卡方与自由度的比值来看,χ^2 值比较大,卡方与自由度的比值(χ^2/DF)也比较大,理论模型 2 的拟合性程度比较差。理论模型 2 的 RMSEA 为 0.108(接近 0.1),其与数据拟合较差。理论模型 2 的 GFI* 为 0.799(小于 0.8)、AGFI* 为 0.757(小于 0.8),从 GFI* 和 AGFI* 的值来看,观测数据与模型 2 拟合结果不好。

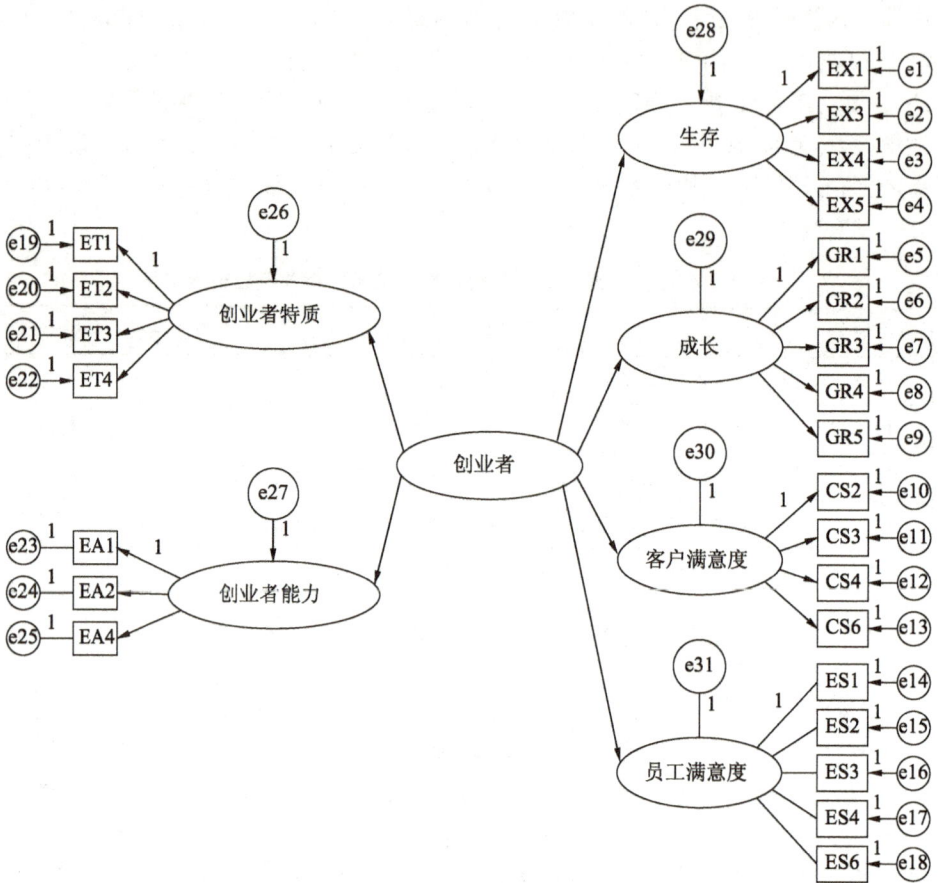

图 4-7　小微企业创业者与创业绩效关系的初始模型

② 相对拟合指数。理论模型 2 的 CFI 为 0.763(小于 0.8),模型 2 与观测数据拟合结果并不理想。模型 2 的 TLI 为 0.736(小于 0.8),模型 2 与观测数据拟合结果比较差。

以上拟合指数的分析结果表明,拟合指数均低于标准要求,拟合结果不是很理想,模型 2 不可以接受。

根据以上拟合指数的分析结果,对模型 2 的路径进行了结构调整。由于创业者变量与客户满意度因子的测定系数很小,因此,删除了创业者变量与客户满意度因子的路径关系,形成一个自由度更小的修正后的理论模型 2,这种修正并不会对模型 2 相关的研究假设(只是删除了 H23 这 1 个研究假设)和变量测量题项(只是去掉了创业绩效变量的客户满意度这个维度及其测量题项)产生影响,因此可以基于前面的研究假设和研究设计,对修正后的模型 2 进行再评价。

修正后的模型 2 仍然是用各种拟合指数对模型进行整体的再评价,绝对拟合指数卡方值(χ^2)为 887.961,自由度为 184,卡方值与自由度的比值(χ^2/DF)为 4.826(介于 3 和 5 之间,比较好),P 值小于 0.05,RMSEA 为 0.089(小于 0.1),GFI* 为 0.878(大于 0.8),AGFI* 为 0.847(大于 0.8),题项(观测变量)数据与模型 2 拟合结果可以接受;相对拟合指数 CFI 为 0.856(大于 0.8)、TLI 为 0.836(大于 0.8),相对拟合指数值表明,模型 2 的拟合效果不错。以上拟合指数的分析结果表明,修正后的模型 2 各项拟合指数基本可以达到检验的标准要求,可以接受,修正后的模型 2 通过了总体参数作为假设检验的重要依据。

(3)假设检验

通过对修正后的模型 2 的分析,其假设验证情况如图 4-8 和表 4-27 所示。

根据图 4-8,小微企业创业者变量的特质和能力这两个维度与创业者变量的路径系数(分别为 0.843 和 0.786)关系比较强,因此这两个维度可以整合成一个二阶因子。

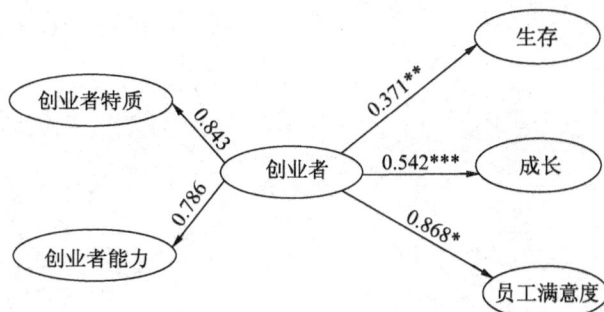

图 4-8　小微企业创业者与创业绩效关系的相关假设检验结果

表 4-27　小微企业创业者与创业绩效关系的相关假设检验结果

假设编号	假设描述	路径系数	检验结果
H21	创业者的特质能力有助于新创企业生存	0.371**	支持
H22	创业者的特质能力有助于新创企业成长	0.542***	支持
H24	创业者的特质能力有助于提高新创企业的员工满意度	0.268*	支持

注:* 显著性水平小于 0.1;** 显著性水平小于 0.05;*** 显著性水平小于 0.01

表 4-27 和图 4-8 表明,创业者与新创企业绩效产出关系中共有 3 条假设通过了路径系数(标准化回归系数)的显著性检验,即假设 H21、H22 和 H24 被支

持,这说明,创业者的特质能力有助于新创企业生存($\beta=0.371,P<0.05$)和成长($\beta=0.542,P<0.01$),有助于提高新创企业的员工满意度($\beta=0.268,P<0.1$);而另有 1 条假设未能通过路径系数的显著性检验,即假设 H23 未被支持,这说明,创业者的特质能力有助于提高新创企业的客户满意度(被删除路径)没有被验证。

4.4.4 小微企业创业机会与创业绩效关系模型验证与假设检验

(1)模型设定

小微企业创业机会与创业绩效关系模型(理论模型 3)如图 4-9 所示。

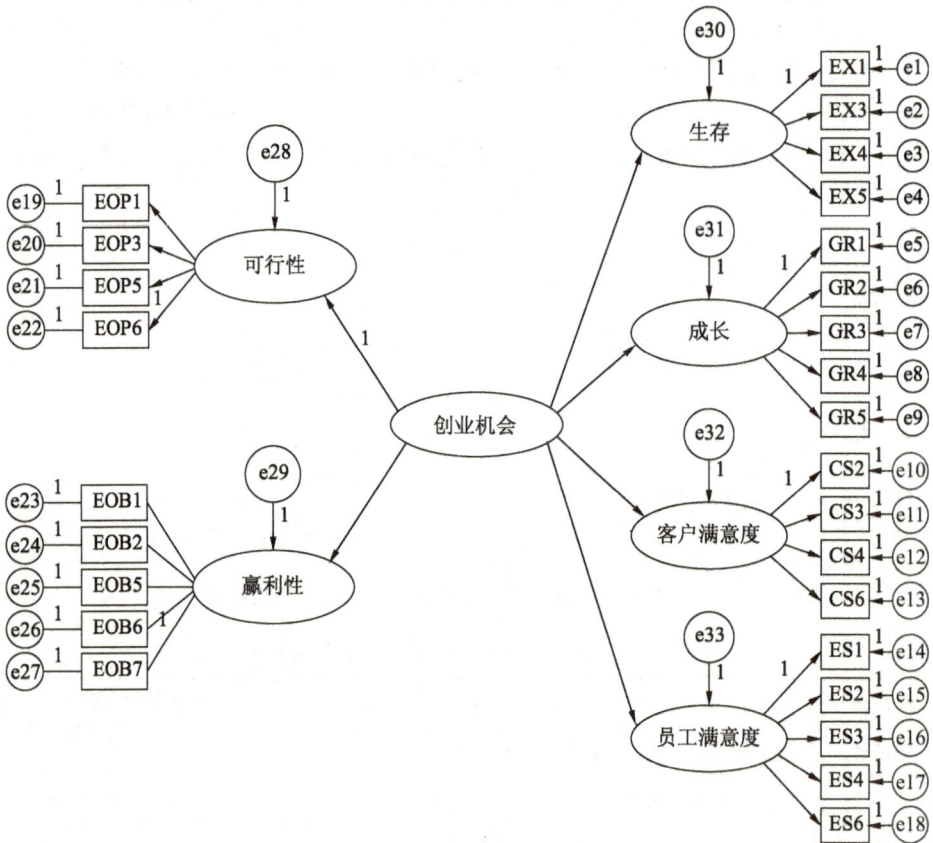

图 4-9　小微企业创业机会与创业绩效的初始模型

理论模型 3 表达了创业机会的开发、利用对创业绩效的影响假设。根据验证性因子分析结果,创业机会变量包括两个因子和 9 个题项(观测变量),其中 4

个题项用来测量创业机会可行性因子,5 个题项用于测量创业机会赢利性因子。前面验证性因子分析结果还显示,创业机会变量的可行性和赢利性两个因子之间相关关系较高。因此,在模型假设 3 检验中,尝试将这两个一阶因子整合成一个二阶因子(创业机会),从而研究小微企业创业机会的开发、利用对创业绩效的生存、成长、客户满意度、员工满意度这 4 个因子的影响程度。

(2) 模型评价

理论模型 3 的卡方值(χ^2)值为 824.651,自由度(DF)为 318,卡方与自由度的比值(χ^2/DF)为 2.593(小于 3),P 值小于 0.05,从卡方与自由度的比值来看,尽管 χ^2 值比较大,模型的拟合效果还是不错的。模型的 RMSEA 为 0.058(小于 0.1),从 RMSEA 的值来看,模型与观测数据拟合结果可以接受。模型的 GFI* 为 0.928(大于 0.9)、AGFI* 为 0.914(大于 0.9),从 GFI* 和 AGFI* 的值来看,模型与观测数据拟合很好。

模型的 CFI 为 0.902(大于 0.9)、TLI 为 0.948(大于 0.9),从 CFI 和 TLI 的值来看,模型与观测数据拟合很好。

以上拟合指数的分析结果表明,模型 3 的拟合效果比较好。

(3) 假设检验

通过对模型 3 的分析,模型的假设验证情况如图 4-10 和表 4-28 所示。

根据图 4-10,创业机会变量的可行性、赢利性这两个维度与创业机会变量的路径系数(分别为 0.869 和 0.793)关系很强,因此这两个维度可以整合成一个二阶因子。

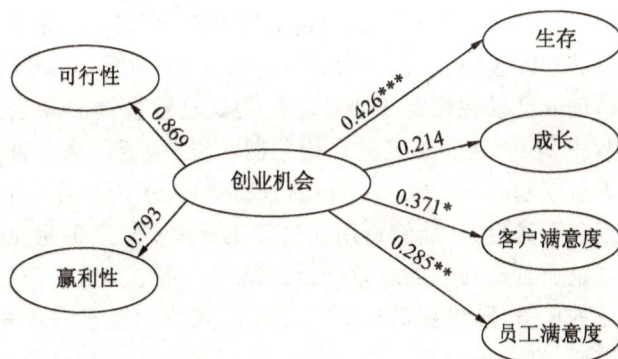

图 4-10　小微企业创业机会与创业绩效的相关假设检验结果

117

表 4-28　小微企业创业机会与创业绩效的相关假设检验结果

假设编号	假设描述	路径系数	检验结果
H31	创业机会的合理利用有助于新创企业在产业内生存	0.426***	支持
H32	创业机会的合理利用有助于新创企业在产业内成长	0.214	不支持
H33	创业机会的合理利用会提高产业内新创企业的客户满意度	0.371*	支持
H34	创业机会的合理利用会提高产业内新创企业的员工满意度	0.285**	支持

注：＊显著性水平小于 0.1；＊＊显著性水平小于 0.05；＊＊＊显著性水平小于 0.01

表 4-28 和图 4-10 表明,小微企业创业机会的合理利用与新创企业绩效产出关系中共有 3 条假设通过了路径系数(标准化回归系数)的显著性检验,即假设 H31、H33 和 H34 被支持,这说明,创业机会的合理利用有助于新创企业生存($\beta=0.426$,$P<0.01$),会提高新创企业的客户满意度($\beta=0.371$,$P<0.1$)和员工满意度($\beta=0.285$,$P<0.05$);而另有 1 条假设未能通过路径系数的显著性检验,即假设 H32 未被支持,这说明,创业机会的合理利用有助于新创企业成长($\beta=0.214$,$P>0.1$)没有被验证。

4.5　结果讨论

4.5.1　小微企业创业资源对创业绩效影响的讨论

假设 H11 探讨了创业资源对新创企业生存的影响,假设内容是"创业资源的有效整合有助于新创企业生存",检验结果显示假设 H11 获得支持,这与 Barney(1995)、Brush 等(2001)、马鸿佳(2005)、Sirmon 等(2007)和蔡莉(2008)等人的结论一致。创业活动往往源于创业者的初始创业资源禀赋状况,但在新创企业的成长过程中,若创业者不能整合相关创业资源,新创企业将难以生存,成长与发展更是无从谈起(Chandler 和 Hanks,1998)。新创企业只有在识别和获取了有价值的创业资源后,才能够运用这些创业资源实现新创企业生存,这些资源才可以为新创企业创造高额的绩效产出。新创小微企业需要强化创业资源整合各个环节的过程化管理,将新获取的创业资源和新创企业的现有资源持续地进行有价值的整合,将有形创业资源与无形创业资源、工具型创业资源与经营型创业资源、离散性创业资源与系统性创业资源等进行合理地匹配,在凸显自身创业目标的同时,将创业资源平台不断地向深度和广度拓展,有效和合理的创业资源整合有助于新创企业绩效产出的提高。

　　假设 H12 探讨了创业资源对新创企业成长的影响,假设内容是"创业资源的有效整合有助于新创企业成长",检验结果显示假设 H12 通过验证,这与 Miller(1987)、Barney 等(1996)、Pennings(1998)、杨俊(2009)等人的结论一致。在新创企业逐渐从小变大的过程中,创业者能够渐渐地识别和获得创业资源,并把获取的创业资源运用到新创企业的创业活动中,而随着新创企业的不断成长,新创企业会利用其他各种创业资源和获得的竞争优势撬动其他关键性资源以保持新创企业在创业环境中的持续发展,并不断进行创业资源的整合和再利用。具有资源基础的新创企业能够在创业环境中构建起竞争屏障,藉由创业资源的有效整合创造良好的绩效产出,并在竞争激烈的产业中脱颖而出(Barney,1995)。新创小微企业在成长过程中,除了需要建立起高效的创业团队识别和利用有意义的创业机会之外,还要获取和匹配在产业内的关键性创业资源。创业资源作为新创小微企业成长的基础性要素,是其在创业环境中构筑竞争优势的必要条件。只有整合了关键性创业资源要素,小微新创企业的成长才能变成现实,进而创造长期的绩效产出。

　　假设 H13 探讨了创业资源对客户满意度的影响,假设内容是"创业资源的有效整合有助于提高新创企业的客户满意度",检验结果显示假设 H13 没有通过验证,这与 Grant(1991)和易朝辉(2010)等人的结论不一致。假设 H13 没有通过验证可能的原因是:对于小微新创企业而言,根据不同的客户对象,评价自身可用的创业资源和有利用价值的创业资源是最为基础性的创业环节,但由于每个小微新创企业面对的客户对象规模、议价能力、所处产业链环节等特征都有所差异,小微新创企业的创业资源整合方式、内容、途径等也不尽相同,而创业资源的整合本身又是条件性的过程,其可能不是导致小微新创企业创业绩效差异的关键影响因素。

　　假设 H14 探讨了创业资源对员工满意度的影响,假设内容是"创业资源的有效整合有助于提高新创企业的员工满意度",检验结果显示假设 H14 没有通过验证,这与 Shelby(1996)、Oliver(1997)、Romanelli(1989)和 Verheul(2006)等人的结论不一致。假设 H14 没有通过验证可能的原因是:作用于员工的创业资源数量和质量完全取决于创业者本身,而由于创业资源对小微企业创业者相比于一般性资源对小微企业创业者而言,其边际报酬更高,创业者对创业资源的整合也就更为敏感,小微企业创业者可能不会轻易地将创业资源与员工共享,更倾向于独立掌控所有创业资源,因此,创业资源的整合配置与员工之间关系不强,也就相应地不会对员工满意度形成影响,甚至可能随着创业资源的积累,而员工能够支配的创业资源相对数量并没有发生明显增加,甚至减少,相比于以前,员工的满意度可能还会下降。

4.5.2 小微企业创业者对创业绩效影响的讨论

假设 H21 探讨了创业者对新创企业生存的影响,假设内容是"创业者的特质能力有助于新创企业生存",检验结果显示假设 H21 通过验证,这与 Shane 和 Stuart(2000)、Kuratko(2005)、廖明智(2006)、林嵩(2009)等人的结论一致。创业者在战略、管理、创新和技术等方方面面的角色多样性对新创小微企业的生存至关重要,创业者以前在这些方面自主解决或参与解决相关问题的经验积累得越多,其在新创企业的经营活动中解决此类问题的能力和水平就会越强,新创小微企业存活下来的概率也就越大(Chandler 和 Hanks,1998)。新创企业相对于一般性企业,对于外部环境变化更为敏感,适应性的思维更强,相对而言,显性特质的生存机会可能更大;另一方面,第二次问卷调查受试者对象为江苏省汽摩配件产业内的 483 名创业者,其中,生存型创业数量最多,占样本总量的 77.64%,而生存型创业的动机主要在于创业者的生存需求,因而其选择的创业机会大多属于行业机会,相比于机会型创业,成功创业与否的关键所在是创业者的风险倾向等特质是否突出,因此,创业者的特质能力对新创企业生存会产生显著影响。

假设 H22 探讨了创业者对新创企业成长的影响,假设内容是"创业者的特质能力有助于新创企业成长",检验结果显示假设 H22 通过了验证,这与 Chandler 等(1994)、Suresh 等(2004)、顾桥(2004)、Lerner 和 Fisher(2007)、林嵩(2009)等人结论一致。小微企业创业者的自身特质在很大程度上影响着创业行动的具体规划和实施步骤,反映在创业过程中就是一系列具备了创业者独特痕迹的战略模式,进而也就会对新创小微企业成长产生重大影响。个体特质越强的创业者,越勇于接受各种各样的挑战,因此,相比于一般性企业家,他们抓住机会的欲望和倾向性就越高,企业快速成长的可能性较大。创业者的能力能够使创业实践活动有效地吻合新创小微企业的整体创业战略需要,降低成长过程中各种无关紧要的费用和成长支出,减少绩效损失,使新创小微企业的人力资本形成放大效应,从而可以提升创业实践活动的利润产出,促进新创小微企业不断成长;另一方面,能力相对比较突出的创业者,其可以通过与新创企业内外部的社会网络活动,比如与内部高层人员、客户、资源供应者、中介机构、政府有关部门维持良好的合作关系,从而获取内外部资源的支撑,进而有助于新创小微企业持续成长。

假设 H23 探讨了创业者对客户满意度的影响,假设内容是"创业者的特质能力有助于提高新创企业的客户满意度",检验结果显示假设 H23 没有通过验证,这与 Shane 和 Stuart(2000)、Brush 等(2001)、Kuratko(2005)等人的观点不一致。假设 H23 没有通过验证可能的原因是：单纯地从创业者的风险倾向、内控制源、成就需求、不确定性容忍度等特质角度来直接讨论创业者特质对新创小微企业客户满意度的影响可能并不充分，创业者的许多特质常常从属于其创业行为，如果完全以特质能力为基础解释其对客户满意度的影响，就忽略了创业者的目标导向在其中所发挥的作用，而创业者的目标导向又决定了创业者的行为模式和能力取向，以创业者的目标导向为中介或调节变量，可能有助于更好地了解创业者的特质能力对新创企业客户满意度的影响。

假设 H24 探讨了创业者对员工满意度的影响，假设内容是"创业者的特质能力有助于提高新创企业的员工满意度"，检验结果显示假设 H24 通过验证，这与 McClelland(1961)、Lumpkin 和 Dess(2001)、Lee 和 Peterson(2000)等人结论一致。新创企业在规模很小时，创业者能力往往是员工满意度的关键性影响因素，其战略、关系、决策、组织和领导等能力与新创小微企业的绩效产出呈正相关。创业者为特定创业目的选择所需要的员工，并激发、保护、引导员工的工作积极性，从而能够为新创企业的员工提供对影响成功和失败结果的各种要素认知，以确保创业活动始终朝成功的方向前进(Lerner 和 Fisher,2007)。从参与创业活动的企业员工来看，创业者的特质能力有助于感染企业文化，形成打上创业者特质能力印痕的企业文化，增加员工的凝聚力和向心力，解决新创小微企业内部人际关系上的问题和冲突，从而提升员工的满意度和对创业活动未来绩效产出的预期；另一方面，具有显著特质能力的创业者容易形成学习型组织，员工在如此的企业氛围下，对工作就会产生浓厚的兴趣和积极性，从而提升员工的满意度。

4.5.3　小微企业创业机会对创业绩效影响的讨论

假设 H31 探讨了创业机会对新创企业生存的影响，假设内容是"创业机会的合理利用有助于新创企业生存"，检验结果显示假设 H31 通过验证，这与 Quinn 和 Sarasvathy(2003)、Dess 和 Lumpkin(2005)和李华晶(2009)等人的结论比较一致。创业机会的特征是创业机会开发、利用途径的决定性影响因素，在很大程度上，创业机会的特征与其开发、利用途径间的匹配关系决定着新创小微企业在初期的生存绩效。创业者从所处产业出发，要能够理性地筛选和利用创业机会，进一步通过目前经营的产品(服务)功能升级和创新活动去满足客户的价值诉求，能够为新创小微企业创造更高额的收益回报，从而提升新创小微企业的财务性绩效。首先，新创小微企业必须要解决的是生存问题，正像刚刚出生的婴儿一样，生存的压力推动新创企业要能更快地创造经济价值，因而通过快速得赢利性创业机会的利用，开发出迎合客户价值诉求的满意产品(服务)是新创企业首要的任务；其次，在新创企业生存阶段，大多数新创小微企业都面对内外部创业资源的严格约束，比如资金、技术、人才等资源匮乏，迫使新创小微企业立足于自身状况，进行创业机会的开发和利用，从而尽快生存下来。因此，在创业资源匮乏的情况下，新创小微企业的重点任务应该是通过现有创业机会的开发和利用，尽快获取收益，使其得以生存。

假设 H32 探讨了创业机会对新创企业成长的影响，假设内容是"创业机会的合理利用有助于新创企业成长"，检验结果显示假设 H32 没有通过验证，这与 Covin 和 Slevin(1991)、Slevin(1994)和 Chandler 等(2003)人的结论不一致。假设 H32 没有通过验证可能的原因是：根据 Timmons 模型，在新创小微企业的成长阶段，创业机会、创业资源与创业者这三者处于不均衡的状态，新创企业拥有的创业资源和创业者能力还无法承受巨大的创业机会，这种差距比较明显，只有到新创小微企业逐渐发展成熟以后，创业机会、创业资源与创业者这三者才能达到平衡状态，也就是说，创业机会可能对新创企业的成长影响在初期阶段表现不明显，只有在创业资源、创业者能力逐步增长后，创业机会的开发、利用才能显现出对新创企业成长的影响。针对这样的情况，随着新创小微企业的不断成长，创业者应该吸引更多、更有才能的职业经理人和职业团队加入，建立更强的财务实力与竞争者相抗衡，同时可以考虑引进风险投资。

假设 H33 探讨了创业机会对新创企业客户满意度的影响，假设内容是"创业机会的合理利用会提高新创企业的客户满意度"，检验结果显示假设 H33 通过验证，这与 Kohli 和 Jaworski(1990)、Slater 和 Narver(1999)、Day(1994)、李乾文(2007)等人的结论一致。潜在的客户可能很清楚自身的需求、兴趣或期望，也有可能不确定自身的需求。即使客户不清楚他们所想要的东西，当创业者把新产品或新服务推荐给客户并向其展现新产品或新服务所携带的价值时，他们也能够识别其给他们带来的好处是什么。高额的创业绩效产出源自新创小微企业拥有满足客户价值诉求的良好创业机会，所以以创业机会为导向的新创小微企业能够基于创业机会的全面利用，深入识别市场的动态走向，从而提供新产品（或新服务）来迎合客户的需求，进而提高新创小微企业的绩效产出，以创业机会为导向的新创小微企业也就常常拥有高满意度的客户群体，这就形成竞争对手可能无法逾越的客户转换壁垒，这种壁垒可能表现在心理方面（比如客户满意于当前的供需关系而不愿转换），也有可能表现在经济方面（比如客户认为转换供需关系的成本或风险比较大，而拒绝转换）。

假设 H34 探讨了创业机会对新创企业员工满意度的影响，假设内容是"创业机会的合理利用会提高新创企业的员工满意度"，检验结果显示假设 H34 通过验证,这与 Schwartz(2003)、Samuelsson(2004)、李乾文(2007)等人观点类似。创业机会导向的新创小微企业会将客户价值塑造放在重要位置,通过主动地培养每名员工的这种客户价值塑造能力,并赋予员工恰当的授权和激励,就可以创造出适应客户需求和比竞争对手更高的客户价值。

第 5 章 创业基地服务机制对小微新创企业经营绩效影响的实证研究

我国创业基地内小微新创企业成长总体情况比较好,创业基地在其中起着重要作用,但是其自身也存在着不足,因此有必要研究创业基地服务对新创小微企业发展的影响,特别是对于小微企业经营绩效的影响。王红卫(2008)阐述了科技企业孵化器服务创新对孵化企业绩效的影响,指出企业孵化器提供的服务机制会部分直接影响企业绩效,部分间接影响企业绩效,并同时用结构方程模型验证了他的观点。路金凤(2014)在研究企业孵化器服务对中小企业创业成长影响的实证研究中,指出孵化器服务对中小企业的影响程度是不同的。因此,本研究以前人已有的研究为出发点,通过实证检验创业基地服务对基地内小微新创企业经营绩效的影响机制。

5.1 变量界定与维度划分

5.1.1 创业基地服务机制的界定与维度划分

创业基地的作用在于它能够为入驻基地的企业提供其发展所需的服务,这是创业基地的核心功能。

赵观兵、梅强等(2011)认为,创业基地服务是创业基地依靠自身及社会网络资源为创业者和入驻企业提供的,这些服务能够帮助基地内小微企业解决其创立初期的创业成本和创业门槛,以及帮助小微企业培育后期持续发展的核心竞争能力,以此提高小微企业的创业成功率。他们将创业基地的服务分为 3 类:生产经营所需场所、配套共享设施和基地公共扶持服务。路金凤(2014)将企业孵化器提供的服务分为 4 类:基础设施服务、创业辅导服务、投融资和网络化。她指出企业孵化器提供的服务是普遍存在的,并且对中小企业存在重要影响。

根据相关文献综述的归纳整理及我国创业基地发展的实际情况,本研究认为创业基地服务机制包括 3 个方面:硬件服务、基本服务及专项服务。

(1)硬件服务

创业基地的硬件服务即创业基地为基地内入驻企业所提供的一系列基础设施服务,包括厂房、办公设施、生活设施、水电网等的供应、基地内部软硬件设施的维护。创业基地通过提供硬件服务,首先最为直接的效果是降低初创企业的创业成本及创业门槛,其次提高小微企业经营绩效,最终提高小微企业创业成功率。

(2)基本服务

基本服务是创业基地不需要借助社会力量,能够自行提供的“软”服务,具体包括政务代理、政策支持、商业计划书制定、基础知识培训、创业文化培育等内容。

(3)专项服务

专项服务即创业基地借助社会网络力量为入驻基地的小微企业提供更高层次、更专业化的服务,包括咨询服务、信息服务、创业辅导、技术支持、人才培训、市场开拓、融资担保、政策法律服务这 8 个方面,为基地内小微企业创业提供个性化条件。

5.1.2　小微新创企业经营绩效的界定与维度划分

财政部统计评价司认为,企业绩效是企业在一定经营期间的经营效益和经营者业绩的表现,而企业经营效益水平主要从企业盈利能力、偿债能力、资产运营水平和后续发展能力等方面来体现。马鸿佳(2008)指出,绩效是创业者通过一系列的创业活动和创业行为而取得的各种结果状况,它能够反映新创企业生成和成长的状况,实现企业的创业目标。

在参考现有文献资料的基础上,本研究对创业基地内小微新创企业经营绩效的衡量采用平衡计分卡的思想,分别从财务层面、客户层面、内部经营过程层面、员工的学习与成长层面来界定。

(1)财务层面

财务目标一般被企业视为其发展的长期目标,它与组织的战略目标紧密相关。在平衡积分卡中,财务层面的指标数据不仅可以用来独立评价企业的财务状况,同时它还是其他 3 个方面目标的出发点和落脚点。对于创业基地内的小微新创企业来说,衡量企业经营绩效的财务指标主要是从净收益率、销售总收入、员工的平均销售收入、现金流量来反映。

（2）客户层面

以顾客需求为导向，为其提供多样化、个性化的产品及服务是现代企业经营管理最重要的理念之一。客户需求的变化反应外界对企业产品需求的变化，只有了解客户，不断满足其需求，产品的价值才能实现，企业才能获得收益。本研究调研中的小微新创企业涉及通信、能源环保、化工材料、生物制造、机械制造、轻工业这六大行业。企业产品不同，面对的客户性质不同，但是对客户层面的描述指标是一致的。

（3）内部经营过程层面

内部经营过程是小微新创企业改善经营绩效的重点，它是指企业从原材料的投入开始到最终创造出满足客户需求的产品或服务的一系列过程，它是新创小微企业生产运营最基本的环节，其目标是否实现对于平衡计分卡的财务、客户等维度有着直接影响。

（4）员工的学习与成长层面

对企业进行学习与成长层面的考评主要是为了获知小微新创企业长期的发展能力和持续竞争能力。为使小微新创企业能够与时俱进，及时根据外部变化的环境调整企业内部管理，小微新创企业应当持续不断地进行学习。小微企业员工的学习和成长方面的衡量指标主要有员工满意度、流动率、培训经费投入比率、研究开发费用增长率和产品（服务）创新周期等。

5.2　研究假设与模型构建

关于创业基地的研究文献数量偏少，学术界对其关注不多，鉴于此，本研究借助与创业基地服务功能和运营机制相似的孵化器的相关文献资料作为研究基础，关于孵化器的研究文献数量多，而研究比较系统。

5.2.1　硬件服务与基地内小微新创企业经营绩效的关系假设

Zedtwitz（2003）认为入孵企业通过在孵化器中得到低廉的办公室租金、共享的会议室、公共的食堂及生活配套设施等使其运营成本最小化，从而为新创企业的生存提供前提条件。这些共享的硬件设施可以充分发挥规模经济效应，显著降低新创企业的创业门槛和创业成本。同时，把这些基础设施和物业管理事务从小微企业管理中分离出来，实现孵化器和小微企业的明确分工，从而可以节省小微企业主的时间和精力，让创业团队全心投入技术开发和市场拓展等企业核心业务。王红卫（2008）提出孵化器为入孵企业提供最基本的基础设施和开办手续等方面的服务，能够保证企业正常运营，这些基础的设施包括办公场所、物业管理、生活与娱乐设施等。基础服务为孵化企业的基本运营提供了保障，孵化器提供的优惠房租等服务能够直接降低孵化企业的创业成本并节省孵化企业主的时间、精力,从而进一步奠定了孵化企业正常运营的基础。洪进和路金凤(2014)也指出,孵化器所提供的基础设施服务主要包括物业管理、会议室、咖啡厅及其他与物理设施和房地产有关的服务,这些基础设施通常是免费或以低于市场价格的形式提供给中小微企业的,这些服务和设施是中小微企业正常运营所必备的,通过基础设施资源共享,实现规模效应,降低中小企业创业初期的固定资产投入成本和人员雇佣成本等,进而提高入孵企业经营绩效。基于上述分析,本研究提出假设1。

假设1:硬件服务对基地内小微新创企业经营绩效具有显著正向影响。

假设1包括如下4个子假设:

假设1-1:硬件服务对小微新创企业财务指标有显著正向影响。

假设1-2:硬件服务对小微新创企业客户指标有显著正向影响。

假设1-3:硬件服务对小微新创企业内部经营过程指标有显著正向影响。

假设1-4:硬件服务对小微新创企业学习与成长指标有显著正向影响。

5.2.2 基本服务与基地内小微新创企业经营绩效的关系假设

我国大多数创业基地目前都提供各种技能和管理培训等服务,帮助创业者掌握企业管理、员工激励、团队建设、营销策划等知识;同时,创业基地自身拥有一支专业的管理团队,为基地内小微企业提供金融、法律、财务、市场信息咨询,帮助小微企业主制定创业计划等。通过提供这些服务使得基地内小微新创企业具备获得较好绩效的能力(如管理能力、决策能力、技术能力等),基地内小微企业再运用这种能力进而提高其经营绩效。创业基地提供的这些服务增加了基地内小微企业的"内功",它并不直接对企业绩效产生影响,但其增强了入孵企业提高绩效的能力,基地内小微企业再运用这项"内功"去获得经营绩效(Sunga,et al,2003)。Aldrich(1990)指出进驻孵化器对科技新创企业益处颇多,通过这种方式,它可以向其他相关企业传递信号,从而增强相关企业对该企业组织合法性和声誉的认识。Siegel(2003)也认为孵化器可以为入孵企业创造一种获取隐性知识和技能的氛围,进而影响科技创业企业绩效。Erikson(2003)则指出,孵化器通过提供一系列的基础业务支持培训能提升在孵企业的学习效率和发展能力,营造创新氛围、增强团队合作能力及激励企业家等,提高小微新创企业的成功率和企业绩效。总体而言,现有的研究认为创业基地能在声誉、政策支持、商业技能、基础培训等多方面改善入孵小微企业的绩效(陈颉,2012)。基于上述分析,本研究提出假设2。

假设2:基本服务对基地内小微新创企业经营绩效具有显著正向影响。

假设 2 包括如下 4 个子假设：

假设 2-1：基本服务对小微新创企业财务指标有显著正向影响。

假设 2-2：基本服务对小微新创企业客户指标有显著正向影响。

假设 2-3：基本服务对小微新创企业内部经营过程指标有显著正向影响。

假设 2-4：基本服务对小微新创企业学习与成长指标有显著正向影响。

5.2.3 专项服务与基地内小微新创企业经营绩效的关系假设

早在 20 世纪 80 年代，Smilor(1987)就提出了孵化器网络化服务的概念，即帮助在孵企业获得孵化器内其他资源的服务。网络化服务是创业基地提供服务中一个特别重要的类别。孵化器的网络化包含两方面的内容，即外部网络化和内部网络化。后者主要是指在孵化器内部小微企业之间建立各种网络关系。因为小微企业被聚集到一个相应的孵化器内，从而使他们之间的合作和交流变得更加容易，孵化器内各个企业之间联系也更加的紧密。当孵化器不直接具备为入孵企业提供某种资源的能力时，就需要孵化器利用其广泛的外部关系网络为在孵企业寻找获取相应的专项资源，这就是孵化器外部网络化的体现。通过与孵化器紧密联系的外部网络机构如大学、孵化器协会、政府及其他中介机构等，可以为入孵企业提供其发展所需资源、客户、潜在的合作伙伴等。

国外许多学者都十分强调孵化器在网络化建设方面的必要性(Lyons，2000；Bollingtoft，2005)，张炜等(2004)认为，孵化器通过鼓励并协助在孵企业相互之间、在孵企业与高校、政府、中介服务机构之间构建关系网络，能够使在孵企业获得更多发展所需的社会资源，从而提高在孵企业的绩效。Grimaldi 和 Grandi(2005)认为，孵化器构建孵化网络的能力，即孵化器通过促进孵化器内企业之间建立合作伙伴关系，从而达到促进企业间的学习、知识和人才的流动、市场和技术关系的建立及协同效应产生的能力。Colombo 和 Delmastro(2002)则对比研究了意大利 45 家孵化器外部和 45 家孵化器内部高科技企业，他们指出，孵化器内部企业与外部企业相比，具有更高的成长率，究其原因主要是孵化器内部企业广泛建立了合作机制，积极参与国际 R&D 项目等。

此外，创业基地还常常为中小企业配备创业导师。创业导师往往是具有丰富的创业经验和知识的企业家，他们凭借自身丰富的经验为创业者提供创业指导，帮助创业者树立正确的创业态度和观念。这一系列的创业辅导服务弥补了创业者本身管理知识和创业经验的不足，让小微企业少走弯路，提高小微企业的成功率和企业绩效。基于上述分析，提出了假设 3。

假设 3：专项服务对基地内小微新创企业经营绩效具有显著的正向影响。

假设 3 包括如下 4 个子假设：

假设 3-1：专项服务对小微新创企业财务指标有显著正向影响。

假设 3-2：专项服务对小微新创企业客户指标有显著正向影响。

假设 3-3：专项服务对小微新创企业内部经营过程指标有显著正向影响。

假设 3-4：专项服务对小微新创企业学习与成长指标有显著正向影响。

本章所提出的创业基地服务与小微新创企业经营绩效的关系假设共有 12 条,其中创业基地硬件服务、基本服务和专项服务与小微新创企业经营绩效的关系假设各 4 条,总体情况见表 5-1。

表 5-1　创业基地服务与小微企业经营绩效的关系假设表

假设编号		假设描述
假设 1	硬件服务对基地内小微新创企业经营绩效具有显著的正向影响	
	假设 1-1	硬件服务对小微新创企业财务指标有显著正向影响
	假设 1-2	硬件服务对小微新创企业客户指标有显著正向影响
	假设 1-3	硬件服务对小微新创企业内部经营过程指标有显著正向影响
	假设 1-4	硬件服务对小微新创企业学习与成长指标有显著正向影响
假设 2	基本服务对基地内小微新创企业经营绩效具有显著的正向影响	
	假设 2-1	基本服务对小微新创企业财务指标有显著正向影响
	假设 2-2	基本服务对小微新创企业客户指标有显著正向影响
	假设 2-3	基本服务对小微新创企业内部经营过程指标有显著正向影响
	假设 2-4	基本服务对小微新创企业学习与成长指标有显著正向影响
假设 3	专项服务对基地内小微新创企业经营绩效具有显著的正向影响	
	假设 3-1	专项服务对小微新创企业财务指标有显著正向影响
	假设 3-2	专项服务对小微新创企业客户指标有显著正向影响
	假设 3-3	专项服务对小微新创企业内部经营过程指标有显著正向影响
	假设 3-4	专项服务对小微新创企业学习与成长指标有显著正向影响

5.2.4　预设模型的构建

基于前面这 3 个关于创业基地服务与基地内小微新创企业经营绩效的研究假设,本研究构建出两者之间的理论模型,即创业基地服务的 3 个维度分别对小微新创企业经营绩效的 4 个维度产生正向影响作用,如图 5-1 所示。

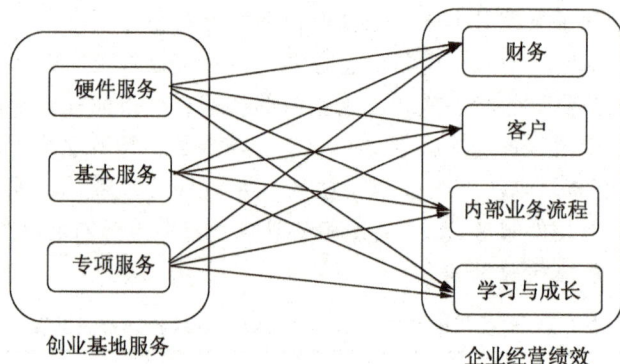

图 5-1　创业基地服务对小微新创企业经营绩效影响的理论模型

5.3　量表设计

为保证样本数据的信度和效度,需要合理设计量表。在初始量表形成之前,笔者广泛查阅相关文献材料,收集了国内外已有的成熟量表,挑选出符合我国创业基地服务及小微企业经营绩效的题项,并将题项给研究创业基地领域的专家、教授评估,然后对小微企业创业基地的员工进行了访谈,并根据他们的建议对题项的表述进行了修正,从而得出初始的量表。

5.3.1　创业基地服务机制的量表设计

为使创业基地服务的度量更加全面,在创业基地服务机制量表的设计时借鉴张景安(2001)、黄涛(2005)、孔善右(2008)、陈鹏(2009)、于晓丹(2010)等对创业基地服务的界定和所提出的题项,经过整理最终共得出创业基地服务机制的3 种不同形态(3 个维度)的题项 21 个,第一维度"硬件服务"共 4 项二级指标,分别有场地提供、办公设施、生活设施、公共设施服务,它是创业基地为入驻企业提供的基础设施服务,在数据处理中,用 A1～A4 表示;第二维度"基本服务"共 9 项二级指标,分别有政务代理、政策支持、经营咨询、创业基地联络员等,它是基地不需要借助社会力量,能够自行提供的"软"服务,在数据处理中,用A5～A13表示;第三维度"专项服务"共 8 项二级指标,分别有咨询服务、信息服务、创业辅导、人才培训、技术支持、融资担保、市场开拓、政策法律服务,它是创业基地借助社会网络力量为基地内入驻企业提供更高层次的专业服务,在数据处理中,用A14～A21 表示。所有题项如表 5-2 所示,量表采用 Likert 5 点计分法:1 为最低分,5 为最高分,从 1 到 5 表示从很不符合到很符合的程度。

表 5-2　创业基地服务初始量表

题号	测量项目	测量维度
A1	场地提供(包括土地支持和厂房提供)	硬件服务
A2	办公设施(提供办公室、电话、宽带网络、会议室等)	
A3	生活设施(提供员工宿舍、食堂及相关休闲场所)	
A4	公共设施服务(企业对水、电、暖气等需求;软、硬件设施维护)	
A5	政务代理(包括工商注册登记、银行开户、税务登记等)	基本服务
A6	政策支持(提供政府的相关优惠政策信息并协助企业取得政府优惠政策的支持)	
A7	项目申报与管理	
A8	营销服务(协助企业进行市场需求调研、商业计划书制定、企业形象宣传、商业推介等)	
A9	经营咨询(提供关于经营管理相关方面知识的咨询服务)	
A10	基础培训(通过举办讲座、培训班等形式帮助创业者了解企业管理基础知识等)	
A11	创业文化培育(包括营造有利于创业的氛围、设立鼓励创新的奖项评比等)	
A12	联络员(负责基地、企业之间的信息传递及问题的收集与反馈)	
A13	离开创业基地后的发展空间(掌握创业基地有关信息资料与申请模式,协助基地内企业解决毕业后的发展空间问题)	
A14	创业辅导(依靠创业服务平台、创业导师提供导向性、专业性、实践性的辅导服务)	专项服务
A15	咨询服务(为企业提供管理、市场、财税等方面的咨询诊断辅导)	
A16	信息服务(依靠中小企业信息服务平台,提供政策、技术、市场、人才等方面的信息)	
A17	技术支持(包括技术咨询、技术开发、产品研发设计、试验测试等服务)	
A18	融资担保(包括政府资金支持、融资担保、银企对接、引进风投等)	
A19	人才培训(包括与高等院校建立合作关系、引进高素质人才、培训经营管理人员等)	
A20	市场开拓(包括借力电子商务应用平台、加强经济协作交流等方式开拓国内外市场)	
A21	政策法律服务(提供政策信息、法律咨询、法律援助服务)	

5.3.2 小微新创企业经营绩效的量表设计

创业基地内小微新创企业经营绩效的测量,主要参考 Kaplan 和 Norton (1992)、Gomes 和 Ramaswamy(1999)、Yusuf(2002)、姚梅芳等(2004)、文亮和李丽娜(2010)的量表,经过整理最终共得出 20 个测量题项,主要是对小微新创企业经营绩效的 4 个维度进行测量:财务维度、客户维度、内部经营过程维度和员工的学习与成长维度。表 5-3 所示是关于小微企业经营绩效的初始量表设计。在数据处理中,用 B1～B20 表示。量表采用 Likert 5 点计分法:1 为最低分,5 为最高分,从 1 到 5 表示从很不符合到很符合的程度。

表 5-3　小微新创企业经营绩效初始量表

题号	测量项目	测量维度
B1	净收益率(净收益/总销售额)高	财务
B2	公司销售总收入高	
B3	公司员工平均销售收入高	
B4	公司现金流大	
B5	投资收益率大	
B6	产品市场占有率大	客户
B7	客户满意度高	
B8	新客户获得率高	
B9	客户保持度较好	
B10	重要客户的购买份额大	
B11	产品(或服务)推广能力强	内部经营过程
B12	产品合格率高	
B13	企业产品的售后服务好	
B14	员工技能强	
B15	企业生产率较高	
B16	员工流动率低	学习与成长
B17	员工满意度高	
B18	员工培训经费投入比率高	
B19	员工工作效率高	
B20	产品(或服务)创新所需时间短	

5.4　小样本初试

为确保调查问卷设计合理,保证各子量表测量项目的一致性和稳定性,以及保证后续更大范围发放问卷回收数据的有效性,在初始量表设计完成后,进行了小样本的预测试。问卷发放主要集中在镇江市小微企业创业基地内进行,发放形式采用现场发放并回收,发放问卷 200 份,回收问卷 194 份,剔除无效问卷,共剩余 186 份有效问卷,问卷有效回收率为 93%。

5.4.1　项目分析

项目分析是根据试测结果检验各个题项的可行性和适合度,是对量表的难度、题项的鉴别程度及可靠程度进行的分析。在对问卷进行项目分析时,采用高低分组 T 检验的方法,即将题项总分的前 27% 设为高分组,总分的后 27% 设为低分组,然后对这两个组进行独立样本 T 检验。首先,先进行两独立样本的方差齐性检验,一般认为当 F 统计量的相伴概率 P 小于 0.05 的显著性水平时,可认为两样本方差是非齐性的,反之认为两样本方差是齐性的;根据样本方差是否相等,查看相对应的 T 统计量的相伴概率 P,概率 P 应当小于 0.05 的显著性水平,否则应当予以删除。

由表 5-4 可知,所有题项均达到显著性水平,这些题项应当保留。

表 5-4　量表项目分析结果

项目		方差方程的 Levene 检验		均值方程的 T 检验			备注
		F	Sig.	T	DF	Sig.	
A1	假设方差相等	3.811	0.053	−7.464	120	0.000	保留
	假设方差不相等			−7.395	111.526	0.000	
A2	假设方差相等	13.885	0.000	−7.225	120	0.000	保留
	假设方差不相等			−7.012	94.667	0.000	
A3	假设方差相等	4.477	0.036	−4.199	120	0.000	保留
	假设方差不相等			−4.115	103.192	0.000	
A4	假设方差相等	25.552	0.000	−4.015	120	0.000	保留
	假设方差不相等			−3.893	93.957	0.000	
A5	假设方差相等	9.067	0.003	−10.560	120	0.000	保留
	假设方差不相等			−10.741	119.791	0.000	

续表

项目		方差方程的 Levene 检验		均值方程的 T 检验			备注
		F	Sig.	T	DF	Sig.	
A6	假设方差相等	8.151	0.005	−10.762	120	0.000	保留
	假设方差不相等			−10.930	119.929	0.000	
A7	假设方差相等	1.288	0.259	−6.775	120	0.000	保留
	假设方差不相等			−6.716	111.840	0.000	
A8	假设方差相等	0.377	0.540	−12.777	120	0.000	保留
	假设方差不相等			−12.854	118.981	0.000	
A9	假设方差相等	0.132	0.717	−4.637	120	0.000	保留
	假设方差不相等			−4.620	114.994	0.000	
A10	假设方差相等	0.474	0.493	−12.704	120	0.000	保留
	假设方差不相等			−12.786	119.082	0.000	
A11	假设方差相等	0.603	0.439	−10.155	120	0.000	保留
	假设方差不相等			−10.277	119.953	0.000	
A12	假设方差相等	9.585	0.002	−11.732	120	0.000	保留
	假设方差不相等			−11.329	90.285	0.000	
A13	假设方差相等	2.500	0.116	−9.676	120	0.000	保留
	假设方差不相等			−9.533	107.367	0.000	
A14	假设方差相等	4.728	0.032	−9.931	120	0.000	保留
	假设方差不相等			−10.086	119.931	0.000	
A15	假设方差相等	0.001	0.977	−8.327	120	0.000	保留
	假设方差不相等			−8.290	114.483	0.000	
A16	假设方差相等	0.239	0.625	−10.354	120	0.000	保留
	假设方差不相等			−10.419	119.035	0.000	
A17	假设方差相等	2.506	0.116	−9.745	120	0.000	保留
	假设方差不相等			−9.934	119.392	0.000	
A18	假设方差相等	1.677	0.198	−7.020	120	0.000	保留
	假设方差不相等			−6.876	102.743	0.000	

续表

项目		方差方程的 Levene 检验		均值方程的 T 检验			备注
		F	Sig.	T	DF	Sig.	
A19	假设方差相等	2.506	0.116	−9.745	120	0.000	保留
	假设方差不相等			−9.934	119.392	0.000	
A20	假设方差相等	9.585	0.002	−11.732	120	0.000	保留
	假设方差不相等			−11.329	90.285	0.000	
A21	假设方差相等	0.868	0.353	−4.380	120	0.000	保留
	假设方差不相等			−4.385	117.296	0.000	
B1	假设方差相等	18.984	0.000	−7.719	113	0.000	保留
	假设方差不相等			−7.684	87.245	0.000	
B2	假设方差相等	8.020	0.005	−5.684	113	0.000	保留
	假设方差不相等			−5.664	95.077	0.000	
B3	假设方差相等	1.406	0.238	−6.115	113	0.000	保留
	假设方差不相等			−6.107	109.950	0.000	
B4	假设方差相等	6.296	0.014	−7.005	113	0.000	保留
	假设方差不相等			−6.980	95.278	0.000	
B5	假设方差相等	0.889	0.348	−7.611	113	0.000	保留
	假设方差不相等			−7.593	104.008	0.000	
B6	假设方差相等	10.296	0.002	−9.775	113	0.000	保留
	假设方差不相等			−9.750	103.114	0.000	
B7	假设方差相等	0.459	0.500	−8.423	113	0.000	保留
	假设方差不相等			−8.423	112.990	0.000	
B8	假设方差相等	16.451	0.000	−9.955	113	0.000	保留
	假设方差不相等			−9.922	98.058	0.000	
B9	假设方差相等	1.829	0.179	−10.335	113	0.000	保留
	假设方差不相等			−10.335	112.955	0.000	
B10	假设方差相等	0.081	0.776	−8.009	113	0.000	保留
	假设方差不相等			−8.011	112.991	0.000	

续表

项目		方差方程的 Levene 检验		均值方程的 T 检验			备注
		F	Sig.	T	DF	Sig.	
B11	假设方差相等	0.699	0.405	−6.911	113	0.000	保留
	假设方差不相等			−6.898	107.046	0.000	
B12	假设方差相等	1.954	0.165	−7.171	113	0.000	保留
	假设方差不相等			−7.150	100.440	0.000	
B13	假设方差相等	6.702	0.011	−7.632	113	0.000	保留
	假设方差不相等			−7.603	93.955	0.000	
B14	假设方差相等	2.314	0.131	−7.924	113	0.000	保留
	假设方差不相等			−7.911	108.142	0.000	
B15	假设方差相等	4.399	0.038	−7.735	113	0.000	保留
	假设方差不相等			−7.718	105.073	0.000	
B16	假设方差相等	0.153	0.696	−2.843	113	0.005	保留
	假设方差不相等			−2.846	111.977	0.005	
B17	假设方差相等	2.406	0.124	−4.419	113	0.000	保留
	假设方差不相等			−4.422	112.629	0.000	
B18	假设方差相等	2.506	0.116	−5.033	113	0.000	保留
	假设方差不相等			−5.040	111.137	0.000	
B19	假设方差相等	0.153	0.696	−2.843	113	0.005	保留
	假设方差不相等			−2.846	111.977	0.005	
B20	假设方差相等	0.384	0.537	−2.547	113	0.012	保留
	假设方差不相等			−2.546	112.752	0.012	

5.4.2 信度检验

本研究通过对量表中每个项目进行 CITC(题项与总分相关)分析和信度分析,剔除问卷中不合格的题项。一般认为,对于 CITC 值在 0.5 以下,删除后 Cronbach'a 值会变大的题项,应予以删除,在测量题项净化前后都要重新计算 α 系数。对于信度值的可接受范围区间,DeVellis(1991)和 Nunnally(1978)认为信度值至少要大于 0.7,否则说明初始量表需要重新修订。

（1）创业基地服务机制量表的信度分析

创业基地服务机制量表的信度分析如表 5-5 所示，题项 A3、A7、A9、A12、A13、A19 和 A21 的初始 CITC 值小于 0.5，删除该题项后整体信度明显提高（Cronbach'a 系数增大），因此将题项 A3、A7、A9、A12、A13、A19 和 A21 删除，其他剩余题项 CITC 值都大于 0.5，且总量表信度为 0.890，超过了 0.7 的最低标准，说明创业基地服务机制量表的内部一致性比较理想。

表 5-5　创业基地服务量表的信度分析

题号	初始 CITC	最终 CITC	题项删除后的 Cronbach'a	Cronbach'a 系数
A1	0.473	0.485	0.863	
A2	0.452	0.497	0.867	
A3	0.321	删除		
A4	0.512	0.545	0.870	
A5	0.587	0.629	0.856	
A6	0.592	0.632	0.855	
A7	0.421	删除		
A8	0.620	0.669	0.853	
A9	0.272	删除		
A10	0.617	0.663	0.853	
A11	0.554	0.584	0.858	$\alpha = 0.890$
A12	0.392	删除		
A13	0.321	删除		
A14	0.559	0.562	0.860	
A15	0.472	0.485	0.864	
A16	0.590	0.598	0.858	
A17	0.509	0.536	0.866	
A18	0.482	0.529	0.864	
A19	0.513	删除		
A20	0.589	0.638	0.864	
A21	0.343	删除		

（2）小微新创企业经营绩效量表的信度分析

小微新创企业经营绩效量表的信度分析如表 5-6 所示，除 B3、B11、B14、B16、B20 外企业经营绩效量表的所有题项的 CITC 值都大于 0.5，且总量表信度为 0.914，超过了 0.7 的最低标准，说明企业经营绩效总量表的内部一致性比较理想。

表 5-6　小微新创企业经营绩效量表的信度分析

题号	初始 CITC	最终 CITC	题项删除后的 Cronbach'a	Cronbach'a 系数
B1	0.575	0.588	0.909	
B2	0.544	0.523	0.911	
B3	0.411	删除		
B4	0.562	0.477	0.912	
B5	0.501	0.548	0.910	
B6	0.542	0.602	0.908	
B7	0.498	0.647	0.907	
B8	0.561	0.595	0.909	
B9	0.596	0.670	0.906	
B10	0.520	0.665	0.906	
B11	0.417	删除		$\alpha = 0.914$
B12	0.584	0.604	0.908	
B13	0.542	0.641	0.907	
B14	0.419	删除		
B15	0.544	0.670	0.906	
B16	0.177	删除		
B17	0.601	0.670	0.906	
B18	0.565	0.640	0.907	
B19	0.577	0.665	0.906	
B20	0.084	删除		

5.4.3　因子分析

为检验量表的结构效度，在信度分析结束之后，应进行因子分析。因子分析的作用是在尽量少丢失信息或几乎不丢失信息的前提下,把多个变量缩减为少量因子,这样既减少了研究变量与题项的数量,又能检验变量之间的假设关系。

（1）创业基地服务机制量表的因子分析

根据前文对创业基地服务机制量表进行的项目分析及信度分析结果,本研究删除了 A3、A7、A9、A12、A13、A19 和 A21 题项,将创业基地服务机制量表剩余的 14 个题项全部纳入因子分析体系,采用主成分-方差极大法正交旋转,进行因子分析。根据 KMO 抽样适当性参数和 Bartlett 球形检验的结果判别问卷是否适合进行因子分析。依据 Kaiser 的观点,KMO 指数值的范围是 0～1,KMO 值应当不低于 0.8,说明量表题项适合做因子分析;如果 KMO 值大于 0.9,则表示题项间的关系很好,很适合做因子分析。创业基地服务机制量表的因子分析初始结果如表 5-7 所示,共萃取得到 3 个因子,与原先编制的量表架构一致,各题项变量对应因子载荷量均超过 0.5,3 个成分的联合解释变异量达到了63.884%,高于最低值 50%,结果表明创业基地服务机制量表具有较好结构效度。

表 5-7　创业基地服务量表的因子分析初始结果

题项	旋转后的成分		
	1	2	3
A1	**0.678**	0.413	0.056
A2	**0.666**	0.000	0.378
A4	**0.570**	0.445	0.137
A5	0.039	**0.916**	0.100
A6	0.049	**0.916**	0.098
A8	0.218	**0.817**	0.173
A10	0.224	**0.812**	0.167
A11	0.261	**0.597**	0.256
A14	0.085	0.104	**0.827**
A15	0.028	0.059	**0.818**
A16	0.209	0.146	**0.767**
A17	0.050	0.130	**0.705**
A18	0.309	0.016	**0.686**

续表

题项	旋转后的成分		
	1	2	3
A20	0.034	0.255	**0.574**
联合解释变异量	63.884%		
KMO 抽样适当性参数	0.801		
Bartlett 的球形度检验	近似卡方	292.613	
	自由度	91	
	显著性	0.000	

（2）小微新创企业经营绩效量表的因子分析

根据前文对小微新创企业经营绩效量表进行的项目分析及信度分析结果，本研究删除了 B3、B11、B14、B16 和 B20 题项，将小微新创企业经营绩效的 15 个题项纳入分析体系，采用主成分-方差极大法正交旋转，进行因子分析后，如表 5-8 所示，共萃取了 4 个成分。由企业经营绩效量表的因子分析结果可知，KMO 值大于 0.8，卡方值为 384.356，自由度为 105，达到了 0.05 的显著性水平，说明小微新创企业经营绩效量表适合进行因子分析。由旋转后的成分矩阵可以看出，共萃取得到 4 个因子，与原先编制的量表架构一致，各变量对应的因子负荷量均大于 0.5，4 个因子的联合解释变异量达到了 74.833%，高于最低值 50%，结果表明企业经营绩效量表具有较好的结构效度。

表 5-8　小微新创企业经营绩效量表的因子分析结果

题项	旋转后的成分			
	1	2	3	4
B1	**0.836**	0.191	0.135	−0.093
B2	**0.819**	0.053	0.215	−0.009
B4	**0.879**	0.134	0.094	0.022
B5	**0.845**	0.234	0.094	−0.014
B6	0.211	**0.792**	0.161	−0.068
B7	0.148	**0.806**	0.137	−0.058
B8	0.168	**0.756**	0.307	0.065

续表

题项	旋转后的成分			
	1	2	3	4
B9	0.097	**0.864**	0.226	0.046
B10	0.086	**0.868**	0.127	−0.007
B12	0.181	0.228	**0.896**	0.022
B13	0.188	0.243	**0.878**	−0.072
B15	0.141	0.303	**0.800**	−0.050
B17	−0.022	−0.081	0.052	**0.832**
B18	0.100	−0.031	−0.005	**0.866**
B19	−0.136	0.084	−0.114	**0.685**
联合解释变异量	74.833%			
KMO 抽样适当性参数	0.827			
Bartlett 的球形度检验	近似卡方	384.356		
	自由度	105		
	显著性	0.000		

5.5　正式问卷的发放与回收

通过项目分析、信度分析和因子分析,创业基地服务量表最终保留 14 个题项,其中硬件服务、基本服务、专项服务分别为 3 个、5 个、6 个题项;小微新创企业经营绩效量表最终保留 15 个题项,其中财务、客户、企业内部业务流程、员工学习与成长层面分别为 4 个、5 个、3 个、3 个题项。将创业基地服务、小微新创企业经营绩效两个量表剩余的题项重新编号,形成正式的调查问卷。

正式问卷包括 4 个部分:第一部分是卷首语,介绍问卷的用途与填写说明;第二部分是企业的基本信息,如主营产品、员工人数等;第三部分是问卷主体部分,包含创业基地服务、小微新创企业经营绩效的测量题项;第四部分是致谢。

本研究调查问卷采用匿名调查方式,问卷不涉及填写者任何个人隐私信息,所有受访者都是完全自愿的。

5.5.1　样本选择

作为国家级苏南现代化建设示范区的重要组成部分,镇江市大力开展创业基地建设,扶持小微企业生存,加速小微企业成长。因此本研究选择镇江市作为问卷调查区域。

镇江市在我国三线城市创业基地建设中具有一定的代表性。截至 2014 年年底,镇江市共建成各类创业基地 195 家,面积达 238.3 万平方米。在创业孵化基地中,先后入驻创业实体 3 841 家,成功孵化 985 家,吸纳从业人数 31 489 人。2014 年,入驻创业基地的企业实现销售收入 80.9 亿元,利润 7.68 亿元,纳税 3.65 亿元。此外,创业基地发展环境良好,并与江苏大学及南京一些高等院校建立合作关系,保证了高素质人才的引进,实现了产学研一体化。入驻企业当中有 8 家企业进入"331"工程和"千人计划"项目。基地内企业获得各类专利数 47 项,其中实用新型专利 23 项,发明专利 24 项。2014 年 12 月,镇江新区科技新城双子楼创业孵化基地被江苏省人社厅认定为省级创业示范基地。2015 年 1 月,被江苏省科技厅认定为省级科技企业孵化器。在江苏省首批认定的 10 家省级创业示范基地中,镇江市独占 2 家。

5.5.2 数据回收

问卷采用现场发放和网络发布相结合的方式。此次共发放问卷 250 份,收回 223 份,回收率达 89.2%,剔除固定作答、漏填的无效问卷 23 份,有效问卷数为 200 份,有效问卷回收率达到 80%。

5.6 样本的描述性统计

5.6.1 样本基本情况统计

根据样本数据情况,本研究对问卷填写者的基本信息情况进行了整理与统计,样本的基本信息如下表 5-9 所示。

表 5-9 样本个体特征统计

变量	样本资料	样本数	百分比
所属行业（主营产品）	通信	56	28.0%
	能源环保	42	21.0%
	化工材料	39	19.5%
	生物医药	33	16.5%
	轻工业	21	10.5%
	机械制造	9	4.5%

变量	样本资料	样本数	百分比
成立时间	1 年以内	95	47.5％
	1～3 年	79	39.5％
	3 年以上	26	13.0％
员工人数	10 人以下	109	54.5％
	10～50 人	68	34.0％
	50 人以上	23	11.5％
去年产品销售额	10 万以下	99	49.5％
	10 万～50 万	74	37.0％
	50 万以上	27	13.5％

表 5-9 显示，从所调研公司的主营产品来看，调研对象主要集中于通信、能源环保、化工材料、生物医药这几大行业；从所调研的小微企业成立时间来看，成立 1 年之内的新创企业较多，达到 47.5％，成立 1～3 年的新创企业占据 39.5％，成立 3 年以上的企业最少，只占 13.0％；从所调研的企业员工人数来看，成立 10 人以下的微型企业较多，占 54.5％，50 人以上的小企业较少，只占 11.5％。这跟小微新创企业的规模特征是相符合的。

5.6.2　变量的描述性统计

对样本基本情况统计结束后，本研究对变量进行描述性统计，这是在进行结构方程模型检验前的必要步骤，因为运用结构方程的前提是数据要服从正态分布。具体反映在数值分布上，一般认为当偏度为 -1～1 且峰度为 -3～3 的数值可以近似满足正态分布的假设。将收集好的数据样本用 SPSS 软件处理后，得到如表 5-10 所示的结果。

表 5-10　变量的描述性统计分析

题项	均值	均值标准差	偏度	峰度
A1	3.48	0.091	-0.506	-0.806
A2	3.80	0.081	-0.751	-0.282
A3	3.95	0.095	-0.921	-0.325
A4	2.88	0.093	0.264	-1.140

续表

题项	均值	均值标准差	偏度	峰度
A5	2.88	0.093	0.264	−1.140
A6	3.01	0.100	0.023	−1.326
A7	3.01	0.100	0.023	−1.326
A8	3.27	0.108	−0.311	−1.430
A9	2.81	0.098	0.171	−1.220
A10	2.97	0.094	0.042	−1.169
A11	3.09	0.092	−0.045	−1.100
A12	3.08	0.090	0.114	−1.091
A13	3.45	0.088	−0.269	−0.981
A14	3.45	0.097	−0.374	−1.123
B1	3.47	0.071	−0.632	0.126
B2	3.76	0.063	−0.763	1.217
B3	3.61	0.062	−0.180	−0.314
B4	3.60	0.061	−0.196	−0.200
B5	3.15	0.070	−0.538	−0.101
B6	3.06	0.069	−0.558	−0.136
B7	3.38	0.066	−0.600	0.254
B8	3.19	0.066	−0.343	−0.175
B9	3.16	0.066	−0.322	−0.380
B10	3.72	0.061	−0.791	1.249
B11	3.73	0.062	−0.799	0.901
B12	3.50	0.066	−0.358	0.066
B13	2.88	0.096	0.261	−1.138
B14	3.02	0.103	0.017	−1.316
B15	2.71	0.087	0.187	−0.839

由表 5-10 可知,所有题项的偏度值和峰度值均在标准范围内,样本数据符合正态分布,可以用来做进一步的分析。

5.7　信度与效度检验

5.7.1　信度检验

在运用结构方程模型进行数据分析时,必须要保证使用数据的可靠性,因此有必要先对收集的数据进行信度检验。信度检验的标准是总量表的信度系数值在 0.8 以上,如果是分量表,其信度系数在 0.7 以上最佳。

(1) 创业基地服务机制的信度检验

创业基地服务机制量表信度如表 5-11 所示,其 Cronbach'a 值为 0.928,大于 0.8 的临界值,说明创业基地服务机制量表具有较好信度,另外创业基地服务机制 3 个维度的分量表的 Cronbach'a 值分别为 0.854,0.847,0.858,均大于0.7,且各题项初始 CITC 值均在 0.5 以上,因此创业基地服务量表具有内部一致性。

表 5-11　创业基地服务机制量表信度检验

题项	初始 CITC	题项删除后的 Cronbach'a	Cronbach'a 系数	Cronbach'a 系数
A1	0.707	0.838	0.854	0.928
A2	0.695	0.836		
A3	0.684	0.836		
A4	0.803	0.835	0.847	
A5	0.777	0.838		
A6	0.704	0.836		
A7	0.628	0.834		
A8	0.746	0.833		
A9	0.629	0.838	0.858	
A10	0.671	0.837		
A11	0.746	0.835		
A12	0.641	0.838		
A13	0.695	0.820		
A14	0.652	0.819		

(2) 小微新创企业经营绩效的信度检验

小微新创企业经营绩效信度如表 5-12 所示,其 Cronbach'a 值为 0.937,大于 0.8 的临界值,说明小微新创企业经营绩效量表总体上具有较好的信度,另外小微新创企业经营绩效的 4 个维度的分量表的 Cronbach'a 值分别为 0.832, 0.846,0.837,0.849,均大于 0.7,且各题项的初始 CITC 值均在 0.5 以上,因此小微新创企业经营绩效量表具有内部一致性。

表 5-12　小微新创企业经营绩效量表信度检验

题项	初始 CITC	题项删除后的 Cronbach'a	Cronbach'a 系数	Cronbach'a 系数
B1	0.739	0.829		
B2	0.787	0.828	0.832	
B3	0.708	0.830		
B4	0.765	0.828		
B5	0.789	0.828		
B6	0.577	0.834		
B7	0.665	0.831	0.846	
B8	0.572	0.834		0.937
B9	0.631	0.832		
B10	0.710	0.830		
B11	0.694	0.831	0.837	
B12	0.686	0.831		
B13	0.704	0.820		
B14	0.667	0.821	0.849	
B15	0.745	0.820		

5.7.2　效度检验

量表的效度是指量表有效测量了所要测量对象的特质的程度,本研究主要采用结构效度和内容效度。内容效度是用以评价量表内容是否合适,而本研究的量表在文献梳理的基础上,参考了国内外成熟的量表,并经访谈和预调研后完善而成,在一定程度上保证了问卷设计内容效度的良好。常用的结构效度检验是因子分析,本次研究采用的是验证性因子分析,来检验潜在变量的存在与否,并且检验假定的因素结构,这是进行结构方程模型分析之前必不可少的环节。本研究采用 AMOS 21.0 极大似然法对模型进行拟合,采用包括 χ^2/DF、IFI、RMSEA、CFI、NFI 等指标来评价模型拟合程度。

（1）创业基地服务机制的验证性因子分析

创业基地服务机制的验证性因子分析结果如图 5-2 所示,潜在变量与其测量指标间的因素负荷为 0.489～0.997,所有因素载荷值均在 0.5～0.9 的区间范围内,说明创业基地服务机制模型具有较好的基本适配度。

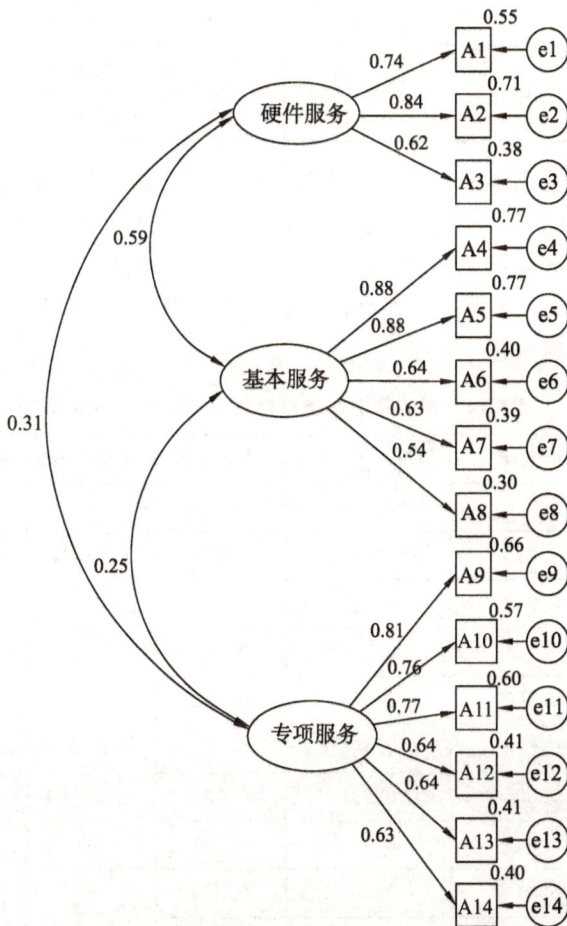

图 5-2　创业基地服务机制验证性因子分析

创业基地服务机制拟合优度检验结果如表 5-13 所示,卡方自由度比为 1.741(<3),RMR 为 0.029(<0.05),RMSEA 为 0.058(<0.1),IFI 为 0.956 (>0.9),TLI 为 0.963(>0.9),NFI 为 0.922(>0.9),CFI 为 0.956(>0.9),另外 AIC 的值 56.303(理论模型)<342(饱和模型)<1879.632(独立模型),ECVI

为 1.564(理论模型)<1.829(饱和模型)<15.399(独立模型),各项评价指标均达到适配的标准,表明创业基地服务模型的整体适配度较好,从而可知创业基地服务机制量表的因素结构良好。

表 5-13　创业基地服务机制拟合优度检验结果

指标值	χ^2/DF	CFI	TLI	IFI	NFI	RMSEA	RMR
判断准则	<3	>0.9	>0.9	>0.9	>0.9	<0.1	<0.05
本模型	1.741	0.956	0.963	0.956	0.922	0.058	0.029

根据小微企业创业基地服务机制验证性因子分析模型输出结果的标准化回归系数(因素负荷量)的数值,求得创业基地服务机制及其 3 个因子(维度)的组合信度和平均变异量抽取值(见表 5-14),组合信度都达到了 0.6 的最低标准,平均变异量抽取值都达到了 0.5 的最低判断标准。因此,从整体上看,创业基地服务模型适配度比较好。

表 5-14　创业基地服务组合信度与聚合效度测量

测量指标	因素负荷量	信度系数(R^2)	测量误差	组合信度	平均变异量抽取值
A1	0.740	0.547	0.342		
A2	0.843	0.711	0.169	0.780 5	0.546 3
A3	0.617	0.381	0.107		
A4	0.875	0.765	0.008		
A5	0.880	0.774	0.002		
A6	0.636	0.405	0.194	0.842 5	0.526 2
A7	0.625	0.391	0.221		
A8	0.544	0.296	0.347		
A9	0.814	0.663	0.339		
A10	0.756	0.572	0.254		
A11	0.774	0.599	0.378		
A12	0.637	0.406	0.458	0.859 9	0.508 4
A13	0.640	0.409	0.402		
A14	0.634	0.402	0.348		

（2）小微新创企业经营绩效的验证性因子分析

小微新创企业经营绩效的验证性因子分析结果如图 5-3 所示,潜在变量与其测量指标间的因素负荷为 0.478～0.930,所有因素载荷均在 0.50～0.95 的区间范围内,说明小微新创企业经营绩效模型具有较好的基本适配度。

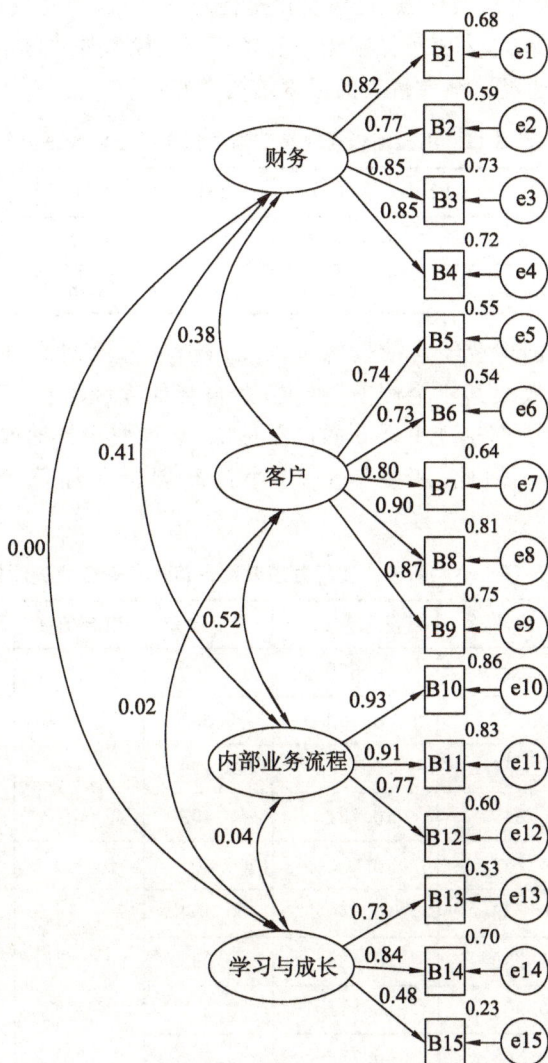

图 5-3　小微新创企业经营绩效验证性因子分析

小微新创企业经营绩效拟合优度检验结果如表 5-15 所示，卡方自由度比为 2.364（<3），RMR 为 0.048（<0.05），RMSEA 为 0.075（<0.1），IFI 为 0.934（>0.9），TLI 为 0.916（>0.9），NFI 为 0.918（>0.9），CFI 为 0.933（>0.9），另外 AIC 的值 170.616（理论模型）<240（饱和模型）<1847.295（独立模型），ECVI 为 1.283（理论模型）<1.447（饱和模型）<9.879（独立模型），各项评价指标均达到了适配的标准，表明小微新创企业经营绩效模型的整体适配度较好，从而可知小微新创企业经营绩效量表的因素结构良好。

表 5-15 小微新创企业经营绩效拟合优度检验结果

指标值	χ^2/DF	CFI	TLI	IFI	NFI	RMSEA	RMR
判断准则	<3	>0.9	>0.9	>0.9	>0.9	<0.1	<0.05
本模型	2.364	0.933	0.916	0.934	0.918	0.075	0.048

根据小微新创企业经营绩效的验证性因子分析模型输出结果，求得小微新创企业经营绩效及其 4 个因子（维度）的组合信度和平均变异量抽取值（见表 5-16），组合信度都达到了 0.6 的最低标准，平均变异量抽取值都达到了 0.5 的最低判断标准。因此，从整体上看，小微新创企业经营绩效模型适配度较好。

表 5-16 小微新创企业经营绩效组合信度与聚合效度测量

测量指标	因素负荷量	信度系数（R^2）	测量误差	组合信度	平均变异量抽取值
B1	0.824	0.679	0.302		
B2	0.767	0.588	0.307	0.893 9	0.678 5
B3	0.852	0.726	0.199		
B4	0.849	0.721	0.192		
B5	0.744	0.553	0.405		
B6	0.735	0.540	0.404		
B7	0.799	0.638	0.293	0.905 8	0.659 5
B8	0.901	0.812	0.151		
B9	0.868	0.753	0.204		

测量指标	因素负荷量	信度系数(R²)	测量误差	组合信度	平均变异量抽取值
B10	0.930	0.865	0.093		
B11	0.913	0.833	0.118	0.907 2	0.766 4
B12	0.775	0.600	0.321		
B13	0.731	0.534	0.802		
B14	0.838	0.702	0.593	0.731 9	0.488 4
B15	0.478	0.229	0.103		

5.8　模型拟合与假设检验

本部分将创业基地服务机制的 3 个维度均作为自变量,小微新创企业经营绩效的 4 个维度均作为因变量,通过结构方程模型,借助 AMOS 软件对理论模型进行验证,模型 M1 拟合结果如图 5-4 所示,模型拟合优度如表 5-17 所示。

表 5-17　模型 M1 拟合优度检验结果

指标值	χ^2/DF	CFI	TLI	IFI	NFI	RMSEA	PNFI
判断准则	<3	>0.9	>0.9	>0.9	>0.9	<0.1	>0.5
本模型	1.122	0.947	0.917	0.957	0.956	0.072	0.55

从图 5-4 可以看出,拟合结果中各因子载荷均在 0.50~0.95 的区间范围内,所有误差变异量都达到显著水平,且测量误差均为正值,说明模型符合基本拟合标准;从总模型整体拟合指标上来看,各个指标均达到了预定的标准,因此该总模型和数据拟合效果比较好。总模型 M1 的因果路径系数及检验表如表 5-18 所示。

由表 5-18 可以看出,有两个路径系数未达到显著,因此需要对模型进行修正。首先删除 C.R 值最小的路径"学习与成长←硬件服务",删除后得到模型 M1a,模型 M1a 的卡方值由原先的 492.340 变为 492.756,增加得非常少,说明删除"学习与成长←硬件服务"这条路径是可取的,修正模型 M1a 的拟合优度检验见表 5-19。拟合结果中各因子载荷均在 0.50~0.95 的区间范围内,所有误差变异量都达到显著水平,且测量误差均为正值,说明模型符合基本拟合标准;从修正模型整体拟合指标上来看,各项指标均达到预定的标准,因此该修正模型和数据拟合效果比较好。修正模型 M1a 因果路径系数及检验表如表 5-20 所示。

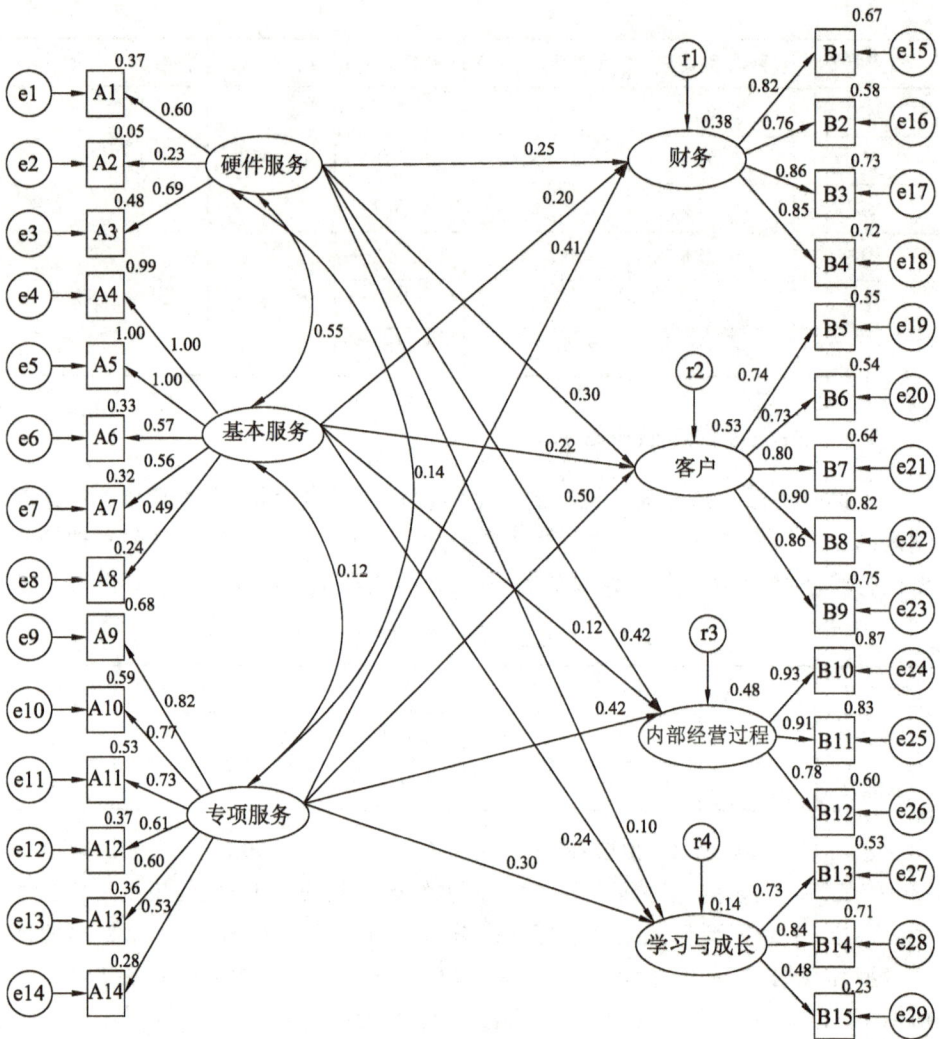

图 5-4　模型 M1 分析

表 5-18　模型 M1 因果路径系数及检验

路径	标准化路径系数	标准误差	C.R 值	显著性（C.R＞2）
财务←硬件服务	0.252	0.092	2.314	是
客户←硬件服务	0.302	0.078	2.925	是
内部经营过程←硬件服务	0.417	0.096	3.594	是

续表

路径	标准化路径系数	标准误差	C. R 值	显著性(C. R>2)
学习与成长←硬件服务	−0.102	0.126	−0.820	否
财务←基本服务	0.203	0.098	2.221	是
客户←基本服务	0.223	0.082	2.610	是
内部经营过程←基本服务	0.120	0.092	1.362	否
学习与成长←基本服务	0.242	0.142	2.200	是
财务←专项服务	0.410	0.099	4.570	是
客户←专项服务	0.500	0.093	5.276	是
内部经营过程←专项服务	0.415	0.092	4.823	是
学习与成长←专项服务	0.303	0.130	3.099	是

表 5-19　模型 M1a 拟合优度检验结果

指标值	χ^2/DF	CFI	TLI	IFI	NFI	RMSEA	PNFI
判断准则	<3	>0.9	>0.9	>0.9	>0.9	<0.1	>0.5
本模型	1.112	0.947	0.918	0.957	0.956	0.072	0.56

　　由表 5-20 可以看出,有一条路径系数未达到显著,因此需要对模型进行修正。删除路径"内部经营过程←基本服务",删除后得到模型 M1b,模型 M1b 的卡方值由原先的 492.756 变为 495.251,增加得非常少,说明删除"内部经营过程←基本服务"这条路径是可取的,修正模型 M1b 拟合优度检验表见表 5-21。

　　拟合结果中各因子载荷均在 0.50~0.95 的区间范围内,所有误差变异量都达到显著水平,且测量误差均为正值,说明模型符合基本拟合标准;从修正模型整体拟合指标上来看,各项指标均达到预定的标准,因此该修正模型和数据拟合效果比较好。修正模型 M1b 因果路径系数及检验表如表 5-22 所示。

表 5-20　模型 M1a 因果路径系数及检验

路径	标准化路径系数	标准误差	C. R 值	显著性(C. R>2)
财务←硬件服务	0.238	0.090	2.228	是
客户←硬件服务	0.279	0.075	2.779	是
内部经营过程←硬件服务	0.386	0.092	3.454	是
财务←基本服务	0.212	0.097	2.346	是

续表

路径	标准化路径系数	标准误差	C.R值	显著性（C.R>2）
客户←基本服务	0.238	0.081	2.802	是
内部经营过程←基本服务	0.140	0.090	1.627	否
学习与成长←基本服务	0.186	0.109	2.199	是
财务←专项服务	0.412	0.099	4.584	是
客户←专项服务	0.502	0.093	5.288	是
内部经营过程←专项服务	0.417	0.092	4.851	是
学习与成长←专项服务	0.292	0.127	3.035	是

表 5-21　模型 M1b 拟合优度检验结果

指标值	χ^2/DF	CFI	TLI	IFI	NFI	RMSEA	PNFI
判断准则	<3	>0.9	>0.9	>0.9	>0.9	<0.1	>0.5
本模型	1.108	0.947	0.918	0.956	0.956	0.072	0.56

表 5-22　模型 M1b 因果路径系数及检验

路径	标准化路径系数	标准误差	C.R值	显著性（C.R>2）
财务←硬件服务	0.248	0.095	2.232	是
客户←硬件服务	0.302	0.080	2.888	是
内部经营过程←硬件服务	0.503	0.078	5.409	是
财务←基本服务	0.194	0.101	2.066	是
客户←基本服务	0.210	0.083	2.416	是
学习与成长←基本服务	0.184	0.109	2.179	是
财务←专项服务	0.411	0.099	4.565	是
客户←专项服务	0.502	0.093	5.288	是
内部经营过程←专项服务	0.417	0.092	4.851	是
学习与成长←专项服务	0.292	0.127	3.035	是

　　由表 5-22 可知,所有的因果路径都通过了检测,模型 M1 的修正到此结束,最后得到模型 M1b,模型 M1b 如图 5-5 所示。同时由于路径"硬件服务→财务""硬件服务→客户""硬件服务→内部经营过程""基本服务→财务""基本服务→客户""基本服务→学习与成长""专项服务→财务""专项服务→客户""专项服

务→内部经营过程""专项服务→学习与成长"均达到显著性水平,因此,假设 1-1、假设 1-2、假设 1-3、假设 2-1、假设 2-2、假设 2-4、假设 3-1、假设 3-2、假设 3-3 及假设 3-4 都成立。只有"硬件服务→学习与成长""基本服务→内部经营过程"两条路径不显著,即"硬件服务→学习与成长"及"基本服务→内部经营过程"并无直接的影响效应,因此假设 1-4 与假设 2-3 不成立。

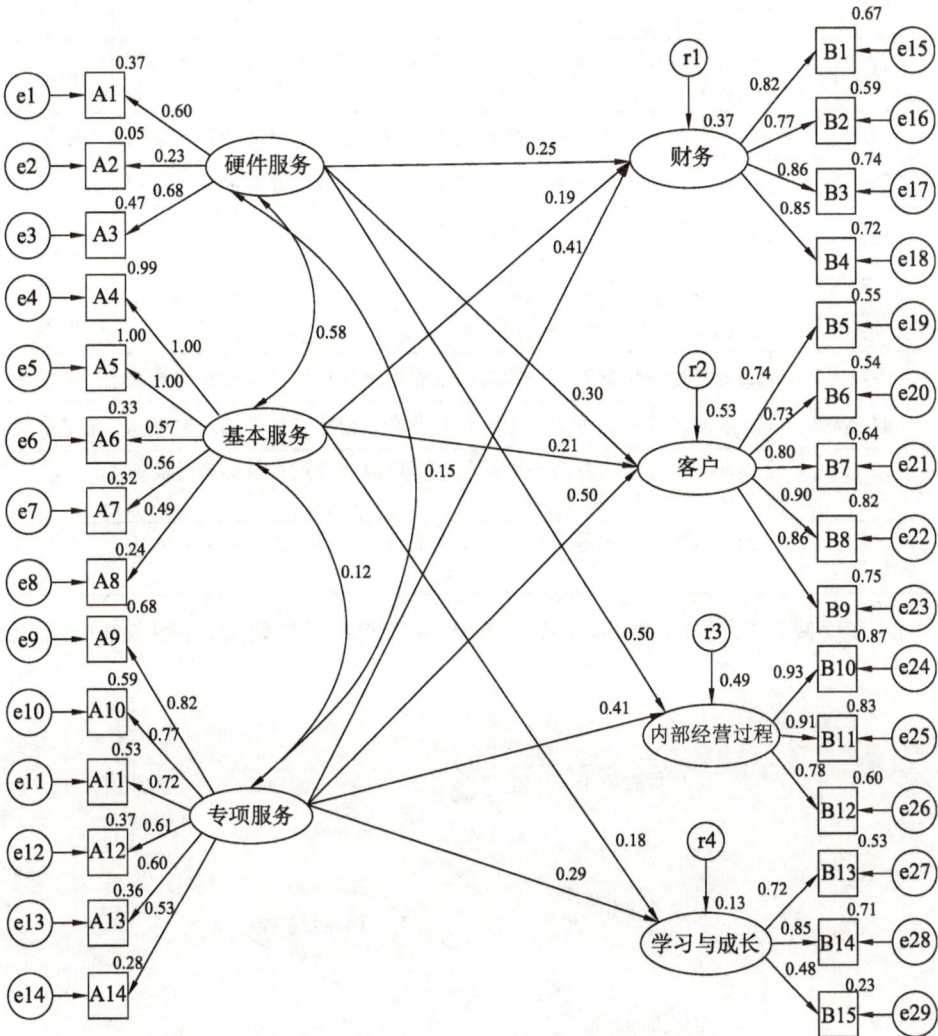

图 5-5　结构方程全模型 M1b 分析

至此,假设检验亦全部验证完毕,验证结果如表 5-23 所示。

表 5-23　研究假设的验证结果

序号	研究假设	检验结果
假设 1-1	创业基地硬件服务对小微新创企业财务指标有显著的正向影响	接受
假设 1-2	创业基地硬件服务对小微新创企业客户指标有显著的正向影响	接受
假设 1-3	创业基地硬件服务对小微新创企业内部业务流程指标有显著的正向影响	接受
假设 1-4	创业基地硬件服务对小微新创企业学习与成长指标有显著的正向影响	拒绝
假设 2-1	创业基地基本服务对小微新创企业财务指标有显著的正向影响	接受
假设 2-2	创业基地基本服务对小微新创企业客户指标有显著的正向影响	接受
假设 2-3	创业基地基本服务对小微新创企业内部业务流程指标有显著的正向影响	拒绝
假设 2-4	创业基地基本服务对小微新创企业学习与成长指标有显著的正向影响	接受
假设 3-1	创业基地专项服务对小微新创企业财务指标有显著的正向影响	接受
假设 3-2	创业基地专项服务对小微新创企业客户指标有显著的正向影响	接受
假设 3-3	创业基地专项服务对小微新创企业内部业务流程指标有显著的正向影响	接受
假设 3-4	创业基地专项服务对小微新创企业学习与成长指标有显著的正向影响	接受

根据假设验证的结果,修正原始模型,从而得出最终模型,如图 5-6 所示。

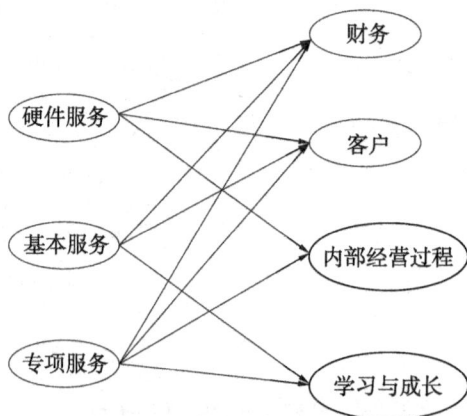

图 5-6　最终模型

5.9　结果讨论

5.9.1　检验结果

根据前面的模型拟合与假设检验,可以看出:

(1) 创业基地的硬件服务对小微新创企业经营绩效的财务、客户及内部经营过程维度存在显著的正向影响;基本服务对小微新创企业财务、客户及员工学习与成长维度存在显著的正向影响;专项服务能够显著地正向影响小微新创企业经营绩效的各个维度。

(2) 创业基地的硬件服务对小微新创企业经营绩效的员工学习与成长维度、基本服务对小微新创企业内部经营过程维度不存在显著的正向影响。

5.9.2　结果讨论

(1) 对于通过检验的假设的分析。由实证结果可知,创业基地的专项服务能够显著地正向影响小微新创企业经营绩效的各个维度(假设 3-1、假设 3-2、假设 3-3、假设 3-4)。可能的原因是,创业基地提供的专项服务是创业基地借助社会网络的力量为基地内入驻企业提供更高层次、更专业化的服务,这些服务能够满足基地内企业快速发展的要求。专业的咨询服务能够明确企业发展方向,把握企业发展的重点,针对性地解决企业发展过程中遇到的多种专业性问题,从而全面提高企业经营绩效;中小企业信息化服务平台的搭建,能够为基地内企业提供更加全面的政策、技术、市场、人才等方面的信息,促进基地内企业内部经营过程的完善和员工学习与成长的发展。这一结论也在一定程度上证明了江苏省中小企业公共服务平台建设的有效性。

(2) 对于未通过检验的假设的讨论。由实证结果可知,创业基地的硬件服务对小微新创企业经营绩效的员工学习与成长维度(假设 1-4)、基本服务对小微新创企业内部经营过程维度不存在显著的正向影响(假设 2-3)。可能的原因是,创业基地的硬件服务只是给基地内的小微新创企业提供厂房、办公设施、生活设施等设施服务,这在一定程度上降低了小微企业初期的运营成本,但其对小微企业的促进作用非常有限,特别是那些对小微企业成长起关键性作用的员工学习与成长层面的影响力很小。这类似赫茨伯格双因素理论中的保健因素,它并不能真正起到激励员工学习与成长的作用,即不能真正提高基地内小微新创企业员工的满意度,只能消除不满;只有真正刺激小微企业成长的激励因素,才能促进小微企业更有竞争力的发展,因而硬件服务对小微新创企业员工的学习与成长维度不存在显著影响。

基本服务是创业基地依靠自身能力提供的"软"服务,这与创业基地自身实力有很大关联。创业基地提供的政务代理、政策支持、商业推介、基础培训等服务可以使小微新创企业主不再为前期工商注册登记、银行开户、税务登记等烦琐的工作烦心,使其一心创办经营企业;商业推介增加企业声誉,使得小微企业迅速打开市场,实现产品"惊险一跃"。但这些基础性的服务却并不能真正地影响基地内小微新创企业内部经营过程的完善,即对其流程的改善作用甚微。而这却是小微企业生产运营最基本的环节,其目标是否实现对于平衡计分卡的财务、客户等维度有着直接影响,因而完善基地内小微新创企业内部经营过程必须依靠创业基地专项服务的专业性去弥补。

第6章 众创空间服务能力对小微企业创业绩效影响的实证研究

6.1 维度划分与指标选择

6.1.1 众创空间服务能力维度划分与指标选择

众创空间是在孵化器的基础上,对各种资源进一步的整合和提升,所以对众创空间服务能力维度的划分可参照孵化器服务维度划分的理论。美国孵化器协会(NBIA)从为新创企业所提供的孵化服务要素的角度,把企业孵化器服务分为9大类,分别为空间规划、企业规划、管理服务、销售支持、财会支持、技术服务、财务支持、法律咨询和其他。还有很多分类标准,如按服务表现的物质形态可分为有形服务(设施和办公设备)和无形服务(情感支持等)(Abduh,2007);按功能可分为基础服务、技术支持、管理支持和中介服务(Bergek 和 Nomnan,2008;Laikaka 和 Abetti,1999)。我国学者在这个方面也有研究,殷晓婕(2003)总结出孵化器的3个基本功能:一是提供综合性服务与企业设施设备,二是为初创企业创造良好的生存成长环境,三是提供资金支持。林强(2003)从孵化器的孵化内容来分,将孵化器服务分为房地产管理、行政事务、教育培训、管理咨询、技术支持、协助投融资6类。赵黎明和付春满(2007)认为孵化器的作用是为初创企业提供孵化资源和孵化服务。

在这些理论的基础上,结合所要调研企业的实际情况,本研究将众创空间服务能力维度划分为4大类,即基础服务、信息支持、关系支持和融资支持。基础服务包括基础设施、厂房设备等固定资产的提供及人才招聘服务的提供;信息支持是指提供行业最新信息与解读,以及咨询机构提供的咨询服务;关系支持指的是众创空间可以协助新创企业建立与政府、上下游企业、客户良好的关系,帮助创业团队拓展人脉关系;融资支持主要是指其可以提供较低的融资门槛和丰富的融资途径。

其维度划分和指标选择情况具体见表 6-1。

表 6-1　众创空间服务能力维度划分与评价指标

一级指标	二级指标(5 级量表)
1. 基础服务	行政服务
	公共设施
2. 信息支持	法律、财务等咨询信息
	行业市场、政府政策等信息
3. 关系支持	与政府的关系
	上下游合作商关系
	客户关系
	创业文化
4. 融资支持	融资渠道
	融资门槛

6.1.2　小微企业创业绩效维度划分与指标选择

Gupta 和 Govindarajan(1984)通过企业的赢利性、流动性、成长性和市场绩效 4 个维度、9 个指标来衡量创业绩效。赢利性指标包括销售净利率和投资回报率;成长性指标有销售增长率和新员工数增长率;现金流量为流动性测量指标;市场绩效的度量指标包括产品市场份额、新产品或服务增长率等。

创业研究领域的很多学者认为新创企业都要经历一个先生存再成长的过程。对生存情况的考核主要看财务绩效指标的增长情况,如销售收入、净利润的增长等;成长维度考核的是企业的赢利潜力,如产品的市场占有情况、员工增长率等。Wiklund、Oavidsson 和 nelma(2003)认为,许多新创企业基于战略定位的某种需求,在创业初期的一段时间内常处于不赢利的状态,但却具有很好的竞争力,可以尝试使用潜力性指标来映射新创企业未来赢利能力。

在以上理论基础上,将从新创小微企业的财务和成长两个指标来评价其创业绩效。其中财务指标主要考核的是企业的现金流状况、产品的销售收入及产品的利润率。成长指标从市场、人力、管理等几方面去考核,具体的考核包括行业的增长速度、产品的市场影响力、顾客的忠诚度、产品的更新速度、员工的工作积极性这 5 个细分指标。小微企业创业绩效衡量的分级指标设计见表 6-2。

表 6-2　小微企业创业绩效维度划分与评价指标

一级指标	二级指标(5 级量表)
1. 财务指标	现金流状况
	销售增长情况
	产品利润率
2. 成长指标	行业的增长情况
	产品市场影响力
	产品的更新速度
	客户忠诚度
	员工工作热情

6.2　研究假设与模型构建

6.2.1　创业绩效的影响因素

已有文献一般将创业绩效的影响因素分为 6 大类,即创业者因素、行业结构、组织结构、战略因素、资源因素及其他因素。

创业者因素指的是创业者所具有的个人特性、气质、创业者的背景等。创业者的个性包括创业者的心智水平、心理素质、对权力欲望程度等。创业者的背景包括创业者的年龄、学历及其所具有的社会资本等。

行业结构指行业发展状况、行业中各企业比例、行业属性、行业竞争程度、行业进入壁垒等。迈克尔·波特的五力模型揭示了行业的竞争情况,他认为一个企业的盈利水平和盈利模式与所处行业的竞争结构是密不可分的。因此行业结构也被认为是影响企业绩效的因素之一。如果一个行业的进入壁垒小,创业者在该行业中立足与成长的可能性就比较大。

组织结构指的是,在企业运营管理过程中,各部门及员工之间的分工协作关系。一般而言,初创企业由于员工比较少,任务量比较大,通常采用的是团队型组织结构,员工之间的分工不是很明细。而在规模比较大的企业中,组织结构因素就显得很重要。不合理的组织结构,会导致工作难协调、员工责权利三者关系不明等问题的出现。

战略通常认为是企业对自身发展的规划和行业定位,一般有 3 种战略:差异化战略、成本领先战略和集中战略。战略对企业的发展有着根本性的影响,若采取低成本战略,公司难以采用最先进的技术和原材料,产品也难以高于市场价出售,企业一般靠薄利多销取胜。差异化战略则通过在产品技术或性能等方面与行业中其他企业区分开来,从而取得高额利润。

资源因素是指影响孵化企业成长的各种有形或无形的要素。有形资源包括场地、资金、人才、产品等,无形资源有信息、政策、品牌及商誉等。已有的理论认为企业所获得的内部或外部资源会影响企业创业绩效,孵化企业也不例外。比如优惠的办公空间、发展资金、政府的支持政策等,都会对企业绩效产生显著性影响。

除上述 5 种影响因素外,其他影响因素如企业绩效衡量方法、企业外部环境的制度性因素等。

由于孵化企业所具有的特点,王红卫(2008)认为对初创企业来说,行业结构、组织结构及其他一些因素并不是最重要的,在孵化企业中,不同行业、不同组织结构(一般来说孵化企业没有严格的组织结构,尤其是对于小微企业)的孵化企业都不乏成功案例。因此,本研究认为对于接受孵化器孵化的小微企业而言,影响其创业绩效最重要的两大因素是创业者因素和资源因素。

6.2.2 众创空间服务能力与小微企业创业绩效关系的假设提出

在前文中已论述了众创空间服务能力会对小微企业的创业绩效影响因素产生作用,这些影响因素又对小微企业的创业绩效产生影响。以下就众创空间所提供的服务对小微企业创业绩效的影响做出说明,并对两者之间的关系提出具体的假设。

(1)基础服务与小微企业创业绩效

Chan 和 Lau(2003)调查了香港科技园的 6 家孵化企业,检验了孵化器对新创企业从创建到发展过程的影响有效性,从而得出租金补助等形式的成本优势是孵化企业从孵育过程中获得的最重要的好处。众创空间提供的基础服务包括完善的基础设施(水电网络设施、办公空间及相关配套服务等)和行政服务(帮助入孵企业招聘人才、办理相关证件、联系咨询机构和风险投资人等)。这些服务帮助新创小微企业在创业初期节省了很多的资金,有利于引导小微企业的资金流向利用率更高的地方,从而对小微企业的现金流、销售利润率等方面产生影响。

因此,在此基础上,提出假设:

H1:众创空间的基础服务与小微企业创业绩效的财务指标正相关。

基础服务不仅可以帮助创业者或创业团队在创业初期获得成本优势,还为他们节省很多精力和时间,让创业者专注于公司的经营与发展,以便抓住时机,制定合理的战略目标,同时将利用众创空间节省的创业资金用于战略发展布局,有利于小企业快速立足和成长。Mian(1997)的研究表明,大学孵化器提供的服务如实验设备、优秀学生构成的人力资本等要素增加了入驻企业的价值,提高了初创企业的绩效。

因此,在此基础上,提出以下假设:

H2:众创空间的基础服务与小微企业创业绩效的成长指标正相关。

(2) 信息支持与小微企业创业绩效

众创空间旨在营造一个有利于信息交流的平台,在这样的环境中,新的想法或创意可以通过对现有知识的重组产生。而更加专业化和多样化的知识相互融合,使原有的信息价值得到丰富和提升。众创空间汇聚了投资人、创业者、咨询师、媒体等主体,这些群体能够带来最新的行业信息,包括市场行情、政策变化等,并对信息进行专业的解读。同时,众创空间平台上拥有的创业导师、会计师事务所、管理咨询公司等所提供的信息可以引导创业者更好地整合创业资源,避免资源的浪费和不必要投入,减少投资失败的概率,优化公司内部治理结构,降低管理成本等,从而对小微企业的现金流、利润率产生一定的影响。

因此,在此基础上,提出假设:

H3:众创空间的信息支持与小微企业创业绩效的财务指标正相关。

众创空间提供的信息和咨询服务还会影响到新创小微企业的机会评估与选择。如当市场出现新需求时,新创小微企业会针对需求点,生产制造出新产品。新创小微企业也可以将行业中出现的技术创新、管理创新或消费模式创新应用到公司的发展中。同时充分的市场信息让创业者与投资者的协商更加公开透明,让市场的竞争集中于创意,减少恶意欺诈等不良市场行为的出现。除此之外,众创空间开展的创新创业活动,构建学习室和研讨班,举办创业沙龙分享相关知识技术,创业者们聚集在一起会经常互动,就某个问题一起商讨。这些活动所带来的资讯都会影响创业者或创业团队的创业理念和对市场的判断,新创企业往往会根据这些信息来调整自己的产品和市场策略。

因此,在此基础上,提出假设:

H4:众创空间的信息支持与小微企业创业绩效的成长指标正相关。

(3) 关系支持与小微企业创业绩效

众创空间能够为创业者提供与政府官员、合作的企业、客户、媒体等组织交流的机会,平台上所拥有的咨询公司、创投等机构,也可以帮助新创小微企业拓展人脉关系。杨俊、张玉利、陈午晴和周丽芳(2010)等认为关系就是一种社会资本,获取关系就等于获取了资源或资本,同时关系能够起到资源互换的作用。所以,可以将众创空间所提供的各种社会关系看作是创业者的社会资本。马丽媛(2005)以第三产业上市公司为研究对象,研究证实了社会资本对创业绩效整体上影响显著。Peng 和 Luo(1980)以中国企业管理者的社会资本作为研究对象,发现企业管理者之间的关系及其与政府官员之间的良好关系能够显著地改进企业的创业绩效。根据已有文献的研究,关系能够增强小微企业的竞争优势、帮助小微企业获取市场利益,并会影响小微企业的财务结果。

因此,在此基础上,提出假设:

H5:众创空间的关系支持与小微企业创业绩效的财务指标正相关。

Karagozoghu 和 Brown(1993)发现,企业在其新产品研制开发过程中如果能够与顾客进行良好的沟通,将能有助于其获取顾客对产品的期望及他们在使用过程中遇到的需要改进的信息,企业处理这些信息有助于明确新产品的研发目标、缩减研发周期、提高研发成功率。在众创空间平台上,创业者可以实现与顾客的交流,了解顾客的真实需求,实现产品的改造升级,并寻找利基市场,这在一定程度上影响到顾客对产品与品牌的忠诚度。另一方面,与政府、供应商、分销商、上下游企业保持良好的关系,为充分了解本企业的产品提供了机会,有助于他们认识到产品的竞争优势,从而进一步推动企业与相关方的合作,在一定程度上影响产品在市场上的影响力。

因此,在此基础上,提出假设:

H6:众创空间的关系支持与小微企业创业绩效的成长指标正相关。

(4)融资支持与创业绩效

张陆、洪虹(2008)在谈到促进我国微型企业发展时,特别强调了融资因素对微型企业创业发展的重要作用,他呼吁要建立"微型金融服务与支持体系"。众创空间集中风险投资、天使投资、创业基金等多种融资机构,同时众创空间也着力解决小微企业与投资人之间信息对称性的问题,这在一定程度上降低了小微企业创业融资的门槛,拓宽了新创小微企业的融资渠道。便利的融资环境对创业者计划的实现起到催化作用,帮助创业者及时将创业机会转化为商业价值,有利于新创企业把握市场机遇,满足市场需求。同时,较低的融资成本也会对新创小微企业资金周转情况、现金流状况产生持续影响。因此,在此基础上,提出假设:

H7:众创空间的融资支持与小微企业创业绩效的财务指标正相关。

诸多实例表明,资金短缺是阻碍小微企业继续壮大的重要因素之一。创业者控制的资源数量与质量决定了创业机会的价值(Sarason,2006),从而影响创业项目选择和小微企业的生存与发展。资金在创业要素中起到"持续推动力"的作用,只有保证资金要素的有效投入,才能充分动员潜在的生产工具、技术等创业要素(黄志玲,2013;张海宁,2013)。小微企业拥有充裕的资金,就可以扩大自身的产能,涉足新兴领域市场,改进产品生产技术,优化企业组织治理结构等,从而增强小微企业的竞争优势,实现企业的快速成长。众创空间提供的融资平台和融资支持对小微企业的资金情况会产生显著的影响。

因此,在此背景下,提出假设:

H8:众创空间的融资支持与小微企业创业绩效的成长指标正相关。

模型的假设汇总如表 6-3 所示。

表 6-3　模型假设汇总

假设编号	假设描述
H1	众创空间的基础服务与小微企业创业绩效的财务指标正相关
H2	众创空间的基础服务与小微企业创业绩效的成长指标正相关
H3	众创空间的信息支持与小微企业创业绩效的财务指标正相关
H4	众创空间的信息支持与小微企业创业绩效的成长指标正相关
H5	众创空间的关系支持与小微企业创业绩效的财务指标正相关
H6	众创空间的关系支持与小微企业创业绩效的成长指标正相关
H7	众创空间的融资支持与小微企业创业绩效的财务指标正相关
H8	众创空间的融资支持与小微企业创业绩效的成长指标正相关

6.2.3　众创空间服务能力与小微企业创业绩效关系的模型构建

根据前文理论基础和维度划分,本研究构建一个系统理论模型,来具体探讨众创空间服务能力与小微企业创业绩效的关系,如图 6-1 所示。本模型共包括 6 个潜变量,分别为基础服务、信息支持、关系支持、融资支持、财务指标和成长指标。其中,基础服务、信息支持、关系支持和融资支持是外生潜变量,财务指标和成长指标是内生潜变量。

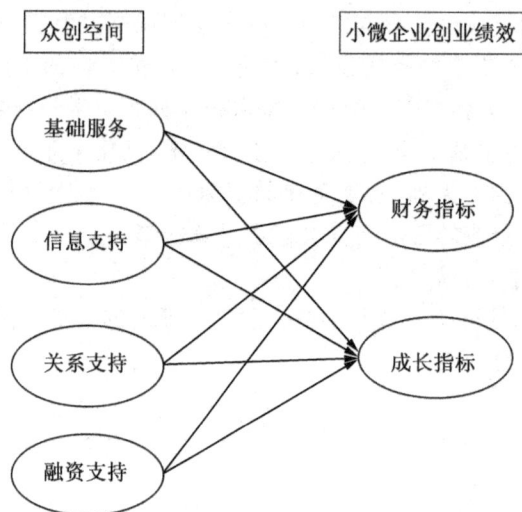

图 6-1 众创空间服务能力与小微企业创业绩效关系的理论模型

6.3 量表设计与数据分析

6.3.1 量表设计

虽然目前有关众创空间服务能力与小微企业创业绩效关系研究的文献比较少,但课题组在量表设计时阅读了关于众创空间、小微企业创业绩效、社会资本、社会关系等相关主要文献,借鉴了这些文献中量表的设计方法。除此之外,在设计量表之前,还做了相应的调研访谈,并积极与老师、同学讨论,对量表设计中不合理的地方做出修改。本研究所有量表均采用 Likert 五标度进行打分。

李克特量表由美国心理学家 Likert 提出来的。该量表由一系列陈述问题的文字组成,每列陈述会对应着 5 种回答,分别是"完全不符合""比较不符合""不一定或中等""比不符合""完全符合",这 5 种回答分别记为 1,2,3,4,5 分。通过将调查者回答的各个问题分值相加,分值越高就说明被调查者越赞同,反之亦然。

6.3.2 问卷发放与回收

由于众创空间在我国起步比较晚,2015 年才出现在人们的视野中,所以目前整个行业仍处于导入期。整体而言,众创空间的分布比较散、行业规模小,相对而言,在北京、深圳、上海等一线城市比较集中,运作模式也比较成熟,其他地区的众创空间发展比较晚,绝大多数的众创空间成立不足 1 年,运作尚不成熟,入孵的企业比较少,发展状况不存在显著差别。因此,本研究的样本主要选取镇江、常州、南京等地区的众创空间,这些地区众创空间发展的水平从全国来看比较具有代表性。本研究采取线上线下结合的问卷调查方式,线上通过加入各种众创空间、创客 QQ 群及微信群等,邀请其中的创业者参与此次问卷的调查;线下是走进众创空间,对其中的入孵企业进行走访式调查。

本团队共发放 350 份问卷,回收 297 份,其中有效问卷 264 份,占回收的89.2%。通过对问卷的整理分析,本研究选择问卷填写人的性别、创业时学历、企业类型、创业时年龄对样本数据的特征描述性统计分析。各特征变量的频数和频率分布状况如表 6-4～表 6-7 所示。

表 6-4　性别变量描述性统计分析

变量	题项	频数	频率
性别	男	227	86%
	女	37	14%
总计		264	100%

表 6-5　创业者学历变量描述性统计分析

变量	题项	频数	频率
创业者学历	初中及以下	81	31%
	高中	142	54%
	大学毕业	41	15%
	大学以上	0	0
总计		264	100%

表 6-6　创业者年龄变量描述性统计分析

变量	题项	频数	频率
创业者年龄	25 岁以下	40	15%
	25～35 岁	180	68%
	36～50 岁	34	13%
	50 岁以上	10	4%
总计		264	100%

表 6-7　企业类型变量描述性统计分析

变量	题项	频数	频率
企业性质	个人独资	71	27%
	合伙制企业	50	19%
	中外合资	0	0
	公司制企业	143	54%
总计		264	100%

6.3.3　量表信度与效度检验

（1）信度检验

信度（Reliability）指的是采用同一方法对同一对象进行调查时量表调查结果的稳定性。问卷的信度考查的是量表可靠性，是指测量所得结果内部一致程度。本研究选用Cronbach'a信度系数作为信度检验的主要依据，Cronbach'a信度系数一般要达到0.7以上，介于0.6至0.7之间可接受，低于0.6的值一般不能接受。通过运用SPSS 19.0计算众创空间内小微企业为对象的问卷调查样本数据，KMO为0.806，Sig值小于0.01，表明样本适合做探索性因子分析，对变量的累积解释量达到70%，高于临界值的60%。

众创空间服务能力与小微企业创业绩效相应维度的Cronbach'a信度检验结果如表6-8所示。从表中可以看出，样本的Cronbach'a信度系数均达到了0.7以上，表明样本具有很高的信度，显示出本研究所设计的众创空间服务能力与小微企业创业绩效的量表具有很好的可靠性和稳定性。

表 6-8　各维度的Cronbach'a信度检验结果

变量及维度	Cronbach'a信度系数
1. 众创空间服务能力	0.857
（1）基础服务	0.815
（2）信息支持	0.836
（3）关系支持	0.798
（4）融资支持	0.757
2. 小微企业创业绩效	0.877
（1）财务指标	0.740
（2）成长指标	0.897

（2）效度检验

效度（Validity）是测量量表能够准确测出所需测量事物的程度。最常用的是结构效度，它是指测量结果体现出来的某种结构与测量值之间的对应程度。本研究采用 SPSS 19.0 对量表进行效度检验，对应的因子载荷应大于 0.5。

根据构建的模型，对众创空间服务能力与小微企业创业绩效的探索性因子分析结果如表 6-9 所示，所有题项载荷值均在临界值 0.5 以上，说明众创空间服务能力与小微企业创业绩效度量题项的收敛效果好，该测量模型拟合效果良好。

表 6-9　模型的验证性因子负荷分析

题项←变量	Estimate	题项←变量	Estimate
a1←基础	0.764	a11←融资	0.833
a2←基础	0.714	a12←融资	0.833
a3←基础	0.731	a13←财务	0.783
a4←信息	0.865	a14←财务	0.759
a5←信息	0.768	a15←财务	0.768
a6←信息	0.757	a16←成长	0.771
a7←关系	0.744	a17←成长	0.696
a8←关系	0.801	a18←成长	0.785
a9←关系	0.861	a19←成长	0.684
a10←关系	0.791	a20←成长	0.773

对于区别效度的验证，本研究利用 STATA 软件进行各个指标间的相关分析，分析结果见表 6-10 和表 6-11。Anderson 和 Gerbing（1988）认为，变量如果满足两两之间的相关系数小于 0.85 这一判别准则，就可表明各构造变量之间具有显著区别。基础服务、信息支持、关系支持与融资支持两两之间的相关系数均小于 0.85 这一临界值，可以认为衡量众创空间服务能力的这 4 个指标之间有显著区别；财务指标与成长指标之间的相关系数为 0.433 3，低于临界值 0.85，可以认为这两个变量之间有显著区别。

表 6-10　众创空间服务能力各维度之间的相关系数

	基础服务	信息支持	关系支持	融资支持
基础服务	1.000 0			
信息支持	0.483 9	1.000 0		
关系支持	0.521 0	0.527 8	1.000 0	
融资支持	0.470 3	0.382 0	0.498 6	1.000 0

表 6-11　小微企业创业绩效各维度之间的相关系数

	财务指标	成长指标
财务指标	1.000 0	
成长指标	0.433 3	1.000 0

6.4　模型验证与假设检验

6.4.1　模型拟合效果分析

本研究的模型路径构建如图 6-2 所示,本节主要利用 AMOS 软件检验模型的拟合水平。在检验模型拟合优度时,常用的拟合指数主要有卡方值(χ^2)、自由度(DF)、卡方值/自由度(χ^2/DF)、拟合优度指数(GFI)、近似均方根误差(RMSEA)、比较拟合指数(CFI)和非范拟合指数(TLI)。其中,卡方和 RMSEA 是绝对拟合指数,其他指数称为相对拟合指数。

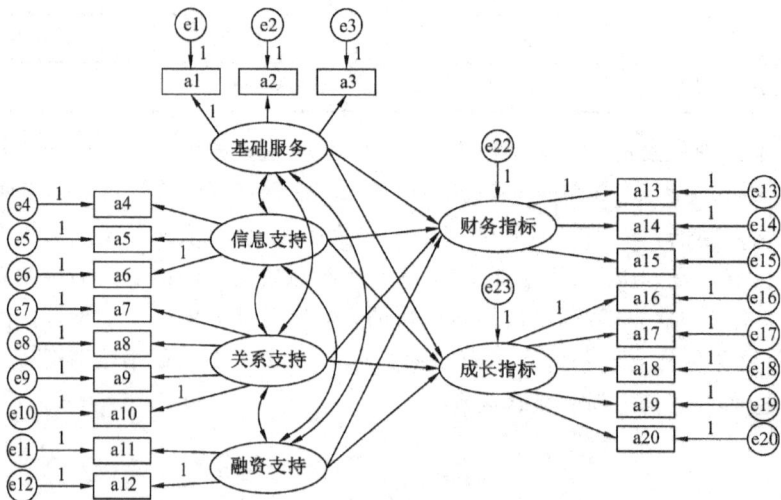

图 6-2　众创空间服务能力与小微企业创业绩效关系初始模型

在众创空间服务能力与小微企业创业绩效关系的模型中,众创空间服务能力主要包括 4 个因子 12 个题项,其中 3 个题项用于测量基础服务维度,3 个题项来测信息支持维度,4 个题项衡量关系支持维度和 2 个题项衡量融资支持维度;小微企业创业绩效包括 2 个因子和 8 个题项,其中 3 个用于衡量财务指标,剩下的 5 个题项衡量企业的成长状况。

模型拟合程度的计算结果如表 6-12 所示。

表 6-12　众创空间服务能力与小微企业创业绩效关系模型拟合指标汇总

指标名称	χ^2/DF	GFI	RMSEA	TLI	CFI
参考指标	$\chi^2/DF<3$	GFI>0.8	RMSEA<0.1	TFI>0.9	CFI>0.9
实际指标	3.054	0.852	0.083	0.919	0.94
是否拟合	否	是	是	是	是

由表 6-12 显示,本模型的指标基本上是符合要求的,只有 χ^2/DF 的指标略大于 3,可以认为理论模型与数据吻合,总体而言拟合效果还是不错的。

6.4.2　假设检验

本研究的众创空间服务能力与小微企业创业绩效关系模型如图 6-2 所示。

通过运用 AMOS 软件对本模型的进行评价分析,众创空间服务能力与小微企业创业绩效的关系假设检验结果如表 6-13 所示。

表 6-13　众创空间服务能力与小微企业创业绩效关系的假设检验汇总

假设编号	路径	路径系数	检验结果
H1	财务指标←基础服务	0.076	不支持
H2	成长指标←基础服务	0.046	不支持
H3	财务指标←信息支持	0.061	不支持
H4	成长指标←信息支持	0.395*	支持
H5	财务指标←关系支持	0.679***	支持
H6	成长指标←关系支持	0.557**	支持
H7	财务指标←融资支持	0.216**	支持
H8	成长指标←融资支持	0.207*	支持

注:＊显著性水平小于 0.1;＊＊显著性水平小于 0.05;＊＊＊显著性水平小于 0.01

6.5　结果探讨

本研究针对众创空间服务能力对小微企业创业绩效的影响提出来 8 个假设,其中 5 条假设通过了验证,而 3 条假设没有通过验证。

H1、H2 没有通过验证,即众创空间的基础服务与小微企业创业绩效(财务指标、成长指标)不呈正相关关系。原因可能有三点:第一,由于样本中的众创空间在基础服务的整合与利用方面不完善,或对新创小微企业扶持的力度不够,没有充分发挥基础服务在改善小微企业创业绩效方面的作用;第二,样本所在地区的基础设施比较完善,交通比较便利,写字楼办公地点供应比较充足,同时网络的发展跨越了时间和空间上的距离,帮助小微企业获取更多的创业资源,例如没有接受孵化器孵化的小微企业也可以利用第三方服务商来辅助自己创业,这使得众创空间在基础设施服务提供上的优势不明显;第三,由于小微企业自身的特性,对基础设施的要求也不是很高,所以基础服务的好坏难以通过创业绩效的指标显示出来。以上三点导致众创空间的基础服务与小微企业创业绩效的正相关关系没有通过检验。

H3 假设的是众创空间的信息支持与小微企业创业绩效的财务指标正相关,该假设并没有通过检验,这说明众创空间所提供的信息并不能显著地改善小微初创企业的财务指标。一方面,众创空间可以为小微企业提供行业最新信息和信息解读,但创业者对这些信息的理解却因人而异,这与创业者本身特性、能力和气质有关,比如黏液质气质的人可能更保守、更谨慎,因而会进一步地影响企业现金流、投资回报率等指标。Chrisman 和 Bauerseidt(1995)认为,新创企业最先解决的就是存活下来,要解决先生存再成长的问题,小微企业更是如此。小微企业在生存中遇到的主要问题就是融资难,缺乏资金源,但众创空间提供的这些信息可能无法帮助小微企业寻找到更多资金来源,提供更丰富或者成本更低的融资渠道,这就导致信息支持无法显著地影响小微企业的财务指标。

H4 假设的是信息支持与小微企业创业绩效的成长指标呈正相关,假设通过验证,表明众创空间所提供的信息服务有助于小微企业的成长。众创空间所提供的产业信息等可以帮助小微企业甄别创业机会,预测行业未来发展的前景、把握市场的竞争走向等,这对小微企业制定未来的发展规划、战略布局、营销策略及管理模式都产生一定的影响。

H5 和 H6 分别假设的是众创空间的关系支持对小微企业创业绩效的财务指标和成长指标有正相关影响,并通过了验证,说明与相关方良好的关系维持有利于小微企业的生存与发展。杨俊、张玉利(2013)发现在创业过程中,越能利用关系资源的创业者越容易整合到丰裕的创业资源,从而提升新企业绩效。例如:小微企业与政府保持良好的关系,有利于小微企业随时了解政府对于创业的优惠政策和对相关行业的财政补贴;与上下游企业之间顺畅的沟通,可以帮助小微企业了解市场情况、产品的生产工艺、原材料价格走势等,这些信息可以帮助小微企业在市场中更好地定位,并合理地安排生产计划等。

H7、H8 的假设内容分别是众创空间的融资支持与小微企业创业绩效的财务指标、成长指标呈正相关关系,假设均得到验证,这说明低门槛、多渠道的融资环境有利于小微企业创业。研究表明,投资公司的建立、低利率贷款的提供、小企业筹资信用保证的可得性及融资渠道的可获性,甚至金融市场的稳定,都对新企业的建立有较大影响。低成本的融资不仅提供杠杆效应,而且降低了小微企业的创业成本,对企业现金流和产品利润率都产生显著的影响。同时,方便快捷的融资途径可以帮助小微企业快速地在市场中立足,为小微企业新设备技术应用等提供资金支持,有助于其不断成长和提升核心竞争力。

第 7 章 基于小微企业扶持视角的公共服务平台运行绩效评价的实证研究

从本书前面内容的分析可知,企业公共服务平台的运行模式基本上可以区分为两大类: 一类是以政府为主导新建、改建、认定的公共服务平台;另一类是以市场为主导,由民间企业或以企业法人为运行主体的服务机构搭建、改建,并申请认定的企业公共服务平台。公共服务平台在搭建改建并申报通过之后的评估工作不容忽视,对公共服务平台的评估能促使各级主管部门知晓如何引导各平台形成有效的运行机制和组织管理形式。同时,在两大类别的公共服务平台中,究竟哪一种模式下的公共服务平台更符合小微企业的现实需求及我国情境,并运行得更有效率,是政策制定者及广大的小微企业服务者所亟须了解的。这些信息的获取有赖于对公共服务平台运行优劣状况进行绩效评价。本章主要研究解决的是小微企业公共服务平台的评价方法选择及模型与评价指标体系的构建。

7.1 评价方法选取

在中小微企业服务体系的建设和完善过程中,资源浪费、利用率不高、配置无效的现象一直存在,公共服务平台在组建运行的过程中也同样存在资源整合优化的不足,造成了社会资源的一定浪费,所以对资源的高效充分利用是中小微企业服务体系内的优秀服务机构所应有的特点。同时,一个机构的运营绩效也是其资源配置的结果。因此,公共服务平台需要不断优化,选择资源利用率高的运行模式以降低资源损耗并提高运营效率,而这首要解决的问题是对不同运行模式下公共服务平台的效率进行科学准确的评价。

公共服务平台实际上是经济社会中的一个系统,投入产出效率概念可以反应一个机构对资源的利用程度,工程系统领域内效率的定义是产出与投入之比。然而,中小微企业公共服务平台是一个具有多种输入、多种输出的生产系统,为评价这类多输入、多输出的社会经济系统的效率,就需要对效率概念做一种推广。即评价公共服务平台的运作效率应把多项产出与多项投入进行对比。同时,只有通过对不同的公共服务平台的效率进行比较,才能做出效率高低的评判,所以对公共服务平台的效率进行绩效评价实际上也属于相对的范畴,所针对的是公共服务平台之间的相对效率。

7.1.1　效率评价方法选择

目前,在学术界应用较多的效率评价方法有比率分析法、随机前沿分析法及数据包络分析方法。

比率分析法是对单项产出指标和单项投入指标进行比较,原理比较简单,同时因为是单项指标的对比,所以资料的获取也很容易。该方法适用于生产部门或单位间的效率进行横向比较,并对他们做出是否超出平均水平的判断。不足之处在于它是一个产出和一个投入的比值分析,一个产出或一个投入虽然都可以联合几个指标,但是覆盖的信息毕竟有限而且无法满足生产部门或单位的综合评价要求。对公共服务平台进行效率评价,其是属于多投入多产出的生产系统,所以比率分析法不适合用于对公共服务平台进行效率分析。

随机前沿分析方法将效率低下区分为两个部分:由不可控因素引起的随机误差及由可控因素导致的效率残差。因为这一分离,致评价结果更为科学。使用这一方法进行效率评价,主要是根据效率残差来分析生产部门或单位的效率低下程度。但是在运用随机前沿分析法时有一些限制,如生产系统的成本最小化倾向、产出水平由外部因素决定。这些条件与实际情况有所出入,所以在应用上受到了限制。中小微企业公共服务平台因其公益性特征及非营利性要求而无法满足随机前沿分析方法对评价对象的要求,所以随机前沿分析法不适合对公共服务平台进行效率评价。

数据包络分析方法(简称为 DEA)由 A. Charnes 和 W. W. Cooper 等学者创建,是以相对效率为基础,将效率概念做了推广。DEA 方法使用数学规划模型分析决策单元(企业、部门、单位等)的相对有效性,并将决策单元(可以简记为 DMU)区分为 DEA 有效和非 DEA 有效,这些决策单元一般具有多个输入、输出。DEA 有效的 DMU 就是对不同部门或单位的效率比较后效率较高的部门或单位,非 DEA 有效的 DMU 则是效率较低的部门或单位。使用 DEA 方法对 DMU 进行效率评价的结果称为技术效率指数,这一评价结果不受各指标的计量单位影响,所以输入、输出指标无须考虑量纲同一化问题;DEA 模型中的权重系数是最优化得到的，避免了主观赋权方法的准确性、可信度低，评价的结果更为客观公正；DEA方法不仅能计算出各公共服务平台的相对效率指数，还能为非DEA有效的中小微企业公共服务平台指出哪项投入过剩或哪些产出不足，使得平台可以据此调整结构、改善运行。所以，DEA方法非常适合对公共服务平台这类多投入多产出的生产系统进行效率评价。

综上所述，本研究将选择效率评价方法中的DEA方法对中小微企业公共服务平台进行评价分析。

7.1.2　DEA理论阐述

DEA方法本质是通过构造生产可能集的前沿边界，根据DMU是否在前沿边界上来界定DMU之间的相对技术有效性、规模有效性，非DEA有效的DMU则可通过其在前沿边界上的投影显示其调整的方向。DEA领域经过三十多年的发展和众多学者们长期的共同努力，模型得到不断完善和扩充，其中，最具代表性的是C^2R模型、BC^2模型、FG模型和ST模型。不同的DEA模型与其相应的生产可能集和相应的生产前沿面相联系，而生产可能集由反映经济特性的公理体系唯一确定，所以不同的DEA模型有其不同的经济意义。生产可能集包含无效性公理、收缩性公理、扩张性公理、最小性公理等。其中，最小性公理使得满足公理体系的生产可能集能唯一确定。在研究现实生产系统的经营活动时，公理体系确定后，选取的DEA模型也确定了。

在DEA方法的4个具有代表性的模型中，C^2R模型和BC^2模型已广泛应用于管理科学与系统工程领域，在使用DEA方法的经济社会研究中，绝大多数都是使用这两种模型。不同模型之下的DEA有效所表示的经济含义是不一样的，C^2R模型具有规模收益不变的假设，所以在C^2R模型之下的DEA有效既表示技术有效，也表示规模有效。技术有效是指在现有的各项投入下已经有了最大产出，规模有效是指生产系统在规模收益不变的阶段，也就是各项投入同时增加多少倍，产出也相应地会增加多少倍。C^2R模型关于规模收益不变的假定实际上是假设生产系统的规模不影响其效率。这种假设与现实有一定的差距，机构的运作效率受规模大小的影响，所以C^2R模型可能会使规模效率影响不在最合适规模运作的DMU的技术效率测度。BC^2模型下的DEA有效则只表示技术有效，即对投入而言产出已实现最大，对规模收益状况则不做出评判。规模收益可变的BC^2模型剔除了规模效率对技术效率的混淆，得到的技术效率指数是生产系统在现有规模下的纯技术效率。一般而言，C^2R模型下的技术效率指数可分解为纯技术效率和规模效率。纯技术效率等价于BC^2模型下的技术效率指数。这样的分解具有经济意义，在相同的数据基础上，研究者们可以先实施BC^2

模型,从而获得 DMU 的排除了规模效率影响的纯技术效率值,然后运行 C^2R 模型,将 C^2R 模型的技术效率指数除以实施 BC^2 模型获得的纯技术效率指数,从而获得纯规模效率指数。综上所述可知,交替使用不同的 DEA 模型能获得更多的信息,综合利用这些信息有助于管理者的决策。

初始的 DEA 模型关注减少投入,这样的 DEA 模型是输入倾向的 DEA 模型(Input-DEA),除此之外还有关注扩大输出倾向的 DEA 模型(Output-DEA),一般根据研究的实际情况来选择输入或输出方向。如果固定投入数量,要实现尽可能多的产出,则选择 Output-DEA 模型;如果投入项是相对能自由控制的,那么就应该选择 Input-DEA 模型。很多研究都倾向于选择 Input-DEA 模型,因为"部门"或"单位"在激烈的竞争环境下,更难于获得资源,所以对资源配置有更高的要求,为了最小化运营的风险,管理者往往更关注在一定产出下能实现的投入减少,降低风险的同时获得更高的成本效益。公共服务平台在资源整合优化的过程中存在资源闲置、利用率不高的问题,而且所投入的资源数量在一定程度上而言是可以控制的,至少追加投入是可以掌控的,所以在对公共服务平台进行效率评价时将选择 Input-DEA 模型。

据此,本研究将选择输入倾向的 C^2R 和 BC^2 两个模型对具有多输入多输出特点的中小微企业公共服务平台进行运行绩效评价。

7.2　评价模型构建

7.2.1　Input-C^2R 模型

C^2R 模型的生产可能集 T_{C^2R} 满足平凡公理、无效性公理、锥性公理及最小性公理。设有 n 个具有可比性的决策单元(DMU),每个 DMU 有 m 个输入指标、s 个输出指标。各个 DMU 的输入向量和输出向量如下所示(记第 j 个 DMU 为 DMU_j):

$$\boldsymbol{X}_j = (x_{1j}, x_{2j}, \cdots, x_{mj})^T, j=1, \cdots, n$$

$$\boldsymbol{Y}_j = (y_{1j}, y_{2j}, \cdots, y_{sj})^T, j=1, \cdots, n$$

记为

$$\boldsymbol{v} = (v_1, v_2, \cdots, v_m)^T$$

$$\boldsymbol{u} = (u_1, u_2, \cdots, u_s)^T$$

$\boldsymbol{X}_j$ 和 $\boldsymbol{Y}_j$ 已知,x_{ij} 为 DMU_j 对第 i 项输入的投入量,$x_{ij}>0$;y_{rj} 是 DMU_j 对第 r 种输出的产出,且 $y_{rj}>0$;$i=1,2,\cdots,m$;$r=1,2,\cdots,s$。$\boldsymbol{v}$ 和 $\boldsymbol{u}$ 是与 m 项输入和 s 项输出对应的权向量,为变量,v_i 为第 i 种输入的权重,u_r 是第 r 种输出的权重。由此可得 DMU_j 的效率指数为

$$h_j = \frac{u^{\mathrm{T}} Y_j}{v^{\mathrm{T}} X_j}, \ j=1,\cdots,n_{\circ}$$

评价第 q 个 DMU(DMU$_q$)的相对效率指数,是以 h_q 为目标,以包括 DMU$_q$ 在内的所有 DMU 的效率指数 $h_j(j=1,\cdots,n)$ 为约束构成如下规划:

$$
\begin{cases}
\max \dfrac{u^{\mathrm{T}} Yq}{v^{\mathrm{T}} Xq} \\[2mm]
\dfrac{u^{\mathrm{T}} Y_j}{v^{\mathrm{T}} X_j} \leqslant 1, j=1,\cdots,n \\[2mm]
u \geqslant 0, v \geqslant 0
\end{cases}
\tag{7-1}
$$

规划(7-1)是初始的 Input-C^{2}R 模型,使用 Charnes 和 Cooper 提出的 C^2 变换可将其转化为等价的线性规划:

$$
\begin{cases}
\max \mu^{\mathrm{T}} Y_q; \\[2mm]
\omega^{\mathrm{T}} X_j - \mu^{\mathrm{T}} Y_j \geqslant 0, j=1,\cdots,n \\[2mm]
\omega^{\mathrm{T}} X_q = 1 \\[2mm]
\omega \geqslant 0, \mu \geqslant 0
\end{cases}
\tag{7-2}
$$

分式规划(7-1)与线性规划(7-2)的最优目标值是相等的。根据线性规划的对偶理论可得规划(7-2)的对偶规划为

$$
\begin{cases}
\min \theta \\[2mm]
\displaystyle\sum_{j=1}^{n} X_j \lambda_j \leqslant \theta X_q \\[4mm]
\displaystyle\sum_{j=1}^{n} Y_j \lambda_j \geqslant Y_q, \\[4mm]
\lambda_j \geqslant 0, j=1,2,\cdots,n.
\end{cases}
\tag{7-3}
$$

从规划(7-3)可以看出,决策者的倾向是投入的最小化,因其追求的是最小的 θ,不仅体现了输入倾向对减少投入的关注,也体现了其经济含义。对偶规划(7-3)和与其相应的线性规划(7-2)的最优目标函数值相同,也等于分式规划(7-1)的最优值,所以可以利用对偶规划(7-3)来对 DMU 的有效性进行评价。对偶规划(7-3)还可以改写为

$$\begin{cases} \min\theta \\ \displaystyle\sum_{j=1}^{n} X_j\lambda_j + S^- = \theta X_q \\ \displaystyle\sum_{j=1}^{n} Y_j\lambda_j - S^+ = Y_q \\ \lambda_j \geqslant 0, j=1,\cdots,n \\ S^- \geqslant 0, S^+ \geqslant 0 \end{cases} \quad (7\text{-}4)$$

其中,S^-、S^+ 是松弛变量,S^- 有 m 个分量,S^+ 相应的有 s 个分量。

理论上而言,评价 DMU 是否为 DEA 有效,规划(7-2)需要判断是否存在最优解满足:$\omega^* > 0, \mu^* > 0$ 且最优值等于 1;规划(7-4)需要判断其所有的最优解都满足:$\theta^* = 1, S^{-*} = 0, S^{+*} = 0$。利用规划(7-2)或规划(7-4)来判断 DMU 的 DEA 有效性都是不容易的。Charnes 等鉴于此,将非阿基米德无穷小的概念引入,以解决这一计算难题。

令 ε 是一个非阿基米德无穷小量,引进 ε 后的 Input-C^2R 模型如下:

$$\begin{cases} \min[\theta - \varepsilon(e^{T}S^- + e'^{T}S^+)] \\ \displaystyle\sum_{j=1}^{n} X_j\lambda_j + S^- = \theta X_q \\ \displaystyle\sum_{j=1}^{n} Y_j\lambda_j - S^+ = Y_q \\ \lambda_j \geqslant 0, j=1,\cdots,n \\ S^- \geqslant 0, S^+ \geqslant 0 \end{cases} \quad (7\text{-}5)$$

其中,$e=(1,1,\cdots,1)^{T} \in E^m, e'=(1,1,\cdots,1)^{T} \in E^s$。根据规划(7-5)可方便地判断 DMU 的 DEA 有效性。

设 θ^*、S^{-*}、S^{+*}、λ^* 为规划(7-5)的最优解,有:

(1) 若 $\theta^* < 1$,则 DMU_q 不为弱 DEA 有效;

(2) 若 $\theta^* = 1, e^{T}S^{-*} + e'^{T}S^{+*} > 0$,则 DMU_q 仅为弱 DEA 有效;

(3) 若 $\theta^* = 1, e^{T}S^{-*} + e'^{T}S^{+*} = 0$,则 DMU_q 为 DEA 有效。

同时,对非 *DEA* 有效的 *DMU*,令

$$\hat{X}q = \theta^* Xq - S^{-*}, \hat{Y}q = Yq + S^{+*}$$

则$(\hat{X}q, \hat{Y}q)$为 DMU_q 在生产可能集 T_{C^2R} 的生产前沿面上的投影。投影值显示了决策单元各输入输出项应该调整的方向。

7.2.2 Input-BC^2 模型

DEA 模型 BC^2 的生产可能集 T_{BC^2} 满足平凡公理、凸性公理、无效性公理和最小性公理。T_{CR^2} 与 T_{BC^2} 相比多了锥性公理,锥性公理实际上即是假定规模收益不变。由此可知,BC^2 没有规模收益不变的假定。公理体系不同,生产可能集 T_{BC^2} 与 T_{CR^2} 不同,相应的生产前沿面也是不同的,因此两个模型下 DEA 有效的意义也不同。

Banker、Charnes 和 Cooper(1984)提出了 Input-BC^2 模型(7-6)及其对偶规划(7-7)。

$$\begin{cases} \max(\mu^T Y_q - \mu_q) \\ \omega^T X_j - \mu^T Y_j + \mu_q \geqslant 0, j=1,\cdots,n \\ \omega^T X_q = 1 \\ \omega \geqslant 0, \mu \geqslant 0, \mu_q \in E^1 \end{cases} \tag{7-6}$$

$$\begin{cases} \min\theta \\ \sum_{j=1}^{n} X_j \lambda_j \leqslant \theta X_q \\ \sum_{j=1}^{n} Y_j \lambda_j \geqslant Y_q \\ \sum_{j=1}^{n} \lambda_j = 1 \\ \lambda_j \geqslant 0, j=1,\cdots,n, \theta \in E^1 \end{cases} \tag{7-7}$$

类似于对 Input-C^{2}R 模型的讨论,规划(7-7)可以改写为

$$\begin{cases} \min\theta \\ \sum_{j=1}^{n} X_j \lambda_j + S^- = \theta X_q \\ \sum_{j=1}^{n} Y_j \lambda_j - S^+ = Y_q \\ \sum_{j=1}^{n} \lambda_j = 1, \\ \lambda_j \geqslant 0, j=1,\cdots,n \\ S^- \geqslant 0, S^+ \geqslant 0 \end{cases} \tag{7-8}$$

同时,为了计算方便,相应的具有非阿基米德无穷小量的 Input-BC^2 模型为

$$\begin{cases} \min[\theta-\varepsilon(e^{\mathrm{T}}S^-+e'^{\mathrm{T}}S^+)] \\ \sum_{j=1}^{n} X_j \lambda_j + S^- = \theta X_q \\ \sum_{j=1}^{n} Y_j \lambda_j - S^+ = Y_q \\ \sum_{j=1}^{n} \lambda_j = 1 \\ \lambda_j \geqslant 0, j=1,\cdots,n \\ S^- \geqslant 0, S^+ \geqslant 0 \end{cases} \qquad (7\text{-}9)$$

类似于 Input-C²R 模型,根据规划(7-9)可方便地判断 DMU 在 Input-BC² 模型之下的 DEA 有效性。

设 θ^*、S^{-*}、S^{+*}、λ^* 为规划(7-9)的最优解,有:

(1) 若 $\theta^* < 1$,则 DMU_q 不为弱 DEA 有效;

(2) 若 $\theta^* = 1$,$e^{\mathrm{T}}S^{-*}+e'^{\mathrm{T}}S^{+*} > 0$,则 DMU_q 仅为弱 DEA 有效;

(3) 若 $\theta^* = 1$,$e^{\mathrm{T}}S^{-*}+e'^{\mathrm{T}}S^{+*} = 0$,则 DMU_q 为 DEA 有效。

同样地,对在 Input-BC² 模型之下的非 DEA 有效 DMU,令

$$\hat{X}_q = \theta^* X_q - S^{-*}, \hat{Y}_q = Y_q + S^{+*}$$

则 $(\hat{X}_q, \hat{Y}_q)$ 为 DMU_q 在生产可能集 T_{BC^2} 的生产前沿面上的投影。投影值显示了各 DMU 要成为 BC^2 模型之下的 DEA 有效 DMU 时各输入输出项应调整的方向。

7.3　评价指标体系设计

在使用 DEA 方法进行绩效评价时,评价指标体系需根据具体的评价对象和评价目标区分为输入指标和输出指标。对公共服务平台的效率进行分析时亦如此,所设置的指标体系应既有显示公共服务平台各项投入的输入性指标,也应有表征公共服务平台产出的输出性指标。

7.3.1　输入指标

对公共服务平台进行投入产出的绩效评价,具体输入指标的选择可通过回顾使用 DEA 方法进行评价的已有研究中的指标体系构建,从而获得对本研究的启示,已有研究回顾如表 7-1 所示。

表 7-1　已有研究回顾

学者	评价对象	输入指标
李冠、何明祥(2003)	物流管理系统	平均资产总额、平均流动资产总额、物流成本、职工平均人数、技术开发和研究费用
朱艳科、杨辉耀(2002)	广东省经济发展	年平均职工人数、全社会固定资产投资总额、实际利用外资额
刘满凤(2001)	企业	资金投入、物质消耗、劳动力投入、技术投入
庄宁(2000)	医院	职工总人数、实际开放病床数、业务总支出、固定资产总额
余学林(1991)	情报机构	职工总人数、机构全年经费支出总额、机构年末固定资产总额

从表 7-1 可以看出,运用 DEA 方法的评价者在确定输入指标时几乎都将能反映生产系统在人、财、物方面的投入水平的指标纳入了评价指标体系,同时还根据具体的评价对象选择了若干与其相关的特殊投入项。同样,使用 DEA 方法对公共服务平台的相对效率进行绩效评价也需要综合考虑平台在人、财、物等方面的投入水平。另外还可根据中小微企业公共服务平台的运行实际和发展现状考虑一些与其效率相关的特殊投入指标。本研究根据评价的需求以及数据的可获得性原则,确立了如表 7-2 所示的输入指标体系。

表 7-2　公共服务平台的输入指标

各项指标名称		所表示的经济意义
职工平均人数	x_1	公共服务平台在"人"方面的投入
平均流动资产总额	x_2	公共服务平台在"人"方面的投入
年末固定资产总额	x_3	公共服务平台在"人"方面的投入
获得的各级政府补贴总额	x_4	与公共服务平台效率相关的特殊投入

7.3.2　输出指标

根据公共服务平台所具备的公益性基本特征及现实持续运行的需要,公共服务平台在具体的运行实践中需要兼顾社会效益和经济效益。从这点出发,本研究设置的反映公共服务平台产出水平的输出指标体系需要体现其在社会效益和经济效益上的表现。

我国工信部在统计各省市注入国家扶持资金的公共服务平台项目运行情况时,所选取的反映运行效益的指标是"服务企业数/家(次)""比上年新增服务企业数/家（次）""服务能力提升百分比"。如前所述,在公共服务平台之间做出效率高低的评判,属于相对的范畴,是通过对不同公共服务平台的效率进行横向比较得出"高"与"低"。"比上年新增服务企业数/家（次）""服务能力提升百分比"这两个指标体现更多的是公共服务平台与自身的纵向对比,与本研究所选取的绩效评价视角——相对效率不相适应。而不同公共服务平台在某一年份的"服务企业数/家（次）",比较符合公共服务平台之间的横向比较目的。公共服务平台的在某一时间段的"服务企业数/家（次）",从这一指标名称来看,指标的界定是比较模糊的,数据统计口径服务企业户数与次数的不一致,不能一致反映公共服务平台在同一产出上的效益表现,会使本研究的相对效率分析结果不具可比性,所以有必要对"服务企业数/家（次）"这一指标的统计口径做进一步说明。"服务企业数/家（次）"反映的是公共服务平台为社会带来的贡献,体现了公共服务平台运作的社会效益,是其对外的业务量度量,再者公共服务平台在统计期间可能会为某一个客户提供很多次的服务,所以"户数"这一口径不足以体现其对外的业务量和社会效益。因此,本研究在采集表征公共服务平台社会效益的数据时将按其业务开展单位——"次数"来统计。

　　服务次数表征了公共服务平台的社会效益,但是服务次数这一指标却无法反映不同功能公共服务平台的服务业务之间在工作量方面的差异,不能完全表示公共服务平台的产出。从某种程度上来说,服务收费能映射不同功能公共服务平台在对外业务方面的工作量,即使是对于具备公益性特征的公共服务平台而言,在低于市场价的收费服务上,费用高低能适当说明工作量的大小,而低于市场价的收费服务也几乎都比所提供的免费服务的工作量要大。所以,公共服务平台在评价期间的服务收入这一指标,既能弥补服务次数在体现工作量方面的不足,又能反映其经济效益。如表 7-3 所示,服务次数及服务收入分别主要凸显了公共服务平台的社会效益和经济效益,因此,对公共服务平台进行运行状况的效率评价,以服务次数及服务收入作为产出项是合理并有经济意义的。

表 7-3　公共服务平台的输出指标

各项指标名称		所表示的经济意义
服务次数	y_1	企业公共服务平台的社会效益
服务收入	y_2	企业公共服务平台的经济效益

7.4　样本选择与描述

　　江苏省公共服务平台的搭建培育工作走在全国前列,同时在数量上也领先国内大部分省、市、自治区。近来,江苏省中小企业局还在省内创新性地摸索开展了企业公共服务平台星级评定工作,引导省内各市县积极培育公共服务平台。江苏省的中小微企业公共服务平台发展得较为完善,对其区域内的公共服务平台进行绩效评价的实证结果可供其他地区筹建培育公共服务平台吸取有益经验。同时,出于样本数据采集的方便,本研究以江苏省为例,对我国以政府为主导的及以市场为主导的公共服务平台进行相对效率评价的实证分析。

运用 DEA 方法评价中小微企业公共服务平台的相对效率时,根据大略法则,DMU 的数目至少要为输入、输出项数目之和的两倍,所以根据前面所建立的评价指标体系,本研究在对公共服务平台进行评价时所选择的样本数至少要 12 个。但是,如果分析的 DMU 越多,评估结果越容易受外在因素的影响,所以根据经验法则,DMU 的个数最好是输入、输出项数目之和的两倍。故本研究将选择 12 家公共服务平台样本进行相对效率的绩效评价。因为公共服务平台如前文所述主要区分为政府主导型和市场主导型,为了优化并选择合适的公共服务平台运行模式,选择的 12 家样本既应包括政府主导型也应包含市场主导型公共服务平台。本研究的 12 个样本随机取自江苏省各市相关主管部门向江苏省中小企业局所报送的"十二五"重点建设公共服务平台项目,6 家公共服务平台以政府为主导,另外 6 家则以市场为主导。这 12 个样本的指标数据如表 7-4 所示。

表 7-4　样本数据描述

	x_1/人	x_2/万元	x_3/万元	x_4/万元	y_1/次	y_2/万元
DMU$_1$	30	135	440	76	1 800	270
DMU$_2$	18	26	30	10	1 380	62
DMU$_3$	28	300	1 600	1 800	600	155
DMU$_4$	22	350	1 300	300	650	90
DMU$_5$	21	320	566.5	100	2 384	805
DMU$_6$	12	180	220	100	150	530
DMU$_7$	12	130	340	80	200	260
DMU$_8$	12	160	390	70	5 884	320
DMU$_9$	20	150	440	50	270	430
DMU$_{10}$	45	400	480	55	300	680
DMU$_{11}$	161	650	1 800	180	450	350
DMU$_{12}$	80	1 100	1 950	1 000	280	5 000

注:表格中的"DMU$_i$"代表第 i 个公共服务平台

除了 2 家公共服务平台没有依托当地具体的中小企业集聚区之外,其他 10 家公共服务平台都是依托当地的某个产业集群搭建的。6 家以政府为主导的公共服务平台中,有 3 家主要承担单位是政府相关机构,1 家由以政府为主导的行业协会承建,2 家由以政府为主导的服务机构承担;6 家以市场为主导的公共服务平台的主要承担单位均是民营机构。这些指标数据是从江苏省各市相关主管部门向江苏省中小企业局所报送的材料中提取并结合实地调研获得的。同时,为了保护各公共服务平台样本的声誉,在下文中各公共服务平台将用数字编号或字母代替,而不再与各公共服务平台具体名称——对应。

7.5　模型求解

DEA 模型一般都可转换为线性规划问题,所以理论上来说,能求解线性规划的软件都能用于 DEA 模型的求解,如 Excel、Warwick、IDEAS、Frontier、DEAP、MaxDEA 等。近年来专门针对 DEA 求解的 DEAP 软件得到了研究者们的广泛应用,其内嵌的 CRS 程序模块即是有规模收益不变假定的 C^2R 模型求解程序,VRS 程序模块求解的是规模收益可变的 BC^2 模型。DEAP 2.1 版本因为其简便好用、编程简单,方便了 DEA 模型的求解,所以本研究也将选择 DEAP 2.1 软件进行评价模型的求解与分析。

7.5.1　CRS 程序模块下运行结果

将表 7-4 中的数据在 DEAP 2.1 软件中的 CRS 程序模块进行有规模收益不变假定的 C^2R 模型求解,向导文件程序如下:

```
EG6 - dta.txt            DATA FILE NAME
EG6 - out.txt            OUTPUT FILE NAME
12                       NUMBER OF FIRMS
1                        NUMBER OF TIME PERIODS
2                        NUMBER OF OUTPUTS
4                        NUMBER OF INPUTS
0                        0 = INPUT AND 1 = OUTPUT ORIENTATED
0                        0 = CRS AND 1 = VRS
0                        0 = DEA (MULTI - STAGE), 1 = COST - DEA, 2 =
                         MALMQUIST - DEA, 3 = DEA(1 - STAGE), 4 = DEA(2 -
                         STAGE).
```

运行后得到的结果如表 7-5～表 7-7 所示。

由表 7-6 和表 7-7 可知,在有规模收益不变假定的 Input-C^{2}R 模型之下,编号为 2,5,6,8,9,10,12 的 7 家公共服务平台为 DEA 有效,其他 5 家公共服务平台为非 DEA 有效,编号为 4,3,11 的公共服务平台的技术效率值(θ)依次排在最后三位。其中,3 家以政府为主导的公共服务平台为 DEA 有效,3 家以政府为主导的公共服务平台为非 DEA 有效;4 家以市场为主导的公共服务平台为 DEA 有效,2 家以市场为主导的公共服务平台为非 DEA 有效。

由表 7-7 可知,在 Input-C^{2}R 模型下非 DEA 有效的编号为 1,3,4,7,11 的公共服务平台均需要减少在 x_1、x_2、x_3、x_4 方面的投入,而技术效率值排在最后三位的编号为 4,3,11 的公共服务平台在这四项投入方面的调整幅度最大。

表 7-5　Input-C^{2}R 模型下技术效率指数及 λ 取值

DMU	θ	λ_1	λ_2	λ_3	λ_4	λ_5	λ_6	λ_7	λ_8	λ_9	λ_{10}	λ_{11}	λ_{12}
1	0.641	—	0.810	—	—	0.064	—	—	0.089	—	—	—	0.028
2	1.000	—	1.000	—	—	—	—	—	—	—	—	—	—
3	0.142	—	0.053	—	—	—	—	—	0.088	—	—	—	0.025
4	0.100	—	—	—	—	—	—	—	0.110	—	—	—	0.011
5	1.000	—	—	—	—	1.000	—	—	—	—	—	—	—
6	1.000	—	—	—	—	—	1.000	—	—	—	—	—	—
7	0.553	—	0.024	—	—	0.052	—	—	—	0.126	—	—	0.033
8	1.000	—	—	—	—	—	—	—	1.000	—	—	—	—
9	1.000	—	—	—	—	—	—	—	—	1.000	—	—	—
10	1.000	—	—	—	—	—	—	—	—	—	1.000	—	—
11	0.215	—	0.182	—	—	—	—	—	—	0.624	0.104	—	—
12	1.000	—	—	—	—	—	—	—	—	—	—	—	1.000

注:表格中的"—"代表取值为"0"

表 7-6　Input-C^{2}R 模型下松弛变量取值

DMU	S_1^-	S_2^-	S_3^-	S_4^-	S_1^+	S_2^+
1	—	—	132.208	—	—	—
2	—	—	—	—	—	—
3	—	—	143.390	224.653	—	—

DMU	S_1^-	S_2^-	S_3^-	S_4^-	S_1^+	S_2^+
4	—	5.292	65.531	11.292	—	—
5	—	—	—	—	—	—
6	—	—	—	—	—	—
7	—	—	39.129	—	—	—
8	—	—	—	—	—	—
9	—	—	—	—	—	—
10	—	—	—	—	—	—
11	14.211	—	57.391	—	—	—
12	—	—	—	—	—	—

注：表格中的"—"代表取值为"0"

表 7-7　Input-C²R 模型下输入输出项目标值

DMU	x_1目标值	x_2目标值	x_3目标值	x_4目标值	y_1目标值	y_2目标值
1	19	86.493	149.696	48.693	1 800.000	270.000
2	18	26.000	30.000	10.000	1 380.000	62.000
3	4	42.676	84.216	31.405	600.000	155.000
4	2	29.651	64.258	18.660	650.000	90.000
5	21	320.000	566.500	100.000	2 384.000	805.000
6	12	180.000	220.000	100.000	150.000	530.000
7	7	71.895	148.905	44.243	200.000	260.000
8	12	160.000	390.000	70.000	5 884.000	320.000
9	20	150.000	440.000	50.000	270.000	430.000
10	45	400.000	480.000	55.000	300.000	680.000
11	20	139.775	329.680	38.707	450.000	350.000
12	80	1 100.000	1 950.000	1 000.000	280.000	5 000.000

7.5.2　VRS 程序模块下运行结果

运用 DEAP 2.1 版本软件的 VRS 程序模块,将表 7-4 中的样本数据代入执行,向导文件程序如下:

```
EG5 - dta.txt              DATA FILE NAME
EG5 - out.txt              OUTPUT FILE NAME
12                  NUMBER OF FIRMS
1                   NUMBER OF TIME PERIODS
2                   NUMBER OF OUTPUTS
4                   NUMBER OF INPUTS
0                   0 = INPUT AND 1 = OUTPUT ORIENTATED
1                   0 = CRS AND 1 = VRS
0                   0 = DEA ( MULTI - STAGE ) , 1 = COST - DEA , 2 =
                    MALMQUIST - DEA , 3 = DEA ( 1 - STAGE ) , 4 = DEA ( 2 -
                    STAGE )
```

运行后得到的结果如表 7-8～表 7-10 所示。

从表 7-10 中可知,在规模收益可变的 Input-BC² 模型下,编号为 2,5,6,7,8,9,10,12 的公共服务平台为 DEA 有效,编号为 1,3,4,11 的公共服务平台为非 DEA 有效,其中,编号为 11,3,4 的公共服务平台的技术效率值依次排在最后三位。共有 3 家以政府为主导的公共服务平台为 DEA 有效,3 家以政府为主导的公共服务平台为非 DEA 有效;5 家以市场为主导的公共服务平台为 DEA 有效,1 家以市场为主导的公共服务平台为非 DEA 有效。在规模报酬方面,共有 8 家公共服务平台处于效率前沿的规模报酬不变阶段,4 家公共服务平台处于效率前沿的规模报酬递增阶段;各有 4 家以政府为主导和以市场为主导的公共服务平台在规模报酬不变阶段,各有 2 家以政府为主导和以市场为主导的公共服务平台处于规模报酬递增阶段。

表 7-8　Input-C²R、Input-BC² 模型下技术效率指数及规模效率值

DMU	θ(CRS)	θ(VRS)	scale efficiency	
1	0.641	0.641	1.000	—
2	1.000	1.000	1.000	—
3	0.142	0.433	0.329	irs
4	0.100	0.545	0.183	irs
5	1.000	1.000	1.000	—
6	1.000	1.000	1.000	—

续表

DMU	θ(CRS)	θ(VRS)	scale efficiency	
7	0.553	1.000	0.553	irs
8	1.000	1.000	1.000	—
9	1.000	1.000	1.000	—
10	1.000	1.000	1.000	—
11	0.215	0.216	0.994	irs
12	1.000	1.000	1.000	—

注：表格中的"—"代表 DMU 处于 VRS 的效率前沿的规模报酬不变阶段，"irs"表示 DMU 在 VRS 的效率前沿的规模报酬递增阶段

表 7-9　Input-BC² 模型下 λ 取值

DMU	λ_1	λ_2	λ_3	λ_4	λ_5	λ_6	λ_7	λ_8	λ_9	λ_{10}	λ_{11}	λ_{12}
1	—	0.762	—	—	0.024	—	—	0.113	0.074	—	—	0.027
2	—	1.000	—	—	—	—	—	—	—	—	—	—
3	—	0.020	—	—	—	—	0.914	0.066	—	—	—	—
4	—	—	—	—	—	—	0.921	0.079	—	—	—	—
5	—	—	—	—	1.000	—	—	—	—	—	—	—
6	—	—	—	—	—	1.000	—	—	—	—	—	—
7	—	—	—	—	—	—	1.000	—	—	—	—	—
8	—	—	—	—	—	—	—	1.000	—	—	—	—
9	—	—	—	—	—	—	—	—	1.000	—	—	—
10	—	—	—	—	—	—	—	—	—	1.000	—	—
11	—	0.290	—	—	—	—	—	—	0.604	0.106	—	—
12	—	—	—	—	—	—	—	—	—	—	—	1.000

注：表格中的"—"代表取值为"0"

表 7-10　Input-BC² 模型下松弛变量取值

DMU	S_1^-	S_2^-	S_3^-	S_4^-	S_1^+	S_2^+
1	—	—	115.939	—	—	—
2	—	—	—	—	—	—

续表

DMU	S_1^-	S_2^-	S_3^-	S_4^-	S_1^+	S_2^+
3	—	—	355.648	701.334	—	104.954
4	—	58.534	365.132	84.428	—	174.750
5	—	—	—	—	—	—
6	—	—	—	—	—	—
7	—	—	—	—	—	—
8	—	—	—	—	—	—
9	—	—	—	—	—	—
10	—	—	—	—	—	—
11	12.762	—	63.958	—	144.585	—
12	—	—	—	—	—	—

注：表格中的"—"代表取值为"0"

表 7-11　Input-BC² 模型下输入、输出项目标值

DMU	x_1目标值	x_2目标值	x_3目标值	x_4目标值	y_1目标值	y_2目标值
1	19	86.498	165.980	48.695	1 800.000	270.000
2	18	26.000	30.000	10.000	1 380.000	62.000
3	12	129.875	337.020	77.919	600.000	259.954
4	12	132.375	343.958	79.208	650.000	264.750
5	21	320.000	566.500	100.000	2 384.000	805.000
6	12	180.000	220.000	100.000	150.000	530.000
7	12	130.000	340.000	80.000	200.000	260.000
8	12	160.000	390.000	70.000	5 884.000	320.000
9	20	150.000	440.000	50.000	270.000	430.000
10	45	400.000	480.000	55.000	300.000	680.000
11	22	140.650	325.534	38.949	595.000	350.000
12	80	1 100.000	1 950.000	1 000.000	280.000	5 000.000

从表 7-11 中可以看到，在 Input-BC² 模型下非 DEA 有效的编号为 1 的公共

服务平台需要减少在 x_1、x_2、x_3、x_4 方面的投入,编号为 3 和 4 的公共服务平台不仅需要减少在 x_1、x_2、x_3、x_4 方面的投入,还需增加产出项 y_2;编号为 11 的公共服务平台不仅需要减少在 x_1、x_2、x_3、x_4 方面的投入,还需增加产出项 y_1。技术效率值排在最后三位的编号为 11,3,4 的公共服务平台在投入产出方面的调整幅度最大。

7.6　技术效率和规模效率表现分析

从公共服务平台的技术效率来看,需要关注各公共服务平台在剔除了规模效率对技术效率影响的 BC^2 模型之下的纯技术效率指数。从表 7-8 中的 $\theta(VRS)$ 一列及表 7-9 可以看到,编号为 11 的公共服务平台的相对效率最低,该公共服务平台记为 A,这是唯一一家在 BC^2 模型下 DEA 无效的以市场为主导的公共服务平台。另还有编号为 1,3,4 的 3 家以政府为主导的公共服务平台在 BC^2 模型下表现为 DEA 无效,分别记为 B、C、D 公共服务平台。整体而言,以市场为主导的中小微企业公共服务平台在纯技术效率指数上的表现要优于以政府为主导的公共服务平台。

显然,上述的 4 家技术无效的公共服务平台的各项投入并没有实现最大产出,也并未有效发挥服务小微企业的功能。表 7-11 表明 B 公共服务平台能为了实现技术有效,在现有的产出水平下,可以适当减少调整在人员、资金、设施、政府补贴方面的投入;C、D 公共服务平台要成为 BC^2 模型下的 DEA 有效公共服务平台,不仅要减少在人员、资金、设施、政府补贴方面的投入,还需要增加公共服务平台获得的服务收入;A 公共服务平台要实现技术有效,不仅需要减少在人员、资金、设施、政府补贴方面的投入,还需提高公共服务平台针对小微企业的服务次数。因为这些公共服务平台是各市县在"十二五"时期的重点建设项目,在后续几年的运行中这些公共服务平台极有可能不会减少投入,而 BC^2 模型之下的 DEA 无效指的是公共服务平台的投入相对没有实现最大产出,所以这 4 家公共服务平台为了后续的高效运营,应该大幅增加服务次数,并提高服务收入。

从公共服务平台的规模效率来看,评判公共服务平台的规模收益状况,需要对比各公共服务平台在 Input-C^2R 模型和 Input-BC^2 模型下的技术效率指数。从表 7-5 及表 7-8 中可以看到,有 2 家以政府为主导的公共服务平台及 2 家以市场为主导的公共服务平台表现为规模无效,分别是 C、D、E(编号 7)、A 公共服务平台。其中,D 公共服务平台的规模效率最低,其次是 C 公共服务平台,另外两家规模无效的以市场为主导的公共服务平台的规模效率值稍高。同时,从表 7-8 中的最后一列也可看出这 4 家规模无效的公共服务平台均处于效率前沿的规模报酬递增阶段,在后续的运营中,这4家公共服务平台均可以扩大经营规模。总体而言,以市场为主导的公共服务平台的规模效率略优于以政府为主导的公共服务平台,但是两者没有太大的差距。

7.7 结果讨论

7.7.1 两类公共服务平台的整体效率比较

从所区分的公共服务平台两大类别来探讨,以市场为主导的公共服务平台的技术效率要优于以政府为主导的公共服务平台,但在规模效率方面,两者差距并不是很大,以市场为主导的公共服务平台略微优于以政府为主导的公共服务平台。从这一点来看,各市县相关主管部门可在指导公共服务平台筹建的过程中,尽量倾向以现有的市场化机构为承担单位,并引导这些机构搭建培育公共服务平台。在研究样本中,各有一家以政府为主导和以市场为主导的公共服务平台没有依托当地的某一具体中小企业集聚区,但是这两个公共服务平台的 DEA 评价结果都是既技术有效又规模有效。目前,很多省市在公共服务平台的区位选择上,倾向选择当地有中小企业集聚区的区域,从实证分析的结果来看,在中小微企业活跃的区域,即使没有形成围绕某一行业的产业集群,构建公共服务平台也是可能既具有社会效益又具有经济效益的,而且还能高效率运行。

7.7.2 技术无效而规模有效的公共服务平台分析

B 公共服务平台由以政府为主导的行业协会依托荷藕加工产业集群而建,搭建了实体物质平台的同时,也具有网络平台。从表 7-4 中的样本数据可以看到,B 公共服务平台在 2009 年的针对中小微企业的服务次数在 12 个样本中排第 3 位,这表征了该公共服务平台的社会效益较高。表 7-8 显示,BC^2 模型下 4 家技术无效的公共服务平台中,B 公共服务平台的技术效率值相对而言是最高的,所以该公共服务平台为实现技术有效,可以在现有的产出水平下适当减少在人员、资金、设施、政府补贴方面的投入。考虑到 B 公共服务平台的规模效率值为 1,处于效率前沿的规模报酬不变阶段,是技术无效而规模有效的公共服务平台,因此,B 公共服务平台可以在现有的经营规模下继续扩大产出,成为技术有效、规模也有效的公共服务平台。

7.7.3 技术有效而规模无效的公共服务平台分析

E 公共服务平台是一家以市场为主导的公共服务平台,依托当地的木材加工业产业集群,由一家林木产业科技咨询有限公司承担实施,并充分利用已有基础设施,新建了质量检测中心。从表 7-4 中可以看到,E 公共服务平台的 4 项投入指标相比其他公共服务平台而言均不高,服务次数及服务收入的表现不突出但也不落后,所以这一公共服务平台的 DEA 评价结果是技术有效但规模无效。E 公共服务平台处于效率前沿的规模报酬递增阶段,在后续运营中可以在现有的经营规模下适当扩大,成为规模有效的公共服务平台。

7.7.4　技术无效且规模无效的公共服务平台分析

C、D 公共服务平台各是由某个市的产品质量监督检验所承建,分别依托了当地的盐化工产业集群、配电设备产品产业集群。C 公共服务平台的承建单位除了建有 C 之外,还设有"江苏省饲料产品质量监督检验中心""江苏省质量技术监督淮安食品农产品质量监督检验中心""全国建筑外窗生产许可证发证检验机构";D 公共服务平台的承建单位除了建有 D 之外,还建有机械、电气、食品、轻工、建材 5 个实验室。这两个公共服务平台均存在检测、研发设备及基础设施重复建设的问题,对已有资源的整合和技术改造不够。表 7-4 中的样本数据显示,在表征公共服务平台经济效益的服务收入这项产出上,C、D 公共服务平台位列倒数第二、第三,这两家公共服务平台在表示社会效益的服务次数上也没有突出的表现,所以 C、D 公共服务平台均为技术无效且规模无效。从 DEA 评价的结果来看,这两家公共服务平台为了实现技术有效,需要减少在人员、资金、设施、政府补贴方面的投入,同时还需提高服务收入;就规模效率而言,两家公共服务平台都处于规模报酬递增阶段。因此,C、D 公共服务平台需要在市场推广方面大幅提高业务量和营业收入,服务市场覆盖全省甚至省外,成为省级检测服务机构。

A 公共服务平台是一家以市场为主导的依托环保产业集群的公共服务平台,由一个市场化机构负责具体实施运行,建有环保技术信息研发设计中心、环保企业公共服务中心、环保企业孵化器、环保科技成果展示中心。因为还在建设的初期,投入比较大,而服务中小微企业的市场还未完全打开,所以从表 7-4 的样本数据中可以看到,A 公共服务平台的各项投入都比较高,而产出指标的服务次数及服务收入却只处于居中水平,所以 A 公共服务平台的效率评估结果是技术无效且规模无效。从 DEA 技术效率评价的结果来看,A 公共服务平台需要减少人员、资金、设施、政府补贴投入的同时,还需提高针对中小企业的服务次数,同时,该公共服务平台处于规模报酬递增阶段。因此,整体而言,A 公共服务平台需努力提高自身的社会效益。

第8章 小微企业创业内驱扶持系统的构建

从实证研究第4章得到支持的假设中,可以得出如下结论:创业成功与否,取决于创业机会、创业资源和创业者三个因素的动态平衡,机会是创业过程的核心驱动力,创业者或创业团队是创业过程的主导者,资源是创业成功的必要保证。在3个要素中绝对的平衡是不存在的,但小微企业要保持成长,必须追求一种动态的平衡。在这种动态平衡中往往会存在各种制约小微企业创业成长的瓶颈。从解决制约创业的"瓶颈"来看,团队组建、机会识别、资源利用等诸多方面是有效的抓手。由于其涉及的相关领域十分广泛,为此需建立小微企业创业内驱扶持系统。

8.1 突出小微企业创业者和创业团队主导

有些企业是由独立创业者创立且拥有的,也有不少企业是由两个或两个以上的人共同创立。显然不乏个人创业成功的案例,不过一般而言,独立创业者的新企业成长缓慢,风险投资者通常不愿意考虑这种独立创业者创办的新企业。在美国硅谷流传着这样一条"规则":由两个 MBA 和 MIT 博士组成的创业团队,几乎就是获得风险投资的保证。虽然,这有些夸大其词,却蕴含这样的事实:如今,创业已非纯粹追求个人英雄主义的行为,团队创业成功的概率要高于个人独自创业。一个由研发、技术、市场、融资等各方面组成且优势互补的创业团队,是创业成功的法宝。创业团队的优势主要体现在,一个好汉三个帮,一群人同心协力,集合各自的优势共同创业,其产生的群体智慧和能量将远远大于个体。

8.1.1 规范小微企业创业团队的组建

创业团队的组建是一个相当复杂的过程,不同类型的创业项目所需的团队不一样,创建步骤也不完全相同。概括来讲,大致的组建程序如下:

（1）明确创业愿景和目标

创业团队成员要长时期地同甘共苦，就需要强有力的驱动力，并且通过驱动力把团队长期地凝聚在一起。这个共同驱动力就是共同的愿景。

所谓创业团队的共同愿景，就是指这个组织中所有成员所共同发自内心的意愿，能够激发所有成员为实现这一共同愿望而奉献全部的精力，完成共同的任务、事业或使命。真正的共同愿景能激活每个人的愿望并产生共鸣，使全体成员紧紧地团结在一起，能淡化人与人之间的个人利益冲突，从而形成一种巨大的凝聚力。

此外，创业团队在目标上的准确定位至关重要。在任何类型的新创小微企业中，创业团队成员都会建立起某种心理约定和创业氛围。虽然这种心理约定和创业氛围通常是随着创业带头人鼓励优秀、尊重团队成员贡献的一系列措施建立起来的，但是如果能把那些目标一致的人选入创业团队，这将大大促进这种心理约定和创业氛围的建立。在成功的新创小微企业里，个人目标和团队成员的整体价值能很好地结合在一起，创业目标同样也能得到团队成员的大力支持。

（2）制订创业计划

在确定了阶段性子目标及总目标之后，紧接着就要研究如何实现这些目标，这就需要制订周密的创业计划。创业计划是在对创业目标进行具体分解的基础上，以团队为整体来考虑的计划。创业计划确定了在不同的创业阶段需要完成的阶段性任务，通过逐步实现阶段性子目标来最终实现创业的总目标。

（3）招募合适的成员

招募合适的成员是创业团队组建最关键的一步。关于创业团队成员的招募，主要应考虑两个因素。

一方面要考虑互补性，即考虑其能否与其他成员在能力或技术上形成互补。这种互补性形成既有助于强化团队成员间彼此的合作，又能保证整个团队的战斗力，更好地发挥团队的作用。不同角色在创业团队中发挥着不同作用，因此，创业团队中不能缺少任何角色。一个创业团队要想紧密团结在一起，共同奋斗，努力实现创业团队的远景和目标，各种角色的人才都不可或缺。

另一方面要考虑适度规模，适度的团队规模是保证团队高效运转的重要条件。团队成员太少则无法实现团队的功能和优势，而过多又可能会产生交流的障碍，团队很可能会分裂成许多较小的团体，进而大大削弱团队的凝聚力。创业团队组建一般遵循以下原则：

① 目标明确合理原则。目标必须明确，这样才能使创业团队成员清楚地认

识到共同的奋斗方向是什么。与此同时,目标也必须是合理的、切实可行的,这样才能真正达到激励的目的。

② 互补原则。创业者之所以寻求团队合作,其目的在于弥补创业目标与自身能力间差距。只有当创业团队成员相互间在知识、技能、经验等方面实现互补时,才有可能通过相互协作发挥出"1+1>2"的协同效应。

③ 动态开放原则。创业过程是一个充满了不确定性的过程,创业者在处理创业团队建设上应有发展观念,团队中可能因为能力、观念等多种原因不断有人离开,同时也有人要求加入。不要认为团队成员的离开就是对企业"不忠""叛逆"。如果有些想离开的团队成员是企业紧缺的人才,创业者首先要努力挽留。如果他们的确想走,创业者不应该生硬地加以阻挠,即使这样留下来,也是"身在曹营心在汉",造成企业内耗。因此,在组建创业团队时,应注意保持团队的动态性和开放性,使真正完美匹配的人员能被吸纳到创业团队中来。

(4) 划分职权

为了保证创业团队成员执行创业计划、顺利开展各项工作,必须预先在团队内部进行职权的划分。创业团队的职权划分就是根据执行创业计划的需要,具体确定每个团队成员所要担负的职责及相应所享有的权限。创业团队成员间职权的划分必须明确,既要避免职权的重叠和交叉,也要避免无人承担造成工作上的疏漏。此外,由于还处于创业阶段,面临的创业环境又是动态复杂的,会不断出现新的问题,团队成员也可能不断出现更换,因此创业团队成员的职权也应根据需要不断地进行调整。

(5) 调整融合团队

在企业成立之前,没有开展过创业团队成员相互合作协调测试的企业,创业者应早做准备,应付团队成员可能产生的问题。团队成员在价值观、目标、拥有多少股份等方面会有很大的不同,如果这些方面产生分歧而不能很好地解决,将直接影响新企业的生存和发展。在进行团队调整融合的过程中,最为重要的是要保证团队成员间经常有效的沟通与协调,培养强化团队精神,提升团队士气。

需要注意的是,这一组建过程并不是一个完全严格的顺序过程,即创业团队有时并不是严格按照此顺序一步一步地进行组建。事实上,很多创业团队的组建过程没有明确的步骤划分界限,如制度体系构建、团队的调整融合可能是贯穿于新创小微企业成长的整个过程之中。创业者在组建创业团队时应在上述基本原则的指导下,根据实际情况灵活加以运用。

8.1.2 优化小微企业创业团队的管理

领导者变更、计划不连续、裁减成员、规则不连续等都会冲击创业团队的合力。有效管理是新创小微企业保持团队士气的关键。如果缺乏有效管理,团队或者说新企业的生命将难以长久。有效管理要求给予创业团队成员以合理的"利益补偿"。利益补偿可包括两种形式:一种是物质条件,如报酬和工作环境;另一种是心理收益,如创业成就感和地位,感受到尊重、承认和友爱等。

（1）凸显创业文化的引领

通常情况下,新创小微企业的创业文化在初创期时就已经打下了基础,随着企业的发展,不断更新、提炼,最终成为企业形象的一个组成部分。

"创业文化"是指新创小微企业在创业及成长过程中逐渐形成的,为创业团队成员所接受、传播和遵从的基本信念、共同价值观、行为准则和角色定位等的总称。创业文化是一种无形的、隐含的、似乎不可捉摸而又理所当然或习以为常的东西,是创业团队中一套规范成员日常行为的核心理念和隐含原则,其导向、规范、凝聚和激励功能是潜移默化的、内在的、自然的。

积极的创业文化,其基本内涵主要包括鼓励创新、开拓进取、积极向上,容许失败和面对失败,具有团队精神和学习精神。创业文化是维系团队的黏合剂。对任何一个新创小微企业来说,团队的创业文化都是其"灵魂",是经营活动的"统帅",是新创小微企业行动的"指挥官",在新企业的经营发展中具有无法替代的核心作用。它的作用具体体现在以下几个方面:

① 导向作用。团队的创业文化作为共同价值观念和共同利益的表现,决定了新创小微企业行为的方向,规定着企业的行动目标,在团队创业文化的引导下,新创小微企业建立起反映创业文化精神实质的、合理而有效的规章制度;团队的创业文化引导着新创小微企业及其团队成员朝着既定的发展目标前进。

② 凝聚作用。共同的价值、信念及利益追求把创业团队成员凝聚在一起,增强新企业的内聚力。因为共同的目标,新企业产生极强的向心力;因为共同的价值追求,创业团队成员有了坚强的精神支柱,为了实现新创小微企业的目标,每个成员会凝聚成一个强有力的团体,迸发出巨大的能量。因此,团队的创业文化是新创小微企业成功的黏合剂。

③ 规范作用。团队的创业文化是管理制度的升华,它通过把外在的制度约束内化为自觉的行为,从而真正达到规范约束的目的。

（2）强化经济利益的激励

新企业的产权一般比较明晰,机制灵活,所以对创业团队成员可以把期权激励作为经济激励的一项重要内容来实施,从而把传统的以报酬为代表的短期经济激励和以期权为代表的长期经济激励结合起来,体现人力资源的价值。此外,还要建立鼓励创业团队合作的奖励机制。将团队成员的一部分报酬,尤其是浮动薪酬,与创业团队成果有机地结合起来。同时,在进行年度固定薪酬调整时,也要考虑成员在团队合作方面的表现。

(3)规范权力与职位的管理

在知识经济时代,创业者具有良好的进取精神,创业团队又通常是高知群体。他们不仅仅为追求经济利益而进行创业活动,也为了得到成就感以及权力和地位上的满足。另一方面,从创业团队的生命周期来看,团队发展到追逐权力的阶段,团队冲突增加,矛盾会加剧,团队效率也会降低,部分核心成员选择离开团队,许多团队在"争权夺利"这个阶段就停止了发展。对于新创小微企业来说,此时的生存和发展可能会面临着重大危机。如何突破这个瓶颈,实现团队自我超越是创业团队建设应考虑的关键问题。因此,随着新创小微企业的发展,创业团队领导者要注重权力和地位的激励机制,将创业成员的工作成效和职业生涯发展、地位提升有效地结合起来,建立并维护好创业团队的运作原则,使团队成员之间相互尊重和信任,能够倾听彼此的意见。基于不同的工作情景和分工,创业团队成员应该可以共享领导角色,在各自的领域中发挥领导作用。

(4)加强创新意识和精神的培养

主要是教育和引导创业团队成员增强创新意识,并逐步升华为创业精神。创新就是强调一种创造性思维。就是凭借知识、智慧和胆识去开创能发挥个人所长的事业;提醒创业团队成员全面理解创业的深刻含义,让他们形成一种不创新就不会有创业机遇的共识。同时,还要使他们明白,创业不是普通的比赛或设计,而是要求能结合专业特长,根据市场前景和社会需要开发出独特的具有创新性的成果,这样才能达到真正的创新。

值得强调的是,创业团队的稳定不是指创业团队一成不变,而是一种"动态的稳定",创业团队的创建应该遵循着"按需组建,渐进磨合"的方式。创业团队的管理也不是一步到位的,一开始就拥有一支成功、稳定的高绩效团队是每个创业者的理想,然而这种可能性微乎其微。这就需要在合理组建创业团队的基础上,不断加强团队管理,通过建立合理有效的激励机制,使创业团队在相互尊重、相互信任,公平、公正的团队氛围内,密切联系、协同配合,保证创业团队成长能够满足新企业发展的需要。

8.1.3 强化领导创业者的角色与行为

(1)凸显领导创业者的角色

创业团队领导扮演了指导者、促进者、交易者、生产者及风险承担者的角色。领导创业者的认知水平、创业技能、创业能力和思想意识从根本上决定了是否要组建创业团队、团队组建的时间表及由哪些成员组成团队。领导创业者只有在意识到组建团队可以弥补自身知识、技能、能力与创业目标之间存在的差距后，才有可能考虑是否需要组建创业团队，以及对什么时候需要引进什么样的成员才能和自己形成互补做出准确判断。首先，领导创业者要在对创业动机、目标和前景进行认真的评估后，才能得出是否需要组建团队的结论。如果想要成立一个有较大成长潜力的企业，就必须有一个团队。其次，领导创业者就要进一步考虑组成怎样的团队，以期获得创业成功所必备的条件和资源。要对所需要的团队成员拥有什么专长、社会关系网如何、实际工作能力怎样等进行评估，然后再决定什么时候需要引进什么样的成员，才会与自己形成互补。

（2）规范领导创业者的行为

一个成功的企业必须制定井然有序的组织策略。无序组织是混乱的根源，领导创业者要有序组织自己的企业，同时摆正位置，将自己融入团队中。

① 创业团队内部需要妥善处理各种权力和利益关系。一是领导创业者要妥善处理创业团队内部的权力关系。在创业团队运行过程中，团队要确定谁适合于从事何种关键任务和谁对关键任务承担什么责任，以使权力和责任明晰化。二是领导创业者要妥善处理创业团队内部的利益关系。一个新企业的报酬体系，不仅包括诸如股权、工资及奖金等金钱报酬，还包括个人成长机会和相关技能提高等方面的因素。

② 制定创业团队的管理规则。规则的制定，要有前瞻性和可操作性，要遵循先粗后细、由近及远、逐步细化、逐次到位的原则。这样有利于领导创业者维持管理规则的相对稳定，而规则的稳定有利于团队的稳定。

首先是治理层面的规则，主要解决剩余索取权和剩余控制权问题。治理层面的规则大致可以分为合伙关系与雇佣关系，除了利益分配机制和争端解决机制，领导创业者还必须建立进入机制和退出机制，约定以后创业者退出的条件和约束，以及股权的转让、增股等问题。

其次是文化层面的规则，主要解决价值认同问题。企业章程和用工合同解决经济契约问题，而文化契约是一种弥补，它包括"公理"和"天条"这两个内容。所谓"公理"，就是团队内部不证自明的东西，它构成团队成员共同的终极行为依据；所谓"天条"，就是团队内部任何人都碰不得的东西，它对所有团队成员都构成一种约束。

最后是管理层面的规则，主要解决指挥管理权问题，包括平等原则、服从原则和等级原则等。

8.2 强化小微企业创业机会驱动

创业机会可以理解为,通过创新性地整合创业资源,以满足特定市场需要的可能性大小。依此来看,创业机会应该是一个过程,是从最初模糊的但随着时间的不断推移而变得越来越清晰的过程。

8.2.1 强化小微企业创业机会识别

(1)掌握信息

创业机会来源于某种信息,创业者或潜在创业者平时要能养成不断地留意、收集各种有关机会信息的好习惯,这对创业者事业发展会有帮助。信息渠道通常是很多的,如广播电视、报纸杂志、国际互联网等传播媒体,可以是专业书籍、资料,也可以是专家讲授、街谈巷议、朋友交流等所见所闻。那么,创业者究竟要掌握哪些重要的信息呢? 创业者要想有计划地掌握创业机会信息,通常可以通过以下渠道:

① 消费者。创业机会的好与坏,新产品的市场大与小,消费者具有最终的决定权。创业者需要保持足够的敏感性,对随着时间推移变化中的消费者的需求变化有清楚的认识,对于消费者不断涌现出来的新生需求能够快速地识别。创业者需要从消费者对新企业的产品评价甚至抱怨中获得创业机会的信息,很多创业机会如果不是消费者,很难有切身感受,即使不同地区、职业、社会地位的消费者,也有各种不同的市场需求。在日常生活中留意身边的消费者需求,深入到其中,对身边任何消费者的市场需求保持敏感性,是成功的创业者获取创业机会的重要信息来源。

② 现有企业。创业者在初步确定了自己的创业方向后,创办的企业所处产业内的现有企业是创业机会的另外一个重要信息来源。创业者对产业内现有企业的产品或服务进行追踪、分析和评估,能够找到现有企业的产品或服务存在的可能缺隙,从而有针对性地制定更加有效的改良手段,或者发掘产业内现有企业尚未涉足或者相对赢弱的领域。创业者不仅可以在现有企业的市场中发掘有关创业机会的信息,而且也可能发现其他领域的相关创业机会信息。对现有企业的分析,必须做到细致、系统、客观,才能发现其他人难以发现的创业机会。

③ 政府机构。在我国,政府部门是创业机会的重要信息来源,政府制定法律法规和各种发展规划,对于新企业的生成有时起着决定性的作用,相关政策的变化,往往意味着创业机会的产生。

④ 研发机构。研发可以是在大学、科研机构、企业中进行,也可能仅仅是个人行为。很多科研机构或大学都拥有很强的研发能力,但由于种种原因而没有

实现产业化,或者没有发挥有关研究成果的最大效用,创业者将其重新包装和推出,往往可以取得出人意料的效果。

（2）善于观察

作为经常性的有关总体市场变化情况的分析,通常从下列几个方面来观察:

① 他人的成功经验。许多创业者在有了自己的创业梦想后,常常会陷入不知道如何观察、分析创业机会或无从下手的境地。虽说成功创业者的经验不能放之四海而皆准,但学习成功创业者的优点与长处却可以使其他创业者的思维更开阔,遇到创业机会也能更容易把握。

② 市场竞争情况。观察分析潜在竞争者、替代品竞争者、行业内原有竞争者的基本情况,确切实际地了解新企业是否能赢得赖以维持经营所需的足够数量客源、销售额乃至利润。现实中,一旦某个创业机会逐渐显露出来,就会有不少的创业者、竞争者蜂拥而来,这是经常会出现的现象。但是,倘若某个创业者想利用特定机会并获得创业的成功,他就必须具备与其他创业者、竞争者相互竞争的能力。

③ 创业机会的现实性。即使某个创业机会是一个很有前景的机会,但对于特定的创业者而言,他仍然还需要进一步分析机会的现实性,判断"这一机会是否是自己能够加以利用的创业机会? 自己是否值得开发这一机会?"对某个创业者而言,为了能做出理性的判断,必须回答以下几个问题:第一,观察自身是否拥有利用创业机会所需的关键资源;第二,观察自身是否能够"构建网络"跨越"资源缺口";第三,观察是否存在可以开发的新增市场及可以占有的远景市场;第四,观察利用特定机会存在的风险是否是可以承受的。

（3）冷静分析

想要及时了解市场变化情况,或者说对市场变化保持敏感的触觉,唯一办法就是做好经常性的市场调查分析工作。许多大公司通常设有专职部门负责进行此项工作。当然,新创小微企业的创业者通常难以仿效他们的做法,不过也可以采用其他途径和方法进行此项工作,如果运用得当,同样会收到良好的效果。例如:参加行会及其他专业性的社团组织,争取机会多参加某些贸易展销会之类的公众集会;经常监测所组织的各类营销业务活动的效果,察悉变化情况,查明之所以会造成销售增长或销售衰退的原因;对于任何一种营销新观念、推广新方法、广告新技术或传媒新方法等,应先经实验,而后再选用,要断然采用减少损失的各种措施。

虽然创业机会有显性的和潜在的之分,但大多数情况下,创业机会不是一成不变的,而是动态复杂的,好的创业机会和不好的创业机会往往只有一步之遥。这就对新创小微企业创业者提出了更高的要求,他们必须对市场及未来的发展趋势做出准确的分析,并在此基础上进行充分的准备。

（4）及时捕捉

① 从市场供求差异中捕捉创业机会。在市场经济条件下,宏观供求总是有一定差异的,这些差异正是创业者的创业机会。创业机会存在于为顾客创造价值的产品或服务中,而顾客的需求是有差异的。创业者要善于找出顾客的特殊需要,盯住顾客的个性需要并认真研究其需求特征,这样就可能发现和把握商机。

② 从市场的"边边角角"捕捉创业机会。边角往往容易被人忽视,而这也正是新创小微企业可以利用的空隙。创业机会无时不有,无处不在,许多机会甚至俯拾即是,但机会又转瞬即逝。因此,想要捕捉创业机会,必须不断强化机会意识,随时留意身边发生的各种事情,同时要具有敏锐的洞察力和超前意识,于一般人熟视无睹或见惯不惊的细微小事中,捕捉到有利可图的创业机会。中小企业,尤其是小微企业,要充分发挥灵活多样、更新更快的特点,瞄准边角,科学地运用边角,另辟蹊径,通过合理的经营,增强自己的竞争实力,最终达到占领目标市场的目的。

③ 从竞争对手的缺陷中捕捉创业机会。很多创业机会是缘于竞争对手的失误而"意外"获得的,如果能及时抓住竞争对手策略中的漏洞而大做文章,或者能比竞争对手更快、更可靠、更便宜地提供产品或服务,也许就找到了机会。为此,小微企业创业者应追踪、分析和评价竞争对手的产品和服务,找出现有产品存在的缺陷,有针对性地提出改进方法,形成创意,并开发具有潜力的新产品或新功能,就能够出其不意,成功创业。

④ 从市场变化的趋势中捕捉创业机会。产业的变更或产品的替代,既满足了顾客需求,同时也带来了前所未有的创业机会。任何产品的市场都有其生命周期,产品会不断趋于饱和达到成熟直至走向衰退,最终被新产品所替代,小微企业创业者如果能够跟踪产业发展和产品替代的步伐,通过技术创新则能够不断寻求新的创业机会。变化中常常蕴藏着无限商机,许多创业机会产生于不断变化的市场环境。环境变化将带来产业结构的调整、消费结构的升级、思想观念的转变、政府政策的变化、居民收入水平的提高等。小微企业创业者透过这些变化,就会发现新的机会。

⑤ 在行业交界处捕捉创业机会。一般来说,企业对行业创业机会比较重视,因为它能充分利用自身的优势和经验,发现、寻找和识别机会的难度系数小,但是它会因遭到同行业的激烈竞争而失去或降低成功的机会。由于各企业都比较重视行业的主要领域,因而在行业与行业之间有时会出现夹缝和真空地带,无人涉足。这种机会比较隐蔽,难于发现,需要有丰富的想象力和大胆的开拓精神才能发现和开拓。

8.2.2 强化小微企业创业机会评价

(1) 确定评价目标

确定评价目标是创业机会评价的第一步,评价目标直接影响评价指标体系、评价方法等后续步骤的实现。在创业机会评价开始的时候,要对评价目标的特性进行充分分析,以更好地确定创业机会的影响因素,从而确定小微企业创业机会评价的基本框架。

(2) 创业机会影响因素分析

影响创业机会的因素有很多,既有小微企业内部创业团队的因素,也有小微企业外部创业环境的因素;有社会因素,也有经济因素;既有市场因素,也有社会网络因素;等等。从各种影响创业机会的因素中抽象出关键性的因素,便构成了创业机会评价指标体系。

(3) 构建评价指标体系

创业机会评价指标体系是在对创业机会影响因素分析的基础上构建的,目前主要有标准打分矩阵、蒂蒙斯法、普坦辛米特法。蒂蒙斯法的指标体系是最全面的创业机会评价指标体系,可以作为创业机会评价的属性库。著名的创业学家蒂蒙斯(Timmons)概括了一个定性评价创业机会的框架体系,其中涉及8大类共53项指标,如表8-1所示。小微企业创业者可以利用这个体系模型对行业和市场问题、竞争优势、经济结构、收获、管理团队和致命缺陷等做出判断,来定性评价一个新企业的投资价值。

表 8-1 蒂蒙斯创业机会评价框架

产业与市场	1. 市场容易识别,可以带来持续收入
	2. 顾客可以接受产品或服务,愿意为此付费
	3. 产品的附加价值高
	4. 产品对市场的影响力高
	5. 将要开发的产品生命长久
	6. 项目所在的产业是新兴产业,竞争不完善
	7. 市场规模大,销售潜力达到 1 000 万~10 亿元
	8. 市场成长率在 30%~50%,甚至更高
	9. 现有厂商的生产能力几乎完全饱和
	10. 在 5 年内能占据市场的领导地位,占有率达到 20% 以上
	11. 拥有低成本的供货商,具有成本优势

续表

竞争优势	1. 固定成本和可变成本低
	2. 对成本、价格和销售的控制较高
	3. 已经获得或可以获得对专利所有权的保护
	4. 竞争对手尚未觉醒,竞争较弱
	5. 拥有专利或具有某种独占性
	6. 拥有发展良好的网络关系,容易获得合同
	7. 拥有杰出的关键人员和管理团队
收获条件	1. 项目带来附加价值的具有较高的战略意义
	2. 存在现有的或可预料的退出方式
	3. 资本市场环境有利,可以实现资本的流动
经济因素	1. 达到盈亏平衡点所需要的时间在 1.5～2 年
	2. 盈亏平衡点不会逐渐提高
	3. 投资回报率在 25% 以上
	4. 项目对资金的要求不是很大,能够获得融资
	5. 销售额的年增长率高于 15%
	6. 有良好的现金流量,能占到销售额的 20%～30%
	7. 能获得持久的毛利,毛利率要达到 40% 以上
	8. 能获得持久的税后利润,税后利润率要超过 10%
	9. 资产集中程度低
	10. 运营资金不多,需求量是逐渐增加的
	11. 研究开发工作对资金的要求不高
管理团队	1. 创业者团队是一个优秀管理者的组合
	2. 行业和技术经验达到了本行业内的最高水平
	3. 管理团队的正直廉洁程度能达到最高水准
	4. 管理团队知道自己缺乏哪方面的知识

续表

理想与现实的战略差异	1. 理想与现实情况相吻合
	2. 管理团队已经是最好的
	3. 在客户服务管理方面有很好的服务理念
	4. 所创办的事业顺应时代潮流
	5. 所采取的技术具有突破性,不存在许多替代品或竞争对手
	6. 具备灵活的适应能力,能快速地进行取舍
	7. 始终在寻找新的机会
	8. 定价与市场领先者几乎持平
	9. 能够获得销售渠道,或已经拥有现成的网络
	10. 能够允许失败
致命缺陷	不存在任何致命缺陷
创业家的个人标准	1. 个人目标与创业活动相符合
	2. 创业家可以做到在有限的风险下实现成功
	3. 创业家能接受薪水减少等损失
	4. 创业家渴望进行创业这种生活方式,而不只是为了赚大钱
	5. 创业家可以承受适当的风险
	6. 创业家在压力下状态依然良好

对于上述每个因素,在具体定性评价时,都设有创业机会的吸引力潜力最高和创业机会的吸引力潜力最低两个极端情况,一般来说所有的创业机会都会处于这两个极端情况之间,创业者根据具体情况对其打分。最后根据打分结果的高低判断该创业机会的潜在价值。

（4）评价方法的应用

评价方法是对评价指标的排序和量化。小微企业创业机会评价涉及很多指标,有些指标可以量化,如潜在的市场规模、市场增长率等;而有些指标不易量化,如产品的结构等。单纯的定性方法难以对创业机会的优劣进行排序,单纯的定量方法难以对决定创业机会的关键要素进行选择,因此,在借鉴相关模型的基础上,选择定量与定性相结合的方法进行评价。

① 史蒂文森法。史蒂文森法提出从以下几方面定性评价创业机会:第一,机会的大小,存在的时间跨度和随时间成长的速度这些问题;第二,潜在的利润

是否足够弥补资本、时间和机会成本的投资,并带来令人满意的收益;第三,创业机会是否开辟了额外的扩张、多样化或综合的机会选择;第四,在可能的障碍面前,收益是否会持久;第五,产品或服务是否真正满足了真实的需求。

② 朗格内克法。朗格内克法指出了定性评价创业机会的 5 项基本标准:第一,对产品有明确界定的市场需求,推出的时机也是恰当的;第二,创业机会所形成的投资项目必须能够维持持久的竞争优势;第三,创业机会必须具有一定程度的高回报,从而允许一些投资中的失误;第四,创业者和创业机会之间必须互相合适;第五,创业机会不存在致命的缺陷。

③ 标准打分矩阵。选择对创业机会有重要影响的因素,并由相关专家对每一个因素进行打分,最后求出每个因素在各个创业机会下的加权平均分,从而对不同的创业机会进行比较,见表 8-2。

表 8-2　创业机会打分评价法

标准	专家评分			
	很好(3 分)	好(2 分)	一般(1 分)	加权平均分
操作性				
成长的潜力				
专利权状况				
质量和易维护性				
投资收益				
资本增加的能力				
市场接受性				
市场容量大小				
制造的简单性				
广告潜力				

④ 普坦辛米特法。普坦辛米特法是一种让创业者填写针对不同因素的不同情况、预先设定好权值的选项式问卷的方法,详情见表 8-3。对于各种因素,不同选项的得分为 -2～+2 分,对所有因素得分加总就是最后的总分,总分越高的特定创业机会成功的潜力就越大,只有那些最后得分高于 15 分的创业机会才值得创业者进行下一步的行动,低于 15 分的是应该抛弃的机会。

表 8-3　普坦辛米特法的评价体系

序　号	指　标
1	生命周期中预期的成长阶段
2	预期的年销售额
3	对于税前投资回报水平的贡献
4	销售人员的要求
5	投资回收期
6	进入市场的容易程度
7	商业周期的影响
8	为产品指定高价的潜力
9	占有领先者地位的潜力
10	从创业到销售额高速增长的预期时间
11	市场试验的时间范围

（5）评价实施

创业机会评价的实施是评价的实际操作阶段,对定量指标和定性指标进行处理,引入需要的数据和相关专家的评定,并结合相关模型,最终得到评价结果。评价实施也是小微企业对创业机会进行选择和淘汰的过程,关键是相关数据的获取和模型的选择。

（6）评价反馈

创业机会评价是一个动态的过程,创业机会评价本质上是一个主观的、理论的分析过程,创业机会是否能真正成为一个成熟机会,是否可以在现实中开发,还需要进一步从实践中证明。依据小微企业创业活动实践,可以从风险规避和价值创造这两个方面对创业机会评价的结果作进一步修正。

8.3　提升小微企业创业资源保障

8.3.1　提升小微企业创业资源识别力

创业资源的识别是指创业者根据自身资源禀赋,对小微企业创业所需资源进行分析、确认,并最终确定企业所需资源的过程。

小微企业创业资源识别主要围绕两个方面来进行,一是企业内部资源的识别,二是企业外部资源的识别。资源识别需要清楚地了解企业执行战略所需的资源,并且需要列出一个详细目录,以确定资源获得的数量、质量、时间。创业者通过评估企业的初始资源库,决定采用何种资源和能力,并确定哪些资源需要内部开发和外部获取,决策下一阶段的资源获取战略。资源识别的目的不仅是识别出当前拥有的资源和所需资源,还要识别出潜在的资源供应商,为资源的获取奠定基础。

由于新创小微企业天然的资源稀缺秉性,如何从企业内外部识别对小微企业有价值的资源,是企业利用资源产生竞争优势的前提条件。新创小微企业创业资源识别也是企业成长发展的重要前提,是小微企业资源整合过程的第一个阶段。

(1)创业资源识别途径

根据创业者的不同驱动因素,可将新创企业的资源识别途径分为决策驱动型创业资源识别途径和机会驱动型创业资源识别途径。

① 决策驱动型创业资源识别。决策驱动型创业资源识别是指创业者首先决定创业,然后发掘创业机会,组织资源,创建企业的过程。这是一个自上而下的过程,具有计划性,以创建企业为实现目的的手段。创业者首先将建立企业作为其创业目标,因此创业者的初始资源将决定其能够识别的创业机会,在这一过程中通过创业者对自身禀赋资源的反复评价,也将会对创业愿景进行不断地修改,这是一个反复的过程,直到找到适合自己的创业机会为止,因此通过这一过程确定的创业机会是以创业初始资源为基础的。新创企业在创业过程中需要考量自身资源禀赋和需求两方面内容,建立资源禀赋和需求的优劣势矩阵,根据资源和机会的匹配程度来决定创业的具体方向。其中,自身资源禀赋包括两个方面,一是新创企业现有资源,二是需要通过一定途径获取的资源,通过与市场需求的反复比较和对照,从而发现创业机会。如果创业者通过资源评估发现现有资源禀赋和资源需求都比较少,就需要匹配现有资源,确定资源差异,填补资源缺口;如果创业者现有资源比较丰富,确定创业所需资源比较少,那么,说明资源基础比较雄厚,能够满足创业需求;如果创业者现有资源丰富,创业需求也较多的时候,同样也需要资源匹配,确定差异,满足需求;如果创业者现有资源较少,创业需求较多,这说明资源贫瘠,需要寻找相应的资源。

② 机会驱动型创业资源识别。机会驱动型创业资源识别是创业者首先发现创业机会,然后评估创业资源,创建企业的过程。与决策驱动型创业资源识别途径不同的是,这种创业资源识别途径是将创办企业作为机会实现的手段,目的在于提供一种产品或服务。这是一个自下而上的过程,具有"偶然性",以创建企业为目的。在这种资源识别途径中,创业者对创业资源的识别和评价都是围绕

创业机会来进行的,相对于决策驱动型创业资源识别途径来说,机会驱动型创业资源识别途径更注重机会利用所依赖的核心资源和独特能力,其他创业资源都是围绕这些基础资源来识别和利用。

（2）创业资源识别过程

在这里要分两种情况来看,一种情况是企业还没有形成前,需要识别、获得资源,从而构成企业发展的基础;另一种情况是企业已经建立了,创业者要识别哪种资源对新创企业的发展起到重要的作用,能形成核心竞争优势。

新创企业的创业资源识别过程一般包含三步。第一步是资源的分类,资源通常可分为人力资源、社会资源、金融资源、物质资源、技术资源和组织资源 6 类。第二步是对每项资源进行交叉维度的划分,分为简单资源和复杂资源,实用型资源和工具型资源。简单资源是那些有形的、离散的、以所有权为基础的;复杂的资源是那些无形的、系统的、以知识为基础的。实用型资源是那些直接用于生产过程的或用于整合其他创业资源的资源;工具型资源是提供获取其他创业资源路径的资源,例如金融资源是一种简单资源,也是一种工具型资源,可以用来获取其他创业资源。当然,这种划分对于不同的新创小微企业是不同的,在实际操作过程中需要具体情况具体分析。第三步就是考虑有没有这种创业资源,如果有,这种创业资源的数量、质量、结构等基本情况如何;如果没有,通过哪些方式可以获得,需要付出怎样的代价,并通过创业内外环境的考量,评估这种创业资源的占用程度、获取方式。

8.3.2　提升小微企业创业资源获取力

创业资源获取是指在确认并识别资源的基础上,利用其他创业资源或途径得到所需资源并使之为新企业服务的过程。创业资源的获取是创业资源整合不可或缺的重要环节,获取创业资源是任何新企业在发展过程中都不可忽视的一个关键环节。创业资源获取主要是根据创业资源识别的结果,来获取新企业所需的资源。不同的创业资源可能需要不同的获取途径,同一资源获取方式可能获得多种资源。新企业在此阶段要根据实际情况将需要获取的创业资源与获取途径进行合适的匹配。

（1）创业资源获取途径

创业资源获取途径从创业资源来源方向来看,包括资源外部获取和资源内部积累两种方式,内部和外部主要是以新企业作为边界。资源外部获取主要包括资源购买、资源租赁、资本运营 3 种方式。资源购买即利用财务资源杠杆获取外部资源,主要包括购买专利和技术、聘请有经验的员工及通过外部融资获取资金等方式。资源租赁是通过租赁的方式获取需要的创业资源,但是获取的是资源的使用权而不是所有权。资本运营,指通过兼并、收购和联盟的方式获取需要的资源。资源内部积累是利用现有资源在新创小微企业内部培育的资源,主要包括新创小微企业的厂房、装置、设备,在企业内部开发新技术,通过培训来增加员工的技能和知识,通过获得市场订单、扩大销量、提高利润等自我积累获取资金,通过建设创业文化、培养全员的创业精神来积累创业资源。

(2)创业资源获取过程

创业者在资源获取过程中,可以通过识别创业资源禀赋的价值,利用有形资源杠杆和无形资源杠杆来实现创业资源的获取。

创业者可以在创业资源获取阶段同时利用这两种杠杆撬动其他创业资源,其中有形资源杠杆是双向的,即可以通过工具型创业资源发挥杠杆作用获取生产型资源(如物质资源、市场资源、技术资源、智力资源),也可以利用生产型资源来获得有形的工具型资源(如财务资源),进而继续发挥工具型资源的杠杆作用。由于创业者个人声誉和社会网络的积累是一个长期的过程,因此无形资源杠杆只能发挥单向作用,即通过无形的工具型资源来获得生产型资源。因此,新创小微企业有效合理地利用这两类资源杠杆,能够提高资源获取效率。

8.3.3 提升小微企业创业资源利用力

新创小微企业有了资源还远远不够,资源不会自动转化为竞争优势,还需要新创小微企业运用自身的资源整合能力,将不同来源、不同类型、不同效用的创业资源科学合理地利用,才能形成核心竞争力。

新创小微企业的创业资源利用指新企业配置创业资源形成企业特有能力,以提升竞争优势为目的,最终创造价值和财富的过程。创业资源利用就是使用所获取并经过匹配协调各种创业资源,在市场上形成一定的能力,通过发挥资源与能力的作用生产出产品或服务为客户创造价值,并继续开发创业资源价值的过程。资源利用是资源整合过程的最后环节,是新创小微企业的创业资源价值实现的过程。在通常情况下,资源利用是一个动态循环过程。

(1)创业资源利用途径

创业资源识别和利用是创业资源有效整合的开始和结束,识别有价值的创业资源有助于创业者在创业过程中利用资源,正确选择资源利用途径可以使资源使用达到最优化。在创业过程中,创业者不但要能识别所需的各种不同效用的创业资源,还需知道如何对资源进行整合,整合过程包括绑聚、匹配及合理利用等。资源整合是一个复杂的动态过程,是指新创小微企业对不同来源、不同层次、不同结构、不同内容的资源进行选择、汲取、配置、激活及有机融合,使之更具柔性、条理性、系统性和价值性,并对其原有的资源体系进行重构,摒弃无价值的资源,以形成新的核心资源体系。新创小微企业识别、获取资源最终的目的是更好地利用资源,发挥资源"1+1>2"的增值效应。充分合理地利用资源,能够帮助企业快速建立竞争优势,制定切实可行的战略规划,为新创小微企业的成长打下良好的基础。

（2）创业资源利用过程

创业者通过前期的准备工作,识别、获取资源,可以利用这些资源进行价值创造。创业者根据小微企业经营的范围和承受风险的能力,可以将资源投入小微企业自身的生产活动中,为企业生产产品提供充足的资源支持。同时,小微企业可以根据自身的能力,将资源进行投资、出售及借贷等,为新创小微企业带来其他的风险投资收益。

第9章 小微企业创业基地扶持系统的构建

从第5章的实证分析中可知,目前创业基地的基础性服务项目基本上能满足入驻企业的需求,但高层次的服务项目与入驻企业的需求相比还存在一定的缺口。服务措施重点错位,关键性服务项目不足或缺失,其直接影响就是造成入驻企业对创业基地提供服务的不满意,间接影响就是导致创业基地的培育绩效不佳。因此,如何有效地转变服务方向、提高服务水平,在创业基地的运营管理中就显得异常重要。提升创业基地的服务措施,优化创业基地的运营水平,要从转变政府管理职能、实行企业化管理、推进市场化运行3个方面入手。

9.1 转变政府管理职能

政府职能管理的最大优势在于其拥有庞大的区域网络和广泛的社会联系,能够以较低的成本向创业者提供大量非常有价值的信息和联系,为新创企业提供有力的支持。因此,各级政府在创业基地中的管理角色定位,应该是间接引导、辅助,主要工作是创造良好的宏观环境,包括法律环境、制度环境、经济环境、文化环境等。

9.1.1 完善创业基地运作的法制环境

创业基地与入驻企业之间的培育关系是一种新型的法律关系,与一般房屋租赁关系和中介服务关系不同,它有其自身的特点,需要相应的法律予以规范,需要相应的制度作为保障。法制是创业基地产业发展的保证,各级政府对创业基地支持的关键就是建立和健全法规,使得创业基地的运作做到有法可依,以保证创业基地的健康、持续发展。创业基地作为支持新创小微企业发展的重要工具,不可能在自由状态下自发地释放其巨大的能量,必须依赖于有法可依的法制环境。同时,在法律制度的支持下,创业基地能够有效地开展基础设施的建设、投融资渠道的建设等工作,并促使自身的工作走向规范化,从而全面提高创业基地的服务水平,更好地适应新创小微企业对创业支持服务的需求。

9.1.2　出台相关优惠政策

政策是指引小微企业和投资者前行的明灯,鉴于创业基地具有较突出的公益性,所以与之相关的投资回报或多或少会与预期的设想产生不一致。各级地方政府可以结合国家和地区的实际情况,制定投资创业基地的有关优惠政策,引导一定数量的创业投资向创业基地倾斜,以弥补创业基地运营资金和培育资金不足的缺陷,保证创业基地软硬件服务措施的提高。

同时,国家相关政府机构出台了不少优惠政策,以促进创业基地的进一步发展,但关键还是要将这些政策落到实处。比如:第一,各级地方政府要制定支持小微企业发展的配套优惠政策,因为小微企业是创业基地的市场服务对象,只有小微企业的蓬勃发展,才有创业基地生存的空间;第二,确立税收减免政策,营造好创业基地运行的外部环境,鼓励私人机构等组织参与创业基地的建设工作;第三,创业基地的建设项目应该列入各地区的重点项目,使创业基地的基础设施建设纳入贷款贴息范围;第四,以创业基地内入驻小微企业创税地方留成部分的一定比例作为奖励额度,奖励给创业基地用于自身建设;第五,根据创业基地吸纳的就业人数,给予创业基地一定的政策性奖励;第六,简化创业基地建设的审批程序和环节,缩短建设周期,加快项目建设速度,对创业基地建设中有关收费给予适当减免。

9.1.3　优化小微企业创业服务体系

从发展的历史角度,创业基地提供的服务大致分为 3 个阶段:第一阶段是初级服务,如提供厂房、办公室等,以及简单的行政服务;第二阶段中级服务,包括技术、交流、市场服务及政策法规和法律服务等;第三阶段是高级服务,包括金融服务、天使基金和风险投资等,但现阶段我国创业基地做到高级服务的不多。随着经济形势的变化和小微企业自身的成长发展,还会不断出现新的服务需求。

就现阶段而言,小微企业对社会化服务体系的创业服务需求主要集中在创业辅导、政策咨询、信息资讯、技术支持、资金融通、市场开拓、人才培训等方面。从第 5 章的实证分析中可以看出,在技术支持、信息资讯、营销服务、资金服务、构建与内外部组织之间的联系等方面,创业基地的支持力度还不能有效满足入驻小微企业的需求,创业基地在该方面的服务措施有待于进一步加强,但是由于区域发展差异大,创业服务体系建设也不可能短时间内全面推进、各地同步进行。因此,各地政府可以从小微企业的客观需求和财力能力出发,找准问题,突破重点,针对本地情况,选择入驻小微企业最需的一项或几项具体创业服务内容进行试点,在培育特色服务的过程中,以点带面,逐步形成、建立和健全有地方特色的社会化创业服务体系。

9.1.4　完善风险投资机制

风险投资是创业基地中新创小微企业进行资金融通的一个重要渠道。风险资金的加入,能有效解决创业基地的资金支持无法满足入驻企业需求的现状,从而有利于创业基地提升投融资服务的水平。同时,风险资金对创业基地的注入,可以弥补创业基地自身运营资金的不足,保证了创业基地有充分的资金用来建设各项软硬件设施,提高服务水平,增强培育能力。

在创业基地和风险投资的合作中,各级政府发挥着不可替代的作用。首先,保障风险投资的健康发展需要建立完善的法律法规体系,为确保风险投资的发展,应当将风险投资的优惠政策、机构设立条件、中介组织机构的创设等问题,以政策法律或法规的形式加以明确,维护政策的稳定性和连续性,保证科技产品的提供者、风险投资家及企业的利益。其次,风险投资与创业基地合作的积极性与国家税务政策的支持力度也有非常大的关系。各级政府应以税收优惠和财务贴息为主要手段,建立起有效激励风险投资的机制,尽量减少创业期的创业基地与风险投资的税务负担,促进两者的协作。

9.2　实行企业化管理

企业化管理是指将企业的管理体制引用到创业基地中,以提高创业基地的创业服务水平,保障创业基地的有效运行。创业基地本身应该是一个新创企业,只不过创业基地的产品是健康发展的新创小微企业而已。

9.2.1　完善创业基地法人治理结构

创业基地在经营管理方面首先要建立严格的现代企业制度,确定合理的治理结构做到产权清晰、政企分开、管理科学,使创业基地真正成为市场的主体。

首先,完善法人治理结构,实现出资者的所有权与经营权的分离,有利于政企分开、政资分开、政事分开,形成科学的决策机制、执行机制和监督机制,有效防范创业基地的经营风险。同时,完善法人治理结构,实现创业基地的自主经营,有利于创业基地按照现代企业制度建立有效的激励和考核等人员管理机制,提高创业基地服务人员的服务动力和服务积极性,从而全面提升创业基地的服务水平。此外,完善法人治理结构,还能强化融资功能。资金匮乏是创业基地和入驻企业本身运行面临的难题之一。虽说公司制具有强大的融资能力,但投资者只有在确定自己的利益能够得到保护的情况下才会向企业投资,因此,企业在资本市场上为获得资金而进行的竞争,实际上是公司治理水平的竞争。建立健全法人治理结构,提高法人治理水平,有利于创业基地得到投资者的信赖,从而获得较多的投资机会。

创业基地的法人治理结构主要包括:投资者作为创业基地的股东,股东通过股东大会选举董事会,董事会成为由股东大会授权的创业基地财产托管人,拥有重大决策权及对以总经理为首的经理人员的任免权和报酬决定权;以总经理为首的经理人员受聘于董事会,作为董事会的代理人,具体负责创业基地的日常经营管理事务;监事会对创业基地的财务、董事和经理进行监督,向股东大会负责。

9.2.2　建立职能清晰的组织部门

完善法人治理结构是创业基地进行企业化管理的前提,但是,创业基地的运行还必须建立良好的组织结构,设置相应的部门,完成相关职能。专业职能部门的设立,可以保证创业基地提供各项创业服务措施的专业性。专业性越强,提供的创业服务措施就越优秀,也就越能达到入驻企业的需求程度。一般来讲,创业基地的组织部门应该分为项目开发部、项目服务部、公共关系部、自身拓展部及平台功能部 5 个部分。

项目开发部的主要职责是负责招商租赁、通信网络建设、交通、餐饮、物业等基础服务,这些功能是创业基地最基本的功能。项目服务部的主要职责是为入驻企业提供人力资源服务、投融资服务、信息服务、咨询服务、技术服务等比较专业化的服务措施。公共关系部的主要职责是开拓、维护与金融界、地方政府、财务、税务、工商、银行、风险投资机构及其他各类中介组织的关系网络,以保证创业基地能够向入驻小微企业提供优质的相关服务。自身拓展部的主要职责是通过各种有效的方式,寻找新场地、开发新业务、创新服务模式,推动创业基地自身的发展。平台功能部的主要职责是对创业基地自身的财务、人事、行政、宣传等工作进行管理。

同时,对于上述组织部门的设置,更应该强调机制的实现,而不是仅仅机械地指必须有的部门。即可以没有上述部门的实体设置,但必须有相关工作人员对上述的工作、服务负责。

9.2.3　建设职业化的管理团队

创业基地的中心任务是帮助小微企业创业者创办并发展企业,追求人对人、量体裁衣式的个性化创业服务。如果创业基地管理团队的建设问题不解决,要提高创业基地的服务质量,提升创业基地的服务功能,开创创业基地的新局面就难以实现。管理团队的专业化不仅是提升创业服务功能和水平、更好地培育新创小微企业的需要,也是创业基地自身发展、提升价值的需要。而管理团队专业化的核心在于聘请专业化的人才,实现专业化的管理,提供专业化的创业服务。

首先,创业基地可以根据自身的人才结构、知识结构、专业结构,有目的地从现有人员中培养职业经理人和专业化服务人员,提高创业基地的管理和服务能力。其次,创业基地可以加强与中介公司、高校、风险投资公司等的合作,引进他们在管理和专业知识方面的专家,实现两者的优势互补、强强联合。

9.2.4　规范创业项目管理机制

创业基地需要建立从入孵小微企业创业服务需求的产生,到专业服务机构开始为入孵小微企业提供创业服务,至服务完成与评价的全过程项目管理机制,还需要积极探索建立创业基地与小微企业之间的利益共享、风险共担的管理机制;建立入孵小微企业和服务机构信息库,首先要登记地区内小微企业基本情况,研究小微企业创业服务需求情况,跟踪服务机构对于小微企业的创业服务情况,尝试构建一套成熟的服务中心绩效评价指标体系及评价办法,追踪创业服务完成之后小微企业的综合满意度和服务效果评价。

9.2.5　建设创业基地的双创文化

文化是企业成员广泛接受的价值观念,以及由其所决定的准则和行为方式,它是连接成员情感归属和凝聚向心力的最重要的精神纽带。创业基地作为一种新型的组织形式,其入驻企业大多是一些新创的小微企业。因此,创业基地有必要在其内部营造一种创新创业文化。从创业基地来看,创新创业文化有利于创业基地提升创业服务的意识,从思想上更好地指导创业基地工作人员为入驻小微企业提供创业服务。从入驻小微企业来看,创新创业文化有利于入驻小微企业更好地吸收各种创业服务,将有限资源的功效发挥到最大程度。

创业基地双创文化的形成依赖于创业基地和入驻小微企业对创新创业的高度认识和参与。首先,应从创业基地的目标和发展战略出发,通过确立创业基地创新价值观、树立企业创新精神及塑造新创企业形象,培育创业基地、入驻小微企业的创新创业精神。其次,通过在创业基地内部提供追求卓越、勇于超越自我、淘汰自我的精神,诱发创新欲望、激励创新热忱、指导创新创业实践、实现创新创业目标、评价创新创业成果,增强创业基地与入驻小微企业的创新创业意识。最后,营造创新创业文化,最重要的是为入驻小微企业提供一个有利于创新创业的环境,即开放、自由、宽松、向上的文化环境,同时为入驻小微企业的创新创业活动提供各种有效的资源保障。

9.3　推进市场化运行

市场化运行是指创业基地作为市场经济的主体,在实际的运行过程中需要遵守市场的运行规则。创业基地为小微企业创业提供所需要的管理支持、资源网络，帮助和促进新创小微企业成长，使小微企业能够在市场上生存和发展。因此创业基地必须面向市场，以市场为导向，利用市场机制配置新创小微企业所需要的资源，并在市场中求生存，进行市场化运作，随着入驻小微企业的成长而发展。

9.3.1　引入多元化的投资主体

完全政府主导的投资模式使得创业基地的政府色彩过于浓重，导致其可能存在没有创造价值的压力感，使得创业基地的培育动力不足，培育服务难以得到有效的提高。同时，由于各地方政府财力的限制，单一的资金来源不能保证创业基地维持自身运营发展的需要。因此，在市场化的运行中引入多元化的投资主体就显得非常有必要。

首先，创业基地作为一个微观经济组织，理应由微观主体（如企业、大学、社团或其他投资者）来运营。如果由政府直接设立创业基地，则可能会出现政企不分、政资不分等弊端。其次，投资主体多元化，可以减少政府过多的资金投入，在减轻各级政府财政压力的同时，增加了创业基地的运营资金和培育资金。最后，积极引导各高校、科研院所、国有企业、上市公司、民营企业、风险投资公司等社会力量参与创业基地的建设，成为创业基地建设的投资主体，可以形成多元化的投资监督主体，优化创业服务市场，从而保证创业服务质量和水平。

9.3.2　建立合理的赢利模式

市场是商品交换的总和，创业基地作为市场经济的主体，虽然主要是公益性性质，但是在市场经济的条件下，创业基地本身及其提供的服务也应具有一定的商品性质。创业基地本身的存在以及为入驻小微企业提供服务的前提必须是能在近期或者将来有利可图，只有这样才能实现创业基地的可持续发展。同时，通过赢利实现创业基地收入的增加，一方面有利于增加创业基地的运营资金，提高对软硬件设施的建设和维护能力；另一方面有利于激发创业基地的服务热情，提高创业基地的服务水平和能力。

首先，创业基地必须转变自身的赢利观念。作为支持初创小微企业的公益性组织，创业基地不以赢利为目的，但是并不代表不赢利。创业基地要想在激烈的市场竞争中能够得到生存和发展的机会，要想能够为入驻小微企业提供更优质的服务，需要有一定运营资金作为保证。因此，创业基地必须改变自身的赢利观念：不是不赢利，而应该是适当赢利。也就是说，创业基地不能以利润为运营目的，其赢利收入只要能够保证创业基地日常运营发展的需求即可。其次，要扩大收入来源，逐步扩大服务收入、对企业的投资收入、政府的税收返还收入的比率,减少对租金、政府投入的依赖性。

9.3.3 实现创业服务资源配置的市场化

创业基地的最基本功能就是向入驻企业提供基础性的创业支持服务。从第5章实证分析中可以看出,创业基地的基础性服务措施提供的充分程度较好,但高层次的创业服务难以满足入驻小微企业的需求。产生这种现象的原因有两个:首先,创业基地在我国的发展历程较短,其建设重点集中在基础性的服务设施方面,对高层次服务的建设投资较少;其次,由于能力、条件的限制,在日常的经营管理中,创业基地所关注的主要还是基础性服务,高层次的创业服务虽然有部分创业基地已经开始涉及,但是由于自身缺乏相应的专业水准,因而难以向入驻小微企业提供满意的专业性较强的创业服务措施。

创业基地高层次创业服务措施缺失或不足的缺陷,目前难以通过其自身在该方面的建设得到有效改善。因此,引入专业的中介服务机构完善创业基地的薄弱服务措施就显得十分重要。专业的中介服务机构由于其目标工作的专一性和专业性,在向入驻小微企业提供相应的专业服务时,有着创业基地无法比拟的优势。通过与中介服务机构合作,创业基地可以在保证基础性创业服务的同时,弥补在高层次创业服务方面的不足,从而有效提高服务水平与入驻小微企业的满意度,提升创业基地的整体运营绩效。

创业基地要根据自身的特点和优势,将力量集中于比较具有优势的领域和市场,并且要根据市场和小微企业的创业服务需求变化,及时调整创业服务内容,在保证满足入驻小微企业创业服务需求的同时,达到最大的市场和社会效益。

在小微企业进驻时,创业基地要根据企业在管理团队、产品、服务、市场和融资能力等方面的表现评估企业的成熟度和成长潜力,并据此将企业划分为不同的类型,对不同类型的企业采取不同的资源配置方式。对于成熟度和成长潜力都很高的小微企业,创业基地不需要提供很多服务。创业基地可以将这类企业当作品牌,提高自身声誉,从而吸引更多企业入驻。对于成熟度不高,但成长潜力很大的小微企业,创业基地需提供最多的关注和支持。这类企业具有潜在的竞争优势,只是缺乏某种培育资源。只要创业基地能够为这类企业提供所需要的创业服务,他们将容易得到发展。对于成熟度不高,且成长潜力又不明显的小微企业,创业基地只能对其提供有限的帮助,让他们学习创业基地中其他企业的经验,直到显示出成长潜力,再给予更大的关注,否则这类企业只有选择离开创业基地。成熟度很高、没有成长潜力的企业可以为创业基地带来租金、税收返还等稳定收入,而不需创业基地为其提供实质性的帮助。为强化对创业基地内企业的创业服务,尤其要加强对各类服务资源的整合。

(1) 融资担保服务的资源整合

了解小微企业融资担保服务的内容,发展专业的金融服务机构,为创业基地内的小微企业提供创业投资、融资指导、信用征集与评价等多层次的金融服务,目的是为小微企业解决资金短缺的问题;积极推进小微企业融资平台建设,为广大小微企业开拓更多的融资渠道。

(2) 管理咨询服务的资源整合

对创业基地内小微企业的管理咨询服务应以经营战略、组织设计、市场营销、财税管理、人力资源、企业文化、管理信息化、审计认证、企业内部控制等为重点。创业基地要发挥大专院校、科研院所、行业协会和社会咨询机构的优势,组织有关专家学者及企业高级管理人员,根据创业基地内小微企业创业服务需求的特点提供管理、市场、财税等方面的诊断、咨询,帮助创业基地内小微企业解决创业成长中的问题。

(3) 技术创新服务的资源整合

依靠技术开发、技术咨询、产品研发设计、试验测试等服务机构,为创业基地内小微企业的新产品研发和试制、试验、生产工艺改进、科技成果转化等创造条件,提高创业基地内小微企业技术水平与产品技术含量,促进创业基地内小微企业技术创新能力的提升。创业基地要立足本地实际,在本地产业集中度较高或具有一定产业优势的产业领域,建立一批为小微企业服务的公共技术服务平台。

(4) 人才培训服务的资源整合

创业基地开展的人才培训整合内容主要以创业基地内小微企业创业服务需求为导向,以提高其经营管理水平、创新创业能力为重点,加强对创业基地内小微企业经营管理人员培训,提高小微企业经营管理人员队伍的综合素质与能力;广泛吸引一批高水平、热爱小微企业培训事业的专家、企业家参与培训工作,在这个基础上,鼓励和引导小微企业开展自主培训。

(5) 法律援助服务的资源整合

整合法律援助服务的内容重点在于推介服务机构为创业基地内小微企业提供政策信息、法律咨询、法律援助服务,开展面向创业基地内小微企业的维权服务,帮助创业基地内小微企业建立健全企业法律顾问制度;联合中介法律机构,设立服务热线,建立网上咨询平台,为创业基地内小微企业提供政策和法律法规的咨询;挑选一批优质的法律援助服务机构帮助企业完善制度、合同和公司文件。

(6) 信息支持服务的资源整合

整合信息支持服务要着重以为创业基地内小微企业提供政策、技术、市场、人才信息为重点,加快现有小微企业信息网络的改造和升级,提高网络的技术水平,拓展信息采集渠道,加大信息发布量,使之更加适应创业基地内小微企业发展的需要。各级创业基地要将建设功能齐全的小微企业信息支持服务平台作为整合信息支持服务的重点工作。创业基地的信息支持服务整合要帮助小微企业用好一切现代化网络手段,建立企业网站、开发网上信息、开展电子商务,并逐步提高网络信息的专业化内容,体现小微企业经营特色。

9.3.4 实现创业培育方向的专业化

专业化是指创业基地围绕某一特定领域,在培育对象、培育条件、服务内容和管理团队上实现专业化,培育和发展具有某种特长和优势的新创小微企业。专业化的创业培育方向具有以下优势:首先,从微观层面来看,专业化的创业基地有利于降低初创小微企业的成本。专业化的创业基地除了提供一般性的共享创业服务外,还能为新创小微企业提供专业化的技术平台、技术咨询、管理培训等,在很大程度上为初创小微企业在技术研发、生产运作、经营管理等方面节省了不少资本。专业化的创业基地还有利于提高入驻小微企业的创新能力。专业化的创业基地内部聚集的是一批以专业分工和协作为基础的同一产业或相关产业的小微企业集群,它们在空间上互相集中,信息上充分交流,强大的竞争压力转为强烈的创新动力,逐渐形成一个创新群落,在创新中发挥了集群优势。其次,从中观层面来看,专业化的创业基地有利于提高创业基地创业服务水平。专业化的创业基地由于其在某一方面的专业优势,在向入驻小微企业提供创业培育服务时,能够利用专业优势提高相应专业性服务的水平和层次,从而有效地保证入驻小微企业在该方面的创业服务需求能够得到较好的满足。再次,从宏观层面来看,专业化的创业基地有利于发挥本地区的比较优势。每个地区都有自己的特色资源,这些资源既包括自然资源,也包括社会资源。专业化创业基地的建立会考虑不同区域的产业状况和资源结构,并在此基础上选择适当的专业方向,这既能充分发挥不同地区的比较优势,也能更好地吸引相关产业各种优势力量的聚集,提升区域相关产业的竞争优势。

9.3.5 加强持续创业服务能力建设

(1)针对小微企业创业成长问题对接相应的专业服务机构

在企业不同的发展阶段,推荐合适的专业服务机构为其服务,不断帮助小微企业创业成长和解决发展中的问题。创业基地在小微企业的创业阶段,采用创业辅导的方式对企业进行帮助扶持;在小微企业逐步进入发展壮大阶段,创业基地积极与小微企业保持联系,为其分析在成长中遇到的问题,对接相应的专业服务机构。

（2）以点带面推广小微企业解决问题的好方法

创业基地在解决小微企业创业成长问题过程中，要善于总结、推广经验，将一家小微企业解决问题的方法和过程，积极进行总结，向创业基地内同类小微企业或者有相似发展模式的小微企业进行推广，以点带面、持续服务，促使创业基地的持续创业服务能力得到有效的提升。

第 10 章　众创空间扶持系统的构建

第 6 章实证分析的研究结果表明,众创空间的信息、融资等服务举措会对小微企业的创业成长绩效产生正向作用。小微企业由于在初创期缺乏创业资源,很多新颖的创意或者有价值的商业机会由于缺乏启动资本而无法实现。在"双创"背景和"互联网＋"的浪潮当口,众创空间的诞生满足了人们对降低创业门槛和对良好的创业环境与服务的需求。促进众创空间发展对小微企业创业成长有良好的推动作用,那么,发展众创空间在当下就有极强的现实意义。

10.1　构建众创空间驱动战略系统

10.1.1　推进众创空间建设主体多元化

(1) 推进龙头骨干企业围绕主营业务方向建设众创空间

按照市场机制与其他创业主体协同聚集,优化配置技术、装备、资本、市场等创新资源,实现与小微企业、高校、科研院所和各类创客群体有机结合,有效发挥引领带动作用,形成以龙头骨干企业为核心、高校院所积极参与、辐射带动小微企业创业成长的产业创新生态群落。

(2) 鼓励科研院所、高校围绕优势专业领域建设众创空间

发挥江苏科研设施、专业团队、技术积累等优势,充分利用大学科技园、工程(技术)研究中心、重点实验室、工程实验室等创新创业载体,建设以科技人员为核心、以成果转移转化为主要内容的众创空间,通过聚集高端创业资源,增加源头技术创新有效供给,为科技型创新创业提供专业化服务。

(3) 加强众创空间的国际合作

鼓励龙头骨干企业、高校、科研院所与国外先进创业孵化机构开展对接合作,共同建立高水平的众创空间,鼓励龙头骨干企业与国外创业孵化机构合作建

立投资基金。支持众创空间引进国际先进的创业孵化理念,吸纳、整合和利用国外技术、资本和市场等资源,提升众创空间发展的国际化水平。大力吸引和支持港澳台科技人员及海归人才、外国人才到众创空间创新创业,在居住、工作许可、居留等方面提供便利条件。

10.1.2　推进创新创业孵化服务链条专业化

(1) 以"开放技术平台＋产业资源支持"为特征的大企业带动小企业模式

众创空间依托行业领军优势,征集筛选创新创业项目和团队,提供技术服务平台、种子基金、团队融合、行业资源对接等众创服务,帮助小微企业快速成长。各类众创空间要面向早期创业团队和初创企业,提供"开放技术平台＋技术专家指导＋创业辅导"孵化服务,由技术专家、资深投资人和成功创业者组成创业导师团,为创业者在技术开发、产品构建、资源对接等方面提供专业辅导。

(2) 以"产业基金＋专业技术平台"为特征的产业链模式

众创空间要以投资为纽带,引入云计算领域优秀项目和企业,提供云计算服务运营验证平台、仿真实验室以及产业链资源支持,打造完整的云计算产业链,同时为入驻众创空间的小微企业提供银行贷款授信支持,帮助小微企业解决户口、外籍员工绿卡、居住证等。

(3) 以"早期投资＋全方位服务"为特征的创业模式

众创空间要设立系列化的投资基金,建立涵盖"5 万～50 万元、50 万～150 万元、150 万～600 万元"等不同阶段的系列早期投资基金,组建专业服务团队,联合天使投资人,为创业团队提供从开放办公空间到早期投资、产品构建、团队融合、创业辅导、市场开拓等全方位的创业服务解决方案,与 500 startup 等国际国内知名机构合作,发掘优秀项目。

(4) 以"交流社区＋开放办公"为特征的开放互动模式

众创空间要搭建起各类创新创业资源交流融合的平台,形成不同创业群体聚集交流的圈子,通过俱乐部聚集优秀创业人才。众创空间要通过实体与虚拟相结合的方式,聚集全国各地乃至海外的创业者,面向大公司的职业经理人和技术骨干,提供行业交流、开放办公空间、技术服务包、融资对接、产品构建等服务。

(5) 以"创业培训＋早期投资"为特征的发掘培育模式

众创空间也应将专业投资机构和培训机构的优势结合,提供"创业教育＋创业投资＋创业辅导＋创业交流平台"服务,邀请科技商业、投资金融界精英人士作为导师,组织企业家、投资人、教授联合授课和指导,或者为有潜力的创业者进行一对一的免费指导与互动交流,为青年人才、大学生创业提供创业培训、创业辅导、早期投资等服务。

（6）以"线上媒体＋线下活动"为特征的融资对接模式

众创空间可以采用"网络媒体＋线下活动"的方式，搭建项目展示推广、交流对接等平台，发掘、筛选、推广优秀创业项目，帮助小微企业推广产品、提供投融资对接与交流；采取"媒体＋创业大赛＋创业家俱乐部＋基金"的方式，发挥创业导师优势，发掘优秀创业项目；以"媒体＋创业大赛＋基金"的方式，定期举办"黑马大赛"、创业沙龙、项目展示等活动，面向高端人才初创企业，提供创业一对一指导等服务。

（7）以"传统地产＋创业服务"为特征的联合办公空间模式

这种模式越来越被转型中的房地产企业所关注，有搭建平台做运营商，盘活自己的存量资源或者租赁市面上的存量资源为创业者提供联合办公空间。江苏部分众创空间可以主打"办公室在线短租"，房企可以嫁接"互联网＋"因子，打造联合办公租赁空间运营商，或者通过对存量物业的二次开发，采取创新与创业、线上与线下、孵化与投资相结合的方式，为小微企业创业者提供全方位创业服务的众创空间及生态体系。

（8）开展科技创业孵化链条试点

江苏省要支持有条件的孵化器开展"苗圃—孵化器—加速器"科技创业孵化链条建设试点，针对创业不同发展阶段的需求，对创业团队开展选苗、育苗和移苗入孵工作，为有创业意向的科研人员、大学生、留学人员等开展创业见习实习，免费提供办公场所和辅导培训；对高成长性企业支持其进入加速器快速成长，在一个体系内有效集成各类资源和服务；要探索众创空间、孵化器、加速器和创新型产业集群协同发展的机制，实现从团队孵化到企业孵化再到产业孵化的全链条一体化服务。

10.1.3　推进众创空间场地设施集群化

（1）打造众创集聚区

鼓励江苏各地因地制宜，围绕科教资源密集、新创小微企业集中区建设众创集聚区。以众创空间为特色的集聚区，要依托创新资源富集区，加快集聚科技咨询、天使投资、财务服务、法律咨询、知识产权、技术交易等创业服务机构，形成良好的创新创业生态体系，营造交流、沟通、碰撞、开放、共享的创新创业空间。以新创小微企业或创业者为特色的集聚区，要围绕各地优势特色产业，运用"互联网＋创业"等新模式，建设完善一站式服务平台，加快集聚研发设计、商务物流、检验检测、融资担保、培训辅导等服务机构，提升创业服务水平，形成新创小微企业集中、创业服务完善、创业氛围浓厚的众创空间。

（2）加快众创空间硬件建设步伐

要充分利用老旧厂房、闲置房屋、商业设施等资源进行整合和改造提升,为众创空间提供免费或低租金的场地。现有科技企业孵化器和大学科技园,要利用资源优势和孵化经验,通过新建或改造,发展一批众创空间。推进"互联网＋"与传统创业载体融合,发展"线上虚拟空间"与"线下实体空间"相结合的新型众创平台,通过线上线下相结合,为"创客"群体拓展创业空间。充分发挥市场配置资源的决定性作用,鼓励行业领军企业、国有大中型企业、高校、科研机构、投资机构、行业组织等社会力量投资建设或管理运营创客空间、创业咖啡、创新工场等新型孵化载体,鼓励引进国际国内知名创客孵化培育管理模式,打造一批低成本、便利化、全要素、开放式的众创空间。

（3）建设一批省级以上创新平台

依托国家自主创新示范区、国家高新技术产业开发区等试点建设一批国家级创新平台,国家高新技术产业开发区、国家级经济技术开发区、国家现代农业示范区、农业科技园区等要结合国家战略布局和当地产业发展实际,发挥重点区域创新创业要素集聚优势,打造一批具有当地特色的众创空间,与科技企业孵化器、加速器及产业园等共同形成创新创业生态体系。

10.2　构建众创空间金融支持系统

10.2.1　发挥政府资本的放大器功能

政府在鼓励众创空间发展的实践中不应仅停留在政策制定者的层面,更应该成为众创的积极参与者,发挥其示范和引导功能:首先,建立政府财政资金引导下的金融支持体系建设,利用政府财政资金吸引社会化资本参与,发挥政府资本的放大器功能;其次,利用财政和税收工具形成市场化主体积极参与众创的积极性;最后,建立面向科技型小微企业创业主体服务对象的支持模式,例如可以建立政府财政资金贴息制度,提高金融机构贷款意愿,降低众创空间的资金成本。

10.2.2　发展股权众筹等互联网金融

建立在云计算、大数据等信息化技术基础上的互联网金融搭建了创业创新主体与众创空间之间的链接平台,极大降低了创业创新主体与众创空间之间的信息非对称性。以股权众筹模式为代表的互联网金融进一步丰富了支持创新创业的资金来源渠道、提高了资金的融通效率,并通过众创空间的专业化管理实现大众资本的增值、促进创业创新项目的实施。因此,在互联网高度发展并不断冲击传统金融模式的现实背景下,应大力发展互联网金融,创新互联网金融产品管理模式,强化互联网金融的监督管理和投资者利益保障机制建设。

10.2.3 加快发展天使投资

把建立天使投资(种子)基金作为众创空间建设的重要内容。鼓励建立天使投资(种子)引导基金,与众创空间、科技企业孵化器运营商等社会资本共同发起设立天使投资(种子)基金,开展持股孵化,加速在孵创业团队和新创小微企业成长。推动市级以上科技企业孵化器建立天使投资(种子)资金(基金),完善"孵化+创投"的功能。支持有条件的区域开展互联网众筹融资试点,鼓励创新型小微企业的高新技术产品开展互联网众筹推广,鼓励发展互联网金融等科技创业投融资服务平台。

10.2.4 创新金融支持模式

众创模式所具有的大众化、低成本、全要素等特点决定了众创空间在资金需求的基础上,对金融支持的模式、金融支持体系及金融增值服务提出了新的需求。资金需求的渠道大致可以归纳为内源性融资渠道和外源性融资渠道。众创模式的大众性特点决定了在创业项目的初始阶段,众创空间所有者的信用等级和抵押、质押、担保等融资保证措施难以有效满足商业银行等传统金融支持模式的融资需求,因此需要积极根据众创模式的大众性特点开发与之相匹配的金融支持模式:一方面,应发挥政府的引导作用,积极建立政府主导下的投资基金,以政府信用和政府资本撬动社会资本建设众创空间;另一方面,大力发展天使投资、风险投资等权益融资模式和企业债、集合票据等债务融资模式。

10.3 构建众创空间资源支撑系统

10.3.1 丰富资源生态圈的多样性

基于众创空间的产业特色,围绕不同类型创业项目、创业项目生命周期不同阶段的资源需求,制定创业资源规划与列表,根据列表在海内外广泛吸纳各类创业资源,提升创业资源丰富性与多样性。

(1)不断拓展空间辐射范围。与具有地理临近优势的高校、科研院所及知名企业,构建众创空间战略联盟,运用联盟网络拓展众创空间的辐射边界,运用联盟机制吸纳创业资源,形成核心层、外围层和潜在层等多层次资源生态圈。

(2)设置核心层资源生态圈入驻标准。针对天使投资人、创业投资机构及银行等资本资源主体,建立包括资金实力、创业投资经验与成功案例、面向众创空间的特色服务产品质量等维度的门槛标准,采用竞争性招标与定向邀请等方式,积聚高质量的创业资源。

(3)设置动态退出标准与机制。对创业资源主体的创业孵化成效,从过程投入和孵化绩效进行动态考核,根据成效表现逐步优化众创空间内的资源生态圈。

(4) 由资金考量到注重战略性创业知识的注入。在广泛吸纳各种天使投资与创投机构之外,更加注重众创空间战略性创业知识的注入,例如面向海内外具有丰富创业经验和卓著创业成就的创业家,建立众创空间创业家联盟,定期举办创业家与创客的互动、建立对接机制,发挥创业家对创客的战略指导、知识教育、经验分项与创业激励功能。

10.3.2　优化基础设施平台

众创空间基础设施平台与创业政策为众创活动提供支撑体系,构成众创空间软硬件综合实力。

(1) 众创空间创建初期,更多地关注办公场所与社区配套等硬件基础设施,后续需要逐步建立起空间信息共享、云计算、大数据分析等互联网与信息基础设施平台,建立互联网化、数字化的众创空间,系统提升众创空间软实力。

(2) 建立众创空间平台建设的社会资本参与机制。在创客社区服务配套设施、创新创业场所、互联网平台等建设方面,采用政府种子基金、创投资金、众筹等多种方式,建立社会化、市场化的平台投资机制。

(3) 将众创空间作为市场主体来建设,运用资本运作手段打造众创空间上市公司,基于全社会的资本力量来驱动创业。

10.3.3　优化创客与资源对接的自组织机制

深刻理解创客与创业资源之间对接的自组织机制,让创客和资源双向自然选择,为自组织对接创造多层次情境条件和针对性的集成服务,降低对接成本、提高对接成效。

(1) 面向"战略性创业知识—新技术与新模式"对接的集成服务。包括创业信息共享、创业战略共谋等服务,编制战略需求与专家列表并定期在空间信息平台上发布,建立常设性的创业战略头脑风暴会、商业模式设计训练营等,让创投机构、创业者、创业导师与创客深度沟通,优化战略定位与商业模式。

(2) 面向"技术性创业知识—创业能力"对接的集成服务。面向创业项目,集成空间内外的人力资源、财务、研发、管理等技术性创业知识,开发项目针对性的系统解决方案和服务套餐,供新创小微企业选择。

(3) 面向"价值资源—创业能力"对接的集成服务。对天使投资、创投基金以及银行等为创业项目提供的融资入股与资金借贷等,一方面提取具有共性的对接需求,集成背景调查、信息披露等相关服务;另一方面,基于政府创业投资引导基金和风险补偿基金等,为对接双方提供第三方担保、投融资引导等服务。

10.4 构建众创空间综合管理服务系统

10.4.1 促进众创空间的提档升级

开展众创空间市级备案工作,对备案的众创空间纳入科技企业孵化器管理体系。符合条件的众创空间适用科技企业孵化器税收优惠政策。按照国家、江苏省科技企业孵化器工作绩效评价办法,加强对众创空间分类指导,提升众创空间建设水平和服务质量,促进众创空间争先进位。支持有条件的市级以上众创空间加快建设一流创新创业载体,进入优秀等级;推动一批市级众创空间升级为省级众创空间,一批省级众创空间升级为国家级众创空间。进一步创新众创空间运营机制和孵化形态,鼓励和支持多元化主体投资建设运营众创空间。支持有条件的众创空间加快组织创新和机制创新,采取托管等市场化方式运营。支持省级以上高新区围绕"一区一战略产业",结合区域优势和产业特色,吸引国有、民营资本和龙头企业建设专业性强、产业集聚度高的专业众创空间。建立健全众创空间统计体系,加强对众创空间运行情况的统计监测。

10.4.2 专项支持众创空间建设

对众创空间建设给予专项资金支持,鼓励各地建立地方众创空间补助资金,在分类、分阶段进行建设成效、运行绩效评估的基础上,共同支持众创空间、科技创业孵化链条和众创集聚区建设。市级资金采取后补助方式,主要用于支持市级以上备案的众创空间、纳入省级以上试点的科技创业孵化链条、众创集聚区建设等。

第 11 章 小微企业公共服务平台扶持系统的构建

第 7 章的实证分析指出,就效率而言,以政府为主导的公共服务平台的表现要弱于以市场为主导的公共服务平台。而在宏观背景下,公共服务平台的公益性特征及政府应发挥的引导作用,使得公共服务平台与政府存在割舍不开的关系,也使得以政府为主导的公共服务平台在现实中有一定的必要性及优越性。同时,作为独立法人,公共服务平台在实际的自主经营过程中可以做出多方努力来提高运营效率。所以,完善公共服务平台的运行,提高其运作的效率,应该从政府职责定位以及公共服务平台自身努力两个方面着手。

11.1 明确政府职责定位

在公共服务平台的筹建发展过程中,以政府为主导的公共服务平台,不利于其市场化运作。然而,公共服务平台是由主管部门予以认定的,同时也是中小微企业服务体系发展的深入,政府的介入会加速开展这一有利于经济社会发展的事业,并保障其公益性。而在效率方面,以政府为主导的公共服务平台的效率略低于以市场为主导的公共服务平台。那么,政府在公共服务平台的发展过程中应扮演什么角色,发挥什么作用呢?

11.1.1 宏观职能

健全公共服务平台发展的法规,完善针对公共服务平台的优惠政策体系。尤其需要加强有关公共服务平台的认定评估、相关优惠政策的实施办法与细则及公共服务示范平台与省级公共服务平台的推荐、审核、评估方面的条例文件。公共服务平台的公益性特征会使得公共服务平台的初期服务收入及投资回报对投资者而言吸引力不够。为引导各方力量投资或运营公共服务平台,各地各级政府应结合当地实际,制定包括用地、税费、补贴拨款、贷款贴息等方面的公共服务平台优惠政策,弥补公共服务平台营运资金不足的弊端,并持续保障公共服务平台的公益性特征。

做好公共服务平台培育认定的区域规划统筹工作,使各类型的公共服务平台布局科学。本书指出公共服务平台的区域布局不平衡,公共服务平台在部分地区的重复建设又导致资源浪费、效率低下。所以,各级政府应根据区域内的小微企业情况、小微企业服务需求、已有服务机构、当地资源条件等因素,统筹规划布局当地的各级各类公共服务平台,并在区位优势明显的地理区位引导搭建并培育公共服务平台,充分整合已有的服务资源,争取既不浪费,又能满足广大小微企业的各类服务需求。中西部地区的公共服务平台相关主管部门更要做好公共服务平台的规划统筹工作,尽力缩小与东部省份的差距。

引导形成各类公共服务平台之间、公共服务平台与其他中小微企业扶持机构之间的协同服务机制,形成不同服务机构之间的协同服务,由具有公信力的政府来引导更易于实现。各类公共服务平台虚拟载体的搭建使其与其他公共服务平台以及中介机构的协同服务更有可能实现。经由政府主管部门的指导,区域内不同公共服务平台以及服务机构之间应尽快进行资源共享、形成通力协同服务机制,避免资源浪费;而不同区域的相关政府主管部门之间的合作,也能使得不同区域内的公共服务平台、服务机构加快进行协同服务,从而提高各类型服务资源的利用率。

引导整合市场化机构搭建公共服务平台。本研究的相对效率评价的实证分析指出,以市场为主导的公共服务平台在效率上的整体表现要优于以政府为主导的公共服务平台,因此,主管部门在整合已有服务资源而改建认定公共服务平台时,应优先引导已有的市场化机构来改建,新搭建公共服务平台时,如果有合适的具有资源优势的市场化机构,也应鼓励这一市场化机构申请成为承建单位。政府虽然在公共服务平台的整个生命周期内都发挥引导作用,但就效率而言,可以适当扩大以市场为主导的公共服务平台的比例。

11.1.2 在政府主导的公共服务平台发展中的职责

具体到以政府为主导的公共服务平台,各级政府主要发挥的功能作用如下:一是为公共服务平台注入部分启动资金,并在服务收入不稳定的发展初期提供项目配套资金,并为公共服务平台提供贷款贴息;二是给予高层管理人员及特聘专业人才生活补贴,并按绩效为其提供相应的奖励资金,鼓舞这些人才为中小微企业提供服务的工作热忱;三是为新建的公共服务平台在基础设施建设方面提供用地上的优惠政策;四是与具备服务资源优势的市场化机构进行洽谈,与其合作运营公共服务平台,尽量减少行政干预对公共服务平台的影响;五是依托政府的公信力及正面形象为各类公共服务平台做好宣传推广工作。

11.1.3　在市场主导的公共服务平台发展中的职责

政府在以市场为主导的公共服务平台发展中应发挥的职责主要是指导。市场主导下的公共服务平台主要是由民间企业、以市场为主导的行业协会、以民间企业为依托的现有服务机构新建或改建，并向政府相关机构申请认定为公共服务平台。因为最终是由政府相关部门认定为公共服务平台，并在认定为公共服务平台后享受当地给予公共服务平台的优惠政策，所以市场主导下的公共服务平台与政府也存在不可分割的关系，这也是公共服务平台公益性特征的体现。政府拥有区域内中小企业创业服务需求、统筹规划当地服务资源的天然优势，所以为了避免市场化机构盲目筹建、改建或重复建设公共服务平台，政府对于以市场为主导的公共服务平台应发挥指导作用。这可通过有导向性的政策，对机构认定为公共服务平台的设立条件做出说明，并以规章条例的形式予以明确。政府机构有责任将这一信息加以公开，引导区域内有意向并具备创业服务优势的机构参与，搭建符合当地中小微企业创业服务需求的公共服务平台。

11.1.4　政府后续引导重点

（1）适当减弱对中小微企业集聚区的依赖。政府相关主管部门对公共服务平台的认定培育从不同程度强调了所依托的产业集群、园区、基地等当地中小微企业集聚区，但本研究指出了不依托某一具体中小微企业集聚区的公共服务平台也有可能具有良好的效率表现。所以，在中小微企业发展活跃但是未形成集聚现象的地区，相关主管部门也可以出台政策引导当地搭建扶持中小微企业生存与发展的公共服务平台。这样一来，也能适当缓解本研究所指出的公共服务平台的行业布局有所局限的问题。

（2）功能定位突破单一限制。中小微企业在可持续发展以及转型升级的压力下，其创新的诉求越来越高，公共技术服务平台的搭建培育能帮助中小企业创新的实现。但是，本研究指出了公共服务平台的功能过于向技术服务倾斜，甚至部分省市在对公共服务平台的认定培育过程中只选择科技研发型的公共技术服务平台，单一的扶持方向与功能定位并不能有效帮助中小微企业提升竞争力。所以一些地区的政府相关主管部门在后续的管理过程中，认定扶持的公共服务平台应不仅仅局限于科技研发类公共服务平台，也应适当培育扶持具备其他功能的公共服务平台、综合公共服务平台或者针对某一行业的公共服务平台。

11.2　构建公共服务平台网络系统

11.2.1　省级平台

省级平台应由"共享数据资源中心""运营管理系统""呼叫服务中心"组成。平台以"开放式接入""集中化管理""扩展式应用"为标准,加强服务机构的参与能力。

(1)共享数据资源中心—实现全省服务平台网络服务数据资源的统一存储、管理及全省中小企业信息资源的交换和共享。

(2)运营管理系统—实现全省公共服务平台网络统一运营、分级管理、共享使用、高效运转、服务协同的基础支撑平台。

(3)呼叫服务中心—运用现代先进的通信网络技术、计算机技术和互联网技术建设一个综合性强、稳定性高、扩展性良好的呼叫服务中心,7×24小时全天候受理业务咨询。

(4)在线服务平台—由"应用服务中心"和"公共服务门户"组成。为江苏省中小企业提供"电子政务""电子商务""融资担保""视频培训""技术创新""竞争情报""咨询交互""招聘求职""SAAS应用"等一站式网络服务及移动终端信息服务。

11.2.2 窗口平台

首先,基于地域性考虑,在首批联通窗口中实现省内13个省辖市以"中小企业服务中心"为龙头的综合服务窗口平台。

其次,基于专业性考虑,在全省重点产业集群中建立符合全省区域和产业规划布局的专业服务窗口平台,具体如图11-1所示。

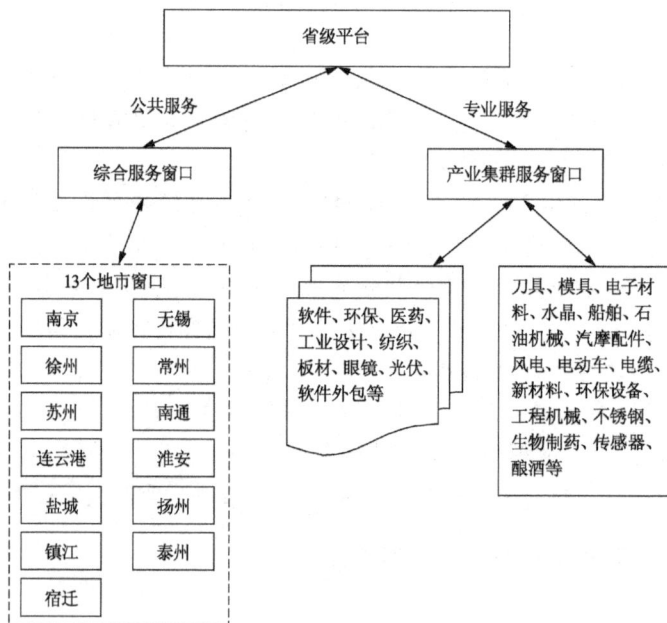

图 11-1 公共服务平台网络系统

11.3　规范公共服务平台管理系统

11.3.1　建立统一的服务品牌

整个服务平台网络是一个完整的有机体,拥有统一的标识、统一的管理和支撑系统,统一的服务搜索、登记注册和身份核对的入口,不仅省平台有标识,各窗口平台和服务资源也应统一标识,形成目标一致、服务一致、资源一致的统一服务品牌。

首先,在江苏中小企业信息网的基础上,对服务门户和功能进行改造,以满足公共服务平台网络的要求。其次,将制作标识统一、网页风格统一、功能统一的浮动窗口,应用在各窗口服务平台的网站和服务平台网络整合的服务资源的网站上,该浮动窗口具有"服务搜索""用户登录""供求信息发布"等功能,通过浮动窗口,用户既可以将数据资料共享给整个网络平台,也可以进入省平台的统一界面。统一的浮动窗口,既是用户联系服务平台网络的重要途径,同时也是服务平台网络的有效宣传方式。

11.3.2　建立自动化的资源匹配体系

实现在线服务中的全自动服务导航,真正做到"服务一键通"。整个服务平台网络的一个核心功能,就是促成服务需求方与服务机构之间的有效对接。江苏省的公共服务平台网络,在充分研究服务的需求和供给的基础上,实现完全自动化的、精确有效的服务信息匹配功能,为需要寻找服务机构的小微企业,以及需要寻找服务对象的机构,提供经过筛选加工过的信息检索结果,实现服务供给和需求的智能匹配,可大大提高服务对接的效率,确立服务平台网络良好的实用性,给用户带来极大的便利。

11.3.3　建立完善的运营管理制度

整个公共服务平台网络的运营管理,涉及建设单位、省平台、窗口平台、社会化服务资源等众多方面,需要研究与制订一系列的工作流程、服务或工作协议、质量管理指标、评价考核标准、数据标准、技术标准,以及相应的专家组、档案室、巡察督导机构等,构成完善的、可持续运转的制度体系。这些制度可以指导、规范和约束各级窗口服务平台、各类中小微企业服务机构、协作单位等的活动,从而保证整个服务平台网络能够顺利实现资源统筹、功能互补、信息共享、服务协同等目标。

科学完善的制度建设,需要经过详细的调查研究与设计规划,并在推行过程中不断调整完善,最终形成具有江苏特色的、覆盖各项服务管理职能的、简明有效、可执行性较强的制度体系。

11.3.4 建立统一的数据规范

整个服务平台网络的建设与运营,不仅需要完成众多软、硬件功能模块的开发与整合,还需要保证信息稳定、流畅的沟通。这就需要在数据规范的研究、探讨、确立等方面投入精力。只有这个方面的工作树立起科学、高效的标准,整个公共服务平台网络的统一联动、资源整合才具有坚实的基础。这方面的工作将包括建立数据采集标准、数据转换标准、数据共享与交换协议、数据检索、数据挖掘与分析、数据修改与发布等一系列的工作。

11.3.5 建立稳定高效的技术平台

服务平台网络以运营管理系统、共享数据资源中心为核心,通过省平台、窗口平台、呼叫中心、移动平台等服务门户,与广大中小微企业、服务机构、政府主管部门等用户进行无缝链接,通过云存储、数据库中间件、WEB 应用、SAAS 应用、3G 应用等核心技术,为整个服务平台网络提供稳定高效的数据互联服务、资源呼叫响应、服务调度引导、网络技术支持等,这一方面保证了各窗口平台的数据结构改造符合互联互通的规范,另一方面减少了各窗口平台在网络技术、软件开发等方面的过度投入,起到了节约投资、促进服务、适应平台网络扩展要求的作用。

11.3.6 建立功能完善布局合理的窗口平台

首先,对江苏省的窗口服务平台,进行科学规划、合理布局,窗口平台的分布,既要考虑苏南、苏中、苏北各地地理位置,又要兼顾江苏省的关键行业、重点行业和新兴产业。同时,对准备吸纳成为窗口的各类机构,进行规范和指导,统一管理、协同服务,尽早完成江苏省的窗口平台的布局。

11.4 提升公共服务平台自身实力

公共服务平台在运营的过程中,可以通过自身努力而大幅提高效率。本研究对公共服务平台效率评价的研究强调,效率提升需要公共服务平台减少不必要的浪费投入,并大幅提高针对中小微企业的服务收入及服务次数。减少浪费强调的是公共服务平台充分整合已有的资源,并对公共服务平台的服务能力进行合理地规划设计,使公共服务平台的各项投入不只是在基础设施建设和硬件设备上的简单累积。在提高针对中小微企业的服务收入及服务次数方面,公共服务平台需注重自身的软实力提升,从而带动各项硬件投入充分发挥效用并扩大产出,公共服务平台主要应从专业从业人员培训、内部文化、虚拟载体建设方面做出努力,来提高服务收入以及服务次数。

11.4.1　减少资源投入

要提升公共服务平台的投入产出效率,首先就要减少与公共服务平台效率相关的不必要的投入。本书指出公共服务平台有侧重硬件设施建设的倾向,硬件设施等固定资产虽然与公共服务平台的业务开展存在很大的关联性,但是重复投入也是没有必要的,尤其是咨询类的公共服务平台,它们对基础设施的要求没有技术服务等其他类别公共服务平台的要求高,这些公共服务平台可以充分利用机构内部以及当地已有的合适资源,以减少"硬"实力方面的不必要投入,从而有更多的资源用于平台的"软"实力升级。同时,公共服务平台的高层管理人员应对平台的服务能力进行设计布局,根据公共服务平台的发展战略,合理招聘录用行政后勤人员与专业服务人员,降低人力资本投入。

另一方面,无论是专业性还是综合性的公共服务平台,都不太可能为区域内的所有中小微企业提供他们在创业成长历程中需要的所有服务业务,达到这一层次也势必对公共服务平台有很高的能力要求,投入的资源也更多,以致不一定能实现良好的投入产出效率。所以,公共服务平台可以选择与特色优势服务不同或相同的服务机构组成合作联盟,优劣势互补或是强强联合,使区域内的服务资源能够真正为本区域乃至区域外的所有小微企业进行开放式协同服务,充分发挥服务资源的功能效用。这样一来,公共服务平台不仅不需要在薄弱的服务内容方面追加投入,降低了资源消耗,同时,其他服务机构的特色优势服务的专业性更能获得小微企业的认同;另一方面节约了中小企业的交易成本,对于广大的小微企业而言也是适合的。

11.4.2　提高服务收入与服务频数

在提高服务收入及服务次数方面,公共服务平台可以从专业从业人员培训、内部文化、虚拟载体建设方面发力。

对公共服务平台的高层人员及开展业务的一线人员进行培训,有助于公共服务平台的业务能力提升及人员的服务意识培养,从而获得更多的服务收入并提高针对小微企业的业务量。高层管理者除了应具备卓越的行政管理能力外,对公共服务平台的战略把握及品牌打造需要其具有较好的综合素质,对高层管理者的培训,可以与高校、科研院所合作。对提供各种服务的专业服务人员的培训,可以由公共服务平台的人力资源部进行,通过各项培训提高他们的服务意识与服务能力。一方面,公共服务平台可以根据自身的经营状况、人才结构及经营战略,从外部引进聘用合适的专业人才;或是与高校、科研院所等其他服务机构合作,从合作单位引进管理及专业知识方面的优势人才。另一方面,公共服务平台可以创造条件并利用多方渠道,在现有的从业人员中有目的地培训职业经理人以及服务专家。

公共服务平台是为小微企业的生产经营活动开展支持性业务的生产性服务机构,这决定了其内部的企业文化需要有倡导至诚服务、贴近客户需求等与服务业相关的元素,这有利于提升公共服务平台员工服务意识及为小微企业提供服务的积极性。作为在市场竞争中进行经营的机构,公共服务平台的运营单位要实现永续经营,其员工尤其是管理层,需要有追求卓越、不断改善、创新服务的意识,所以公共服务平台也有必要在内部形成创新创业的文化,将机构内的现有资源发挥最大的效用,并营造积极的、开放的服务环境。

虚拟载体的搭建完善,能用于公共服务平台的网络推广与信息发布,从而利用现代技术进行市场开拓及网络推广,大幅提升公共服务平台的服务收入及服务次数。部分定位为区域内小微企业提供服务的公共服务平台在建设的初期没有规划建设虚拟载体,在后期的发展中,这些公共服务平台需要规划好虚拟载体的建设,搭建网络平台,并聘请与之能力相适应的信息技术人才。根据公共服务平台的网络化发展趋势,信息技术支撑下搭建的虚拟载体不仅与公共服务平台的业务推广有关,还有益于公共服务平台与其他服务机构形成合作网络,并实现协同服务机制。所以,公共服务平台的网络化发展趋势要求各类型公共服务平台都具备网络平台载体形式,而一些已有虚拟载体的公共服务平台,如果网络平台无法满足后续的协同服务要求则也应予以升级。

第 12 章　结论与展望

12.1　主要研究结论

　　随着大众创业、万众创新的广泛开展,从中央到地方各级政府都高度关注小微企业创新创业问题,中央和地方政府积极研究制定各类政策措施,从税收减免、资金补助等多方面采取鼓励措施来发展创新创业载体,共同引导和扶持小微企业创业。自此之后,新登记的小微企业、个体工商户出现了井喷式增长,极大地激活了小微企业的创业活力。另一方面,小微企业创业的失败率比较高,有数据表明,欧洲、日本中小企业的平均寿命为 12.5 年,而我国小微企业寿命还不到 3 年,小微企业创业的失败率在 70% 左右。失败的原因学术界还没有达成共识,有学者归因于创业内生因素——很多小微企业创业者缺少创业经验、对创业政策了解不多,或者由于缺少创业资源,尤其是创业资金的短缺,迫使很多创业计划被扼杀在摇篮里,导致初创企业出现现金流断裂等情况,也有学者归因于创业外生因素——各级各类众创空间、创业基地等专业化创业服务载体与其他社会服务资源之间的协同服务机制不成熟,未充分做到资源的整合优化,使得众扶、共扶资源的整体利用率不高,未能有效降低小微企业创业成本、提高其创业成功率,这就使得研究小微企业创业要素机制耦合效应,进而构建促进小微企业创业的内驱外扶系统就显得很有必要。

　　基于此,本书把小微企业创业过程中涉及的创业者、创业资源、创业机会这 3 个主要内驱要素,以及创业基地、众创空间、公共服务平台这 3 个外扶要素有机地纳入一个整体的框架体系,从而研究各要素对小微企业创业绩效的影响和各要素间的整合利用。基于理论研究和实证分析,结合所要研究的主题,本书主要得到了如下 4 个方面的结论。

　　(1) 小微企业创业过程是创业者、创业机会和创业资源这 3 个内驱要素耦合和动态平衡过程,同时也受到创业基地、众创空间和公共服务平台这 3 个外部要素的影响和扶持。

本书在内驱要素机制上,对小微企业创业者的特质、能力、创业团队优劣势及其组建,对小微企业创业资源与一般商业资源的异同、创业资源整合利用的主要影响因素、创业资源分类机制,对小微企业创业机会的基本特征、机会开发利用的关键影响因素、机会来源等进行了分析。在外扶持要素机制上,对小微企业创业基地功能和运营机制,对小微企业公共服务平台特征、功能定位和运营机制,对众创空间功能定位、分类机制和运营机制进行了剖析。

(2) 构建了小微企业创业资源、创业者、创业机会 3 个内驱要素与创业绩效之间关系的结构方程模型和研究假设,并对模型进行了评价和修正,对研究假设进行了检验,结果表明,创业资源、创业者、创业机会在一定程度上都会影响创业绩效。

本书以小微企业创业绩效的内驱因素为主线,把创业资源维度、创业者维度、创业机会维度与创业绩效维度有机地纳入一个整体的框架体系范围,提出了兼具理论逻辑与现实操作性的要素间关系假设,从而更加全面、系统地构建了小微企业创业绩效与 3 个内驱因素之间关系的理论模型,参考了 Chrisman 和 Hofler 等国内外学者有关创业绩效及其影响因素研究的经典量表,结合半结构化访谈等方法,基于规范的量表编制程式,开发了小微企业创业资源、创业者、创业机会 3 个内驱要素和创业绩效的量表,基于所收集的江苏省不锈钢产业和汽摩配件产业内创业调查的两次样本数据,并运用探索性和验证性因子分析、信度与效度检验等测量工具,进行了模型评价和修正,并对研究假设进行了路径系数的显著性检验,证实了 3 个内驱因素和创业绩效的量表可靠性和有效性,多数研究假设得到支持的结果证实了小微企业创业资源、创业者、创业机会 3 个要素对创业绩效存在驱动作用。

(3) 构建了众创空间服务能力对小微企业创业绩效影响和创业基地服务机制对小微新创企业经营绩效影响的理论模型和研究假设,模型验证和假设检验结果表明,众创空间和创业基地多数服务能力机制对小微企业创业经营绩效会产生显著正向影响。

一方面,本书提出了众创空间的 4 个服务维度,即基础服务、信息支持、关系支持和融资支持,以及小微企业创业绩效的 2 个维度,即财务指标和成长指标,进而设计了相应的量表,构建了理论模型和研究假设,运用结构方程模型,结合江苏省部分众创空间问卷调查数据,进行了模型评价和假设检验,结果证实了以下假设:信息支持会对小微企业的成长绩效产生正向作用,关系支持对小微企业的财务和成长绩效产生积极作用;融资支持与小微企业创业绩效的财务指标和成长指标呈正相关关系。另一方面,本书选取了江苏镇江市部分创业基地内小微新创企业为研究对象,将创业基地服务划分为硬件服务、基本服务、专项服务 3 个维度,将创业基地内小微企业经营绩效分为财务、客户、内部经营过程、员工学习与成长 4 个维度,运用结构方程模型进行了假设检验和模型验证,在创业基地服务对基地内小微新创企业经营绩效的影响作用关系上进行了剖析,结果证实了以下假设:创业基地的硬件服务对小微新创企业经营绩效的财务、客户及内部经营过程维度存在显著的正向影响;基本服务对小微新创企业财务、客户及员工学习与成长维度存在显著的正向影响;专项服务能够显著地正向影响小微新创企业经营绩效的各个维度。

(4) 在直接扶持系统上,提出了构建小微企业创业内驱扶持系统;在间接扶持系统上,提出了打造小微企业创业基地、大力发展众创空间、升级公共服务平台系统 3 个方面的政策举措。

基于理论研究和实证研究的结果,针对性地进行了小微企业创业扶持的政策设计,主要政策包括:在直接扶持系统上,通过突出小微企业创业者和创业团队主导、强化小微企业创业机会驱动和提升小微企业创业资源保障这 3 个途径,构建小微企业创业内驱扶持系统;在间接扶持系统上,一是通过实行企业化管理、推进市场化运行,打造小微企业创业基地,二是通过构建驱动战略系统、金融支持系统、资源支撑系统、综合管理服务系统,大力发展众创空间,三是通过构建平台网络系统、规范平台管理系统、提升平台自身实力,升级针对小微企业的公共服务平台系统。

12.2　主要研究局限

本书在以下几个方面还存在不足之处,需要在提升自身研究能力的基础上,在未来的研究工作中逐步克服。

(1) 抽样存在一定的局限性

本书选择了江苏省部分众创空间、创业基地及其入驻的小微企业,以及部分区域内的新创小微企业为样本对象,尽管在产业发展特色、创业服务特点等方面存在差异性,但仍然只局限在江苏省内,在未来研究中,可以选择多种不同省份的小微企业、众创空间、创业基地、公共服务平台进行抽样比较分析。

(2) 未开展纵向研究

本书采用的是横切面数据,尽管专门运用了准实验研究方法控制了抽样对象和一些无关变量,理论模型也得到了较好验证,但严格来说,利用这些控制方法获得的结论只是近似地呈现了小微企业创业要素机制耦合的真实情况。由于创业活动的社会属性决定了其本身是一个动态过程,如果在横向研究基础上加以纵向研究,可能会更有助于深入了解小微企业创业机理。

12.3　未来研究展望

在以下几个方向还有待于在未来做进一步研究:

(1) 进行纵向追踪和横向比较研究

本书的实证研究属于典型的横切面数据分析,主要是分析了在某一时点的小微企业创业实际情况,问卷调查所获取的是某些新创小微企业、众创空间、公共服务平台、创业基地等静态数据,如果时机成熟,未来研究要对小微企业创业相关要素进行若干个时间节点测量的纵向追踪研究,以及从多个不同地区的小微企业创业内驱和外扶要素机制进行横向比较研究,从而使研究结论能更有说服力。

(2) 进行江苏省内外抽样比较研究

未来研究可以在江苏省内外更广泛地进行小微企业创业问卷调查取样,来进一步对本书所提出的创业内驱要素和外扶要素对小微企业创业绩效的影响机制,以及对各要素维度结构进行概化分析比较研究,从而在已经证实了本书所开发的量表具有内部效度基础上,增加量表的外部效度。

参 考 文 献

[1] 梅强,赵观兵. 中小企业创业研究——以产业集群为视角[M]. 中国社会科学出版社,2013

[2] 梅强,赵观兵. 创业基地运营管理与案例分析[M]. 江苏大学出版社,2013

[3] 梅强. 创业基础(第2版)[M]. 清华大学出版社,2013

[4] 付鲜凤. 我国中小企业公共服务平台运作管理研究——以江苏省为例[D]. 江苏大学,2012

[5] 刘冬霞. 创业基地服务对小微企业经营绩效的影响研究——以江苏省镇江市为例[D]. 江苏大学,2015

[6] 吕力,李倩,方竹青,等. 众创、众创空间与创业过程[J]. 科技创业月刊,2015,10：14—15

[7] 陈夙,项丽瑶,俞荣建. 众创空间创业生态系统：特征、结构、机制与策略——以杭州梦想小镇为例[J]. 商业经济与管理,2015,11：35—43

[8] 徐思彦,李正风. 公众参与创新的社会网络：创客运动与创客空间[J]. 科学学研究,2014(12)：1789—1796

[9] Kera D. Nano smano lab in ljubljana：disruptive prototypes and experimental governance of nanotechnologies in the hackerspaces[J]. Journal of Science Communication,2012(4)：37—49

[10] Kevin M Oliver. Professional development considerations for makerspace leaders[J]. TechTrends,2016(5)：211—217

[11] Joan Horvath Affiliated,Rich Cameron. The new shop class [M]. Apress,2015(5)：59—71

[12] 汤小芳. 厦门市众创空间发展调查分析[J]. 厦门特区党校学报,2015,06：25—28

[13] 黄世芳. 众创空间与区域创新系统的构建——基于欠发达地区的视角[J]. 广西民族大学学报(哲学社会科学版),2016,01：156—160

[14] 董晨醒. 高新区众创空间发展策略研究[J]. 时代金融,2015,27：214—225

[15] Heather Moorefield-Lang. Change in the making：makerspaces and the ever-changing landscape of libraries[R]. TechTrends，2015，59（3）：107—112

[16] 付志勇. 面向创客教育的众创空间与生态建构[J]. 现代教育术,2015,05：18—26

[17] 顾瑾. 众创空间发展与国家高新区创新生态体系建构[J]. 改革与战略,2015，04：66—144

[18] 王涛. 高校众创空间的发展定位与建设路径探微[J]. 南京理工大学学报(社会科学版),2015,05：41—43,92

[19] 孙雪,任树怀. 基于知识创造的众创空间构建[J]. 合作经济与科技,2016,02：104—108

[20] 魏薇. 知识服务能力对企业孵化器竞争力的影响研究[D].哈尔滨工业大学,2013

[21] 杨辉. 产业集群创业人才孵化器的作用机制及功能结构研究[D].华中科技大学,2013

[22] 刘旸. 基于创新人才网络嵌入的孵化器运行模式改进研究[D].武汉科技大学,2014

[23] Roberto Hernández,Giuseppina Carrà. A conceptual approach for business incubator interdependencies and sustainable development[J]. Agriculture and Agricultural Science Procedia，2016,8：142—163

[24] Michael Schwartz. A control group study of incubators' impact to promote firm survival[J]. The Journal of Technology Transfer,2013,383：112—131

[25] Gry Agnete Alsos,Ulla Hytti,Elisabet Ljunggren. Stakeholder theory approach to technology incubators[J]. International Journal of Entrepreneurial Behaviour Research,2011,176：201—220

[26] 李昕. 高校科技企业孵化器评价因素研究[D].华中科技大学,2005

[27] 代碧波,孙东生. 基于 DEA 方法的科技企业孵化器运行效率评价——以东北地区 14 家国家级企业孵化器为例[J]. 科技进步与对策,2012,01：142—146

[28] 苏翔. 区域经济及科技对区域科技企业孵化器发展的影响研究[D].

吉林大学,2015

[29] 李富斌. 组织学习、市场创新与创业绩效之间的关系研究[D].浙江大学,2011

[30] 孟韬,张媛,董大海. 基于威客模式的众包参与行为影响因素研究[J].中国软科学,2014,12:112—123

[31] 科林·巴露(Colin Barrow),罗伯特·布朗(Robert Brown). 小企业三步曲:创立、生存与发展[M]. 机械工业出版社,1999

[32] 周荣华. 社会资本、创业导向对小微企业创业绩效影响研究[D].江西师范大学,2013

[33] 黄彦菁,孙丽江.众创空间创新创业服务平台建设的金融支持体系研究[J].改革与战略,2015,11:49—52

[34] 王佑镁,叶爱敏. 从创客空间到众创空间:基于创新2.0的功能模型与服务路径[J]. 电化教育研究,2015,11:5—12

[35] Chris Anderson. 创客:新工业革命[M].北京:中信出版社,2012—11

[36] Bauwens M, Mendoza N, lacomella F. A synthetic overview of the collaborative economy[M]. Orange Labs and P2P Foundation,2012

[37] Kera D. Nano smano lab in ljubljana: disruptive prototypes and experimental governance of nanotechnologies in the hackersapces[J]. Journal of Science Communicaton, 2012, 11(04):37—49

[38] 王红. 解读"众创空间" 总理点名支持的"众创空间"是什么? [J]. 创新时代,2015, 05:5—11

[39] 戴春,倪良新. 基于创业生态系统的众创空间构成与发展路径研究[J].长春理工大学学报,2015,12:77—80

[40] 张娜.众创空间互联网＋时代本土化的创客空间[J].科技论坛,2015,10:22—25

[41] 李乾文. 创业绩效四种理论视角及其评述[J].经济界,2004,19(5):9—13

[42] Ganrte W B. Is there an elephant in entre perneurship? Blind assumptions in theoy development, joumal[J]. Entrepreneurship: Theoy and Practice,2001,25:27—39

[43] William B, Maria M. Model of entrepreneurial leamrng[J]. Enrte Preneusrhip: Theoyrand Praetlce, 2001, 25:161—189

[44] Rauch, Wiklund, Frese. Measurement of business perofmrance in

strategy research：acomparison ofapproaches［J］．Acadermy of Management Review，1986，11(4)：35－46

［45］Chnadler GN，Hanks D W．Issues of reseacrh design and construct measuerment in enrtepreneurship research：the pastdecade enrte perneurship ［J］．Theoy and Practice，2001，21(2)：51－57

［46］沈超红，罗亮.创业成功关键因素与创业绩效［J］.中南大学学报（社会科学版），2006，12(4)：85－87

［47］李蓉.创业绩效的结构模型与效用评价研究［D］.浙江大学，2007

［48］李良成.影响新建科技企业绩效的因素研究［D］.暨南大学，2006

［49］王龙.众创空间使用指南［J］.互联网经济，2015，08：56－59

［50］巫钢.众创空间的专业化服务［J］.经营与管理，2015，09：18－20

［51］王建中.创业环境及资源整合能力对新创企业绩效影响关系研究［D］.昆明理工大学，2011

［52］郭宇红.公司创业、知识资本与创业绩效关系研究［D］.吉林大学，2013

［53］邓然.企业家社会资本与创业绩效关系研究［D］.浙江大学，2006

［54］沈超红.创业绩效结构与绩效形成机制研究［D］.浙江大学，2006

［55］刘娟.风险投资与企业孵化器融合对创业企业绩效影响的分析［D］.中南大学，2011

［56］王红卫.科技企业孵化器服务创新对孵化企业绩效影响研究［D］.浙江大学，2008

［57］赵观兵.产业集群内创业环境、过程与绩效的关系研究［D］.江苏大学，2011

［58］约翰·P·科特.总经理［M］.耿帅译.机械工业出版社，2008：88－95，177

［59］崔祥民.产业集群内创业者社会资本对创业机会价值影响研究［D］.江苏大学，2011

［60］李荣静.孵化器对科技创业企业技术能力与绩效的影响研究［D］.天津财经大学，2011

［61］李琳.基于资源观的孵化器与创业投资对创业绩效的影响研究［D］.中南大学，2009

［62］郭璇.众创空间的创意共享机制研究——信息共享理论的视角［J］.编辑之友，2015，11：45－50

［63］袁睿晗. 创业导向、社会关系业导与创业绩效研究［D］.厦门大学,2014

［64］马丽媛. 企业家社会资本的测量及其企业绩效的影响——基于新兴第三产业上市公司的实证研究［J］.南方经济,2010,5：11—15

［65］Karagozoglu N, Brown W B. Time-base management of the new product development process［J］. Journal of Product Innovation Management, 1993, 10(3)：204—215

［66］张陆,洪虹.建立"微型金融服务于支持体系"促进我国"微型企业"发展［J］.重庆工学院学报(社会科学),2008,22(3)：1—3

［67］Sarason Y,Dean T,Dillard J F. Entrepreneurship as the nexus of individual and opportunity：a structuration view［J］. Journal of Business Venturing,2006,21(03)：286—305

［68］张鑫. 社会资本和融资能力对农民创业的影响［D］.西南大学,2015

［69］Anderson JC,Gerbing DW. Structural equation modeling inpractiee：areview and recommended two-step approaeh,psychology［J］. Bulletin, 1988, 103(3)：411—423

［70］Chrisman, Bauerseidt A, Hofer C. The determinnants of new venture performance：an extended model［J］. Entrepreneurship Theory and Practiee,1998,23(1)：5—29

［71］杨俊,张玉利,杨晓非. 关系强度,关系资源与新企业绩效——基于行为视角的实证研究［J］.南开管理评论,2009(4)：44—54

［72］周瑞瑞. 创业环境与创业绩效的关系研究［D］.吉林大学,2008

［73］赵岚.江苏省中小企业信用担保机构经营模式研究［D］.南京理工大学,2010

［74］陈晓红,曹裕,马跃如.基于外部环境视角下的我国中小企业生命周期——以深圳等五城市为样本的实证研究［J］.系统工程理论与实践,2009,29(1)：64—72

［75］梅强,沈杰,江耀生.构建我国中小企业服务体系的研究［J］.中国软科学,2000(11)：83—88

［76］沈杰,梅强,尤廉.构筑中小企业社会服务体系的思考［J］.江苏理工大学学报(社会科学版),2000(3)：89—92

［77］黄新建,施瑞龙.创建中小企业服务体系的必要性、问题与框架分析［J］.商业研究, 2005(14)：101—104

[78] 高晓燕.完善中小企业服务体系的路径初探[J].现代财经,2004,24
(6)：44—47

[79] 青木昌彦,等.政府在东亚经济发展中的作用——比较制度分析[M].
中国经济出版社,1998

[80] 中国社会科学院中小企业研究中心课题组.西方七国促进中小企业发
展的政策措施[J].中国工业经济,1998(11)：58—64

[81] 黄新建,施瑞龙.我国中小企业服务体系建设中的问题及对策研究
[J].东南大学学报(哲学社会科学版),2004,6(4)：44—47

[82] 胡振虎,夏厚俊.国外中小企业政策比较及政策借鉴[J].商业研究,
2005(2)：71—75

[83] 张雨萌,胡勇.国外中小企业行政管理与服务体系比较与启示[J].中
国经贸导刊,2009(6)：40—41

[84] 国家发展改革委中小企业司,英国政府国际发展部.中小企业服务体
系国际经验比较[M].中国经济出版社,2003

[85] 刘志荣,姜长云.国外中小企业支持政策的演变趋势[J].经济研究参
考,2009(64)：36—40

[86] Ralph Lattimore，Alan Madge,Barbara Martin,et al. Design princi-
pals for small business programs and regulations[R/OL]. Australian Govern-
ment Productivity Commission Stuff Research Paper,1998

[87] John Revesz，Ralph Lattimore. Statistical analysis of the use and impact
of govern-ment business programs[J]. Commonwealth of Australia,2001

[88] Geeta Batra，Syed Mahmood. Direct support to private firms：evi-
dence on effective-ness [R/OL]. Word Bank Policy Research Working
Paper,2003

[89] Massimo G，Colombo，Luca Grilli. Technology policy for the knowl-
edge economy：public support to young ICT service firms[J]. Telecommunica-
tions Policy，2007,31(10—11)：573—591

[90] Isabel Maria Bodas Freitas，Nick von Tunzelmann. Mapping public
support for innovation：a comparison of policy alignment in the UK and france
[J]. Research Policy，2008，37(9)：1446—1464

[91] Arthur Morgan，David Colebourne，Brychan Thomas. The develop-
ment of ICT advisors for SME businesses：an innovative approach [J]. Techno-
vation，2006,26(8)：980—987

［92］朱艳,罗瑾琏.人力资源公共服务平台构建之宏观环境分析[J].科学管理研究,2006,24(5):113—116

［93］王晓琴.上海人力资源公共服务平台运行机制研究[D].上海交通大学,2008

［94］颜毅.湖南省中小企业公共服务平台研究[D].中南大学,2007

［95］李刘胜.基于公共平台的知识服务过程中知识转移影响因素研究——以上海研发平台为例[D].复旦大学,2009

［96］王嘉鋆.基于支持向量机的科技公共服务平台满意度评价研究——以青岛市10家科技创新公共服务平台为例[D].青岛科技大学,2009

［97］王惠舫.财务咨询公共服务平台的模式研究[D].复旦大学,2009

［98］林飞.汽车产业链ASP公共服务平台产品数据集成的研究[D].西南交通大学,2008

［99］谢俊君.研发公共服务平台的移动服务系统研究与实现[D].复旦大学,2008

［100］张永锋.科技公共服务平台体系及关键技术的研究[D].江苏大学,2008

［101］綦麟.基于公共服务平台的租赁资产跟踪服务架构设计及应用[D].重庆大学,2009

［102］约翰·斯图亚特·穆勒.政治经济学原理(下)[M].金镝,金熠,译.华夏出版社,2009

［103］颜鹏飞,张青.论约翰·穆勒的国家适度干预学说——早期形态的市场缺陷论和政府缺陷论的混合体[J].经济评论,1996(6):32—36

［104］青木昌彦,凯文·穆尔多克,奥野(藤原)正宽.东亚经济发展中政府作用的新诠释:市场增进论(上篇)[J].经济社会体制比较,1996(5):1—11

［105］青木昌彦,凯文·穆尔多克,奥野(藤原)正宽.东亚经济发展中政府作用的新诠释:市场增进论(下篇)[J].经济社会体制比较,1996(6):48—57

［106］刘继云,孙绍荣.上海研发公共服务平台管理运行机制初探[J].上海理工大学学报(社会科学版),2005,27(2):21—23

［107］蒋坡.论科技公共服务平台[J].科技与法律,2006(3):7—10

［108］夏太寿,倪杰.区域科技创业公共服务平台建设的理论探讨[J].中国科技论坛,2006(4):36—39

［109］程正中.文化创意产业公共服务平台研究[J].企业活力,2008(1):74—75

[110] 缪蓓蓓,谢富纪.区域公共服务平台R&D资源共享有效性分析[J].科学学与科学技术管理,2009(11):146-151

[111] 工信部等部委.关于促进中小企业公共服务平台建设的指导意见[Z].2010(4)

[112] 曹徐升.基于科技研发公共服务平台的知识服务研究[D].华东师范大学,2008

[113] 工信部."十二五"中小企业成长规划[Z].2011(9)

[114] 张景安.关于我国科技中介组织发展的战略思考[J].中国软科学,2003(4):1-5

[115] 赵勇,岳超源,陈礴.DEA综合模型的研究和应用[J].华中理工大学学报,1996,24(12):82-85

[116] Charnes A, Cooper WW, Rhodes E. Measuring the efficiency of decision making units[J]. European Journal of Operational Research,1978 (2):429-444

[117] 魏权龄.数据包络分析[M].科学出版社,2004

[118] 李冠,何明祥.现代物流管理系统及其DEA绩效评价[J].商业研究,2003(14):146-148

[119] 熊正德,刘永辉.综合变量DEA与传统DEA的实证比较研究[J].湖南大学学报(社会科学版),2008,22(1):62-67

[120] 刘宏韬.数据包络分析在医院效率评价中的应用[D].北京中医药大学,2003

[121] 庄宁,孟庆跃,卞鹰,葛人炜.利用DEA方法评价我国34家医院的技术效率[J].中国卫生经济,2000,19(9):49-51

[122] 刘满凤.企业竞争力的DEA评价[J].江西财经大学学报,2001(2):33-35

[123] 宗刚,马宁.工业企业竞争力的DEA评价研究[J].数量经济技术经济研究,2002(11):92-95

[124] 朱艳科,杨辉耀.广东省各城市经济发展相对效率的DEA评价[J].南方经济,2002(11):42-44

[125] 杨宝臣,刘铮,高春阳.商业银行有效性评价方法[J].管理工程学报,1999,13(1):13-18

[126] 余学林.应用DEA评价情报机构功效[J].情报学刊,1991,12(1):8-12

[127] Charnes A，Cooper WW. Management models and industrial applications of linear programming(Ⅰ)，(Ⅱ)[C]. New York：London：Wiley and Sons INC. ，1961

[128] Banker RD，Charnes A，Cooper WW，et al. An introduction to data envelopment analysis with some of its models and their users[J]. Research in Government and Nonprofit Accounting，1989(5)：125—163

[129] 陈世宗，赖邦传，陈晓红.基于 DEA 的企业绩效评价方法[J].系统工程，2005，23(6)：99—104

[130] 朱幼凤.中小企业板上市公司经营绩效的评价[J].浙江树人大学学报，2007(2)：32—35

[131] 刘冰峰. 我国中小企业创业基地问题与对策研究[J].科技创业月刊，2012(8)：61—63

[132] 陈鹏.中小企业创业基地研究[D].江苏大学，2009

[133] 赵观兵，梅强. 一种新型的孵化组织模式：创业基地[J].改革与战略，2011(4)：56—59

[134] Rice Mark P，Matthews Jana B，et al. Growing new ventures，creating new jobs：principle & practices of successful business incubator[M]. Westport，conneticut：Quorum Books，1995

[135] Allen D，Rahman S. Small business incubators：a positive environment for entrepreneurship[J]. Journal of Small Business Management，1985(4)：75—87

[136] Smilor R，Gill M. The new business incubator[M]. Lexington，MA：D.C. Health and Co，1986

[137] 张景安.中国科技企业孵化器[M]. 科学技术文献出版社，2001

[138] 黄涛.我国科技企业孵化器产业化研究[D].武汉科技大学，2005

[139] 孔善右. 我国科技企业孵化器的发展现状分析[J]. 现代管理科学，2008

[140] 柳燕.创业环境、创业战略与创业绩效关系的实证研究——基于汽车行业大型跨国企业的创业经验[D].吉林大学，2007

[141] 马璐，黎志成.动态环境下战略性绩效评价系统构建[J].科技进步与对策，2004(4)：103—105

[142] 李良成.影响新建科技企业绩效的因素研究[D].暨南大学，2006

[143] 马鸿佳.创业环境、资源整合能力与过程对新创企业绩效的影响研究

[D].吉林大学，2008

[144] David Norton P，KaPlan R S．The balanced scorecard：measures that drive performance[J]．Harvard Business Review，1992(1)：45－53

[145] Borman WC，Motowidlo S J．Task performance and contextual performance：the meaning for personnel selection[J]．Human Performance，1997(10)：99－109

[146] Murphy GB，Trailer J W，Hill R C．Measuring performance in entrepreneurship research [J]．Journal of Business Research，1996，36(l)

[147] Lenn Gomes，Kannan Ramaswamy．An empirical examination of the form of the relationship between multi nationality and performance[J]．Journal of international Business Studies，1999

[148] Winfried Ruigrok，Hardy Wagner．Internationalization and performance：an organizational learning perspective[J]．Management International Review，2003(4)：31－39

[149] Yusuf A．Environmental uncertainty，the entrepreneurial orientation of business ventures and performance[J]．International Journal of Commerce and Management，2002(2)：25－36

[150] 张兆国，等.平衡计分卡：一种革命性的企业经营业绩评价方法[J].中国软科学，2002(7)：23－28

[151] 冯丽霞.电力企业业绩评价的现状分析与改革探讨[J].电力技术经济，2002(1)：26－28

[152] 刘帮成，王重鸣.国际创业模式与组织绩效关系：一个基于知识的概念模型[J].科研管理，2005(26)：72－79

[153] 张炜，袁晓璐.技术企业创业策略与创业绩效关系实证研究[J].科学学研究，2008，26 (10)：166－170

[154] 杜建华，田晓明，蒋勤峰.基于动态能力的企业社会资本与创业绩效关系研究[J].中国软科学，2009(2)：115－126

[155] 姚梅芳，郑雪冬，金玉石.基于 Kaplan-Norton BSC 法的高科技网络及软件创业企业绩效评价体系研究[J].工业技术经济，2004，23(6)：103－105

[156] 文亮，李丽娜.基于平衡计分卡的创业绩效评价方法探析[J].企业家天地(理论版)，2010(3)：44－45

[157] Wall TD，Michie J，Patterson M，et al．On the validity of subjective measures of financial performance[J]．Personnel Psychology，2004(11)：

126—138

[158] Lumpkin GT, Dess GG. Clarifying the Entrepreneurial Orientation Construct and linking it to Performance [J]. Academy of Management Review, 1996(12): 23—35

[159] Delaney J T, Huselid MA. The impact of human resource management practices on perceptions of organizational performance[J]. Academy of Management Journal,1996(6): 32—49

[160] Sandberg W, Hofer C. Improving new venture performance: the role of strategy, industry structure, and the entrepreneur[J]. Journal of Business Venturing, 1987, 2(1): 5—28

[161] Sandberg W. The determinants of new venture performance: strategy, industry structure, and entrepreneur [D]. Doctoral dissertation, University of Georgia, 1984

[162] Teal E. The determinants of new venture success: strategy, industry structure, and the founding entrepreneurial team[D]. Doctoral dissertation, University of Georgia,1998

[163] 林强.基于新创企业绩效决定要素的高科技企业孵化机制研究[D].清华大学, 2003

[164] Shahidi H. The impact of business incubators on entrepreneurial networking: a comparative study of small, high-technology firms[D]. Doctoral dissertation, George Washington University, 1998

[165] Colombo M, Delmastro M. How effective are technology incubators? Evidence from Italy[J]. Research Policy, 2002,31(7): 1103—1122

[166] Schwarts M,Hornych C. Specialization as strategy for business incubators: an assessment of the central german multi-media center[J]. Technovation,2008(2): 71—88

[167] Sung TK,Gibson DV,Kang B. Characteristics of technology transfer in business venture: the case of Daejeon, Korea [J]. Technological Forecasting&Social Change,2003: 449—466

[168] 王红卫.科技企业孵化器服务创新对孵化企业绩效影响研究[D].浙江大学,2009

[169] 路金凤.我国企业孵化器服务对中小企业的影响研究[D].中国科学技术大学, 2014

[170] 杨曼. 我国小微企业发展研究[D]. 延安大学, 2014

[171] 许宝健. 中国小微企业生存报告[M]. 中国发展出版社, 2012

[172] 褚伶利. 创业者孵化基地建设与创新[J]. 前沿, 2012(19): 19—20

[173] 财政部统计评价司. 企业绩效评价回答[M]. 经济科学出版社, 1999

[174] Zedtwitz M. Classification and management of incubators: aligning strategic objectives and competitive scope for new business fecilitation [J]. International Journal of Entrepreneurship and Innovation Management 2003(3): 176—196

[175] 洪进, 路金凤. 孵化器服务对中小企业的影响[J]. 西北工业大学学报(社会科学版), 2013(12): 46—49

[176] Sunga TK, Gibsonb DV, Angc B S K. Characteristics of technology transfer in business venturs: the case of Korea[J]. Technological Forecasting Social Change, 2003, 70: 449—466

[177] Aldrich HE. Using an ecological perspective to study organizational founding rates [J]. Entrepreneurship Theory and Practice, 1990, 9 (12): 15—32

[178] Siegel DS, Westhead P, Wright M. Assessing the impact of university science parks on research productivity: exploratory firm-level evidence from the united kingdom[J]. International Journal of Industrial Organization, 2003, 3(8): 26—42

[179] Erikson T, Gjellan A. Training programmes as incubators[J]. Journal of European Industrial Training 2003(27): 36—40

[180] 陈颉. 孵化器对高科技企业创业活动影响的实证研究[J]. 科技进步与对策, 2012, 5(11): 39—42

[181] Lyons TS. Building social capital fer sustainable enterprise development in country towns and regions: successfiil practices from the united states [J]. Papers presented at the First National Conference on the Future of Australia's Country Towns. Bendigo, Victoria, AUS: Centre for Sustainable Regional Communities, La Trobe University 2000, 5(10): 29—30

[182] Bollingtoft Anne, Ulhei John P. The networked business incubator: leveraging entrepreneurial agency[J]. Journal of Business Venturing, 2005, 20(2): 265—290

[183] 张炜, 王重鸣. 企业孵化器创业机制的理论研究[J]. 科技进步与对策

2004，2(7)：18—21

[184] Grimakiia R，Grandia A. Business incubators and new venture crea-tion：an assessment of incubating models［J］. Technovation 2005（25）：24—40

[185] Colombo MG，Delmastro M. How effective are technology incuba-tors Evidence from Italy［J］. Research Policy，2002，2(3)：55—71

[186] 邱皓政.量化研究与统计分析：SPSS 中文视窗版资料分析范例解析［M］. 五南图书馆出版公司,2003

[187] Zaichkowsky JL. Measuring the involvement construct[J]. Journal of Consumer Research，1985(12)：341—352

[188] DeVellis RF. Seale development theory and applications[M]. Lon-don：SAGE,1991

[189] Nunnally JC. Psychometric theory[M]. McGraw Hill,1978

[190] 赵占波,涂荣庭.产品属性测量中的二维结构：一项实证研究[J].管理学报，2009(6)：15—19

[191] 黄芳铭.结构方程模式——理论及应用[M]. 中国税务出版社,2005

[192] 侯杰泰,温忠麟,成子娟.结构方程模型及其运用[M]. 科学技术出版社,2006

附录1 小微企业创业内驱要素、创业绩效调查问卷

第一部分：个人/企业背景信息

1. 贵企业名称：_____

2. 贵企业的成立时间：_____年

3. 以下是贵企业创业者的信息：（对应项请打"√"或打"○"）

性别：□男 □女

创业时年龄：□25 岁及以下 □26 至 30 岁 □31 至 40 岁 □41 至 50 岁
□51 岁及以上

创业时学历：□初中及以下 □高中 □专科 □本科 □硕士 □博士

创业时职业：□党政干部 □农民 □一般工人 □企业销售人员
□企业技术人员 □企业管理人员 □军人 □教师
□厂长经理 □科研人员 □其他_____

4. 创业时企业类型：□个人独资 □合伙制企业 □中外合资
□公司制企业

5. 行业性质：□高新技术行业 □传统行业

6. 目前企业员工人数：□1～50 □51～100 □101～300
□301～1 000 □1 001～2 000
□2 001 以上

7. 您以前曾经或者目前正在从事的创业活动,是因为您看到了机会,还是仅仅为了生存？
□开始创业是因为偶然碰到机会 □开始创业是因为它是生存必须的
□二者皆有

254

第二部分：小微企业创业内驱要素问卷

在贵企业曾经或者目前正在从事的创业活动过程中,请问您对以下方面的认同程度是怎样的?

请按以下规则打分：① 完全不同意；② 不同意；③ 不一定；④ 同意；⑤ 完全同意。

您在何种程度上同意下列描述	完全不同意	不同意	不一定	同意	完全同意
创业时期,本企业很清楚自身所拥有的知识、技能等	1	2	3	4	5
本企业很清楚自身所拥有的哪些知识、技能是创业时所必须的	1	2	3	4	5
创业时期,本企业认识到社会关系网的价值	1	2	3	4	5
创业时期,本企业能获得资源供应商的相关信息	1	2	3	4	5
本企业能从供应商处获取创业所需的有形资源和信息资源	1	2	3	4	5
本企业能从客户那里获取需求信息等无形创业资源	1	2	3	4	5
本企业能从社会关系中获取创业所需的关键技术	1	2	3	4	5
本企业能利用社会关系吸引多种创业资源	1	2	3	4	5
创业时期,本企业能通过与其他企业合作来促进员工的学习	1	2	3	4	5
创业时期,本企业的创业者或团队能利用个人或团队资源禀赋得到其他外部资源	1	2	3	4	5
本企业能利用已整合的资源撬动得到其他资源	1	2	3	4	5
创业时期,本企业利用职工的资源禀赋得到其他外部资源	1	2	3	4	5

续表

您在何种程度上同意下列描述	完全不同意	不同意	不一定	同意	完全同意
本企业创业时期具有技术、资金、专利、渠道等某种独占性	1	2	3	4	5
本企业创业时期拥有低成本的供货商，具有成本优势	1	2	3	4	5
本企业创业时期能够获得销售渠道，或已经拥有现成的销售网络	1	2	3	4	5
本企业创业时期能很快掌握所获得的各种创业机会信息	1	2	3	4	5
顾客可以接受本企业的产品或服务，愿意为此付费	1	2	3	4	5
本企业的产品或服务对市场的影响力高	1	2	3	4	5
企业开发的产品生命周期长久	1	2	3	4	5
本企业对成本、价格和销售的控制好	1	2	3	4	5
产品或服务带来的附加价值对本企业未来发展很重要	1	2	3	4	5
创业者或团队能够承受适当的风险	1	2	3	4	5
创业者或团队目标与创业行为相符合	1	2	3	4	5
创业者或团队渴望进行创业这种生活方式，而不只是为了赚大钱	1	2	3	4	5
创业者或团队在压力下状态依然良好	1	2	3	4	5
创业者或团队是一个优秀管理者或组合	1	2	3	4	5
创业者或团队具有广泛的社会人际关系	1	2	3	4	5
本企业的创业者或团队具备灵活的适应能力，能快速地进行取舍	1	2	3	4	5

第三部分：小微企业创业绩效问卷

请您对贵企业曾经或者目前正在从事的创业活动的创业绩效在以下方面的认同程度是怎样的？

请按以下规则打分：① 完全不同意；② 不同意；③ 不一定；④ 同意；⑤ 完全同意。

您在何种程度上同意下列描述	完全不同意	不同意	不一定	同意	完全同意
本企业的净现金流量大	1	2	3	4	5
本企业的销售利润率高	1	2	3	4	5
本企业的内部组织管理水平高	1	2	3	4	5
本企业的新业务（新产品、新市场、新服务等）销售收入占企业总收入的比例高	1	2	3	4	5
本企业的销售额增长快	1	2	3	4	5
本企业的员工数增长快	1	2	3	4	5
本企业的售后服务在不断完善	1	2	3	4	5
本企业新业务（新产品、新市场、新服务等）的开发数量增长快	1	2	3	4	5
创业者或团队的管理能力成长快	1	2	3	4	5
客户会重复购买本企业的产品	1	2	3	4	5
客户会向潜在客户推荐本企业的产品	1	2	3	4	5
总体说来，客户对本企业非常信任	1	2	3	4	5
客户认为，本企业的产品或服务的质量比竞争对手高	1	2	3	4	5
为了帮助企业成功，员工愿意作出努力	1	2	3	4	5
本企业的大部分员工对工作环境感到满意	1	2	3	4	5
本企业的大部分员工与领导之间彼此能相互信任	1	2	3	4	5
本企业的大部分员工对个人取得的成绩感到满意	1	2	3	4	5
一般来说，本企业的大部分员工愿意在本企业工作	1	2	3	4	5

附录2 创业基地服务、小微新创企业经营绩效调查问卷

第一部分：企业基本情况

1. 贵公司所在基地（或园区）名称：

2. 贵公司入驻基地（或园区）的时间：

3. 贵公司主营产品：   4. 贵公司创立时间：

5. 贵公司员工人数：   6. 贵公司去年产品销售额：

第二部分：创业基地服务机制问卷

请根据下面描述与您自身的相符程度，在相应分数下打"√"。（1—很不需要，2—不需要，3——一般，4—需要，5—非常需要）

题　项	1	2	3	4	5
场地提供（包括土地支持和厂房提供）					
办公设施（提供会议室、研讨室、办公室、电话、宽带网络等）					
生活设施（提供食堂、宿舍及相关休闲场所）					
公共设施服务（及时满足企业对水、电、暖气等需求；基地内部软硬件设施维护）					
政务代理（包括工商注册登记、银行开户、税务登记等）					
政策支持（提供政府的相关优惠政策信息并协助企业取得政府优惠政策的支持）					
项目申报与管理					

续表

题　项	1	2	3	4	5
营销服务(协助企业进行市场需求调研、商业计划书制定、企业形象宣传、商业推介等)					
经营咨询(提供经营管理相关方面知识的咨询服务)					
基础培训(通过举办讲座、培训班等形式帮助创业者了解企业管理基础知识等)					
创业文化培育(包括营造有利于创业的氛围、设立鼓励创新的奖项评比等)					
联络员(负责基地、企业之间的信息传递以及问题的收集与反馈)					
离开基地或园区后的发展空间(掌握园区或工业区等有关信息资料与申请模式,协助企业解决在创业基地中毕业后的发展空间问题)					
创业辅导(依靠创业服务平台、创业导师提供导向性、专业性、实践性的辅导服务)					
咨询服务(为企业提供管理、市场、财税等方面的诊断、咨询和辅导)					
信息服务(依靠中小企业信息服务平台,提供政策、技术、市场、人才等方面的信息)					
技术支持(包括技术开发、技术咨询、产品研发设计、试验测试等服务)					
融资担保(包括政府资金支持、融资担保、银企对接、引进风投等)					
人才培训(包括与高等院校建立合作关系、引进高素质人才、培训经营管理人员等)					
市场开拓(包括借力电子商务应用平台、加强经济协作交流等方式开拓国内外市场)					
政策法律服务(提供政策信息、法律咨询、法律援助服务)					

第三部分：小微新创企业经营绩效问卷

请根据下面描述与实际情况及自身感受,在相应分数下打"√"。(1—很不符合,2—不符合,3——一般,4—符合,5—非常符合)

题　项	1	2	3	4	5
净收益率(净收益/总销售额)高					
公司销售总收入高					
公司员工平均销售收入高					
公司现金流大					
投资收益率大					
产品市场占有率大					
客户满意度高					
新客户获得率高					
客户保持度较好					
重要客户的购买份额大					
产品(或服务)推广能力强					
产品合格率高					
企业产品的售后服务好					
员工技能强					
企业生产率较高					
员工流动率低					
员工满意度高					
员工培训经费投入比率高					
员工工作效率高					
产品(或服务)创新所需时间短					